新版 今日からはじめる やさしい手話

監修／全日本ろうあ連盟

Gakken

はじめに

本書を手にとられた皆さんは、これから手話をはじめようと考えている方でしょう。はじめに、大切なお願いがあります。

「聞こえないことの難しさ」について、知っておいてほしいことがあります。

聴覚障害は外見からではわかりにくいものです。多くの聞こえない人は、聞こえる人と同じように学び、働き、暮らしています。ですから、皆さんが「聞こえない人に会ったことがない」と思っていても、実は出会っているかもしれません。

また、聞こえないと、必要な情報を得ることができません。例えば、災害時などに音声アナウンスで避難指示が出されたとしても、聞こえない人には音声情報が伝わらないので、危険な目に遭う可能性が高いのです。

そして、情報を得られない結果、孤立しやすいということがあります。

聞こえる人同士のコミュニケーションでは、音声による「話し言葉」が大きな役割を果たしています。「話し言葉」中心の社会では、聞こえないことが社会参加への障壁になります。そのため聴覚障害は「コミュニケーション障害」とも言われることがあります。

もちろん、そうした人たちをサポートする社会的な制度や環境は少しずつ整備されてきています。でも、本当に大切なのは、ふだんの暮らしのなかで、ごくふつうに周囲の人とコミュニケーションがとれることや困ったときに助けが得られたりすることなのです。

そのためにも、ひとりでも多くの人に「聞こえないことの難しさ」や、音声による「話し言葉」ではなく、視覚的な言葉である手話でのコミュニケーションがあることを知ってもらうことが大切になってきます。ちょっとしたあいさつでも構いません。「こんにちは」「ありがとう」と一言、二言でも手話を覚えてください。その分だけ、お互いの世界が広がることになります。

そして本書を手にした方に、ぜひ次は手話サークルなどに参加し、実際に聞こえない人と出会い、覚えた手話を使って触れ合っていただければと思います。

手話も言葉のひとつですから、日々変化していきます。人によって使う手話の個性がありますし、新しい言葉も生まれます。自然なコミュニケーションのなかで、生き生きとした手話を学んでいただければと思います。

一般財団法人　全日本ろうあ連盟

CONTENTS

第4章 お出かけしよう

第5章　仕事や学校について話そう

第6章　健康について話す

巻末付録

＼明日香さんに聞く！／

手話を学んで気づいたこと

この本で実演していただいた、俳優の明日香さんに、
手話の魅力や勉強方法について伺いました。

「もっと仲良くなりたい」という思いから、独学で手話を始める

私が手話を学び始めたのは、大学の同級生に聴覚障害をもつ友人がいたことがきっかけです。彼女ともっと仲良くなりたくて、とりあえず辞書を買って、自力で勉強を始めました。

朝起きて、辞書を読んで覚えて、通学中も……。家から大学まで電車で２時間かかったので、その時間を使っていました。辞書は持ち歩くには重いので、スマホで写真に撮って、それを見ながら覚えました。大学で彼女に会ったら、わからないことを聞いたり、自分の表現を見てもらったり。夏休み中もほぼ毎日会っていたかな。

大変でしたけど、「しゃべれるようになったよ」と早く言いたかったんです。

手話歌のサークルでも熱心に活動

もうひとつは、手話サークルに入っていたことも大きいですね。サークルはどちらかというと「手話歌」をメインにしていたので、日常会話を学ぶことはできませんでしたが、手話について理解したり、視野を広げたりするきっかけになったと思います。

サークルでは、イベントに参加したり、コンクールに出場したりしました。手話歌は音楽に合わせて手話のパフォーマンスをするので、聞こえない方に音楽を感じてもらい、楽しんでもらうことが大切です。「どういうふうに表現すれば伝わるんだろう」と、毎日のように練習しました。

３年生のときは部長も務めました。部長としては、「一人でも多くの人に手話を知ってもらいたい」という目標を持っていました。

部員たちに面白さをわかってもらいたかったので、「LINE」などの今時の言葉や、「カレシ」「デート」といった恋愛系の言葉を教えたりしました。女性が多かったので、そういう話題には敏感だったんですね。

「何のためにやってるんだろう?」と迷った時期

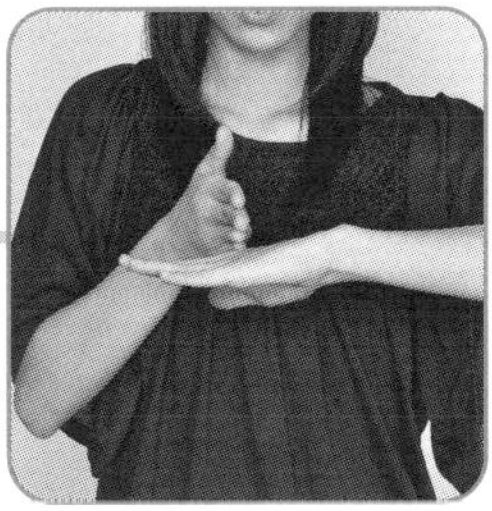

一人で手話を勉強するのは、健聴者として聞こえない方と接することも含めて、難しいし、つらいことも多かったです。私自身は、勉強を始めて2カ月ぐらいに「もうやめよう」と思ったこともあったほどです。

どうして手話をやっているのか、目的を見失ってしまったんです。「偽善的なんじゃないか」と自分で思ったり、人にも言われました。

でもそんなある日、電車の中で聞こえない方が、楽しそうに手話で話しているのを見たんです。そうだ、私は「彼女」と楽しくおしゃべりがしたくて、手話を始めたんだ……と、そのときに初めの気持ちを思い出しました。

家に帰ってすぐに、教材に貼っていたふせんをすべてはがしました。まっさらな気持ちでもう一回勉強を始めようと思ったんです。そこからは、迷いがふっきれてまた手話を続けることができました。

違いをわかりあおうとすることが大切

ただ、その後も精神的につらいことはありました。彼女に「あなたは聞こえるから、私の気持ちはわからない」と言われて、ケンカもしました。2回ぐらいストレスで声が出なくなったこともあります。それで、彼女の立場になれたというのではないけれど、少しだけ気持ちがわかったかもしれません。

聴覚に障害がある人たちが一番大変なのは、一般の人にとって「聞こえないこと」がどんなふうに困るのか、なかなかイメージしづらいことだと思います。外見で障害があることがわかりにくいため、周囲にサポートしてもらうのが難しいんです。

今は、「お互い違いがあるのは仕方ない。でもわかりあおうとすることが大切」と考えられるようになりました。お互い社会人になった今も、彼女とはとてもいい友達同士です。

手話の大切さを広く伝えていきたい

手話を学んですごくよかったと思うのは、もちろん、彼女ともっと仲良くなれたこと。それから、世界が広がったことです。手話をやっている方や、聞こえない方など、多くの知り合いができました。

自分のキャリアの面で考えても、当然、プラスになったと思います。今は手話ドラマとか映画が少しずつ増えていますよね。将来的にはそういった作品に出演したいなと思います。手話ができる人が少しずつでも増えれば、聞こえない方にとってそれだけ暮らしやすくなります。そのことを広く伝えていきたいと思うんです。

ただ、どんなによく演じている役者さんであっても、聞こえない方に言わせると「リアルじゃない」ということをよく聞くので、私自身が聞こえない人の役を演じるためには、もっともっと理解を深めていかなくては、と思います。

言葉のひとつとして、手話に興味を持ってほしい

とくに若い人に、手話に興味を持ってもらいたいと思います。「手話」はまだまだ難しいイメージがあるかもしれませんね。でも手話は言葉のひとつであって、コミュニケーションツールです。外国語を学ぶのと同じように、いろいろな人とお話しができるようになるんです。

明日香

手話は楽しいものだと知ってもらいたいです

[手話モデル紹介]

明日香（あすか）

1991年5月8日生まれ、俳優。6歳から芸能活動を始め、現在は数々の大手企業CMや映画、TV等で活躍中。大学時代に独学で手話を学び、CX「奇跡体験！アンビリーバボー」では耳の不自由なヒロインの忍足亜希子役に抜擢され、注目を集める。また、手話技能検定2級の資格も持っており、特技の手話を活かして介護現場での手話や手話通訳のボランティア活動等にも参加。

石川美帆（いしかわみほ）

1981年生まれ、俳優。演劇コンビ「茶ばしら」として温故知新をテーマに、日本家屋で日本文学を企画上演。現在、活動の傍ら、動物看護師目指して勉強中。手話学習も続けながら、聴導犬の普及や、動物と暮らす耳の聞こえない方と社会の橋渡し役になれるよう、邁進中。

日下部一郎（くさかべいちろう）

1993年生まれ、俳優。映画「Yellow」（主役）、「若者よ」、「はつ恋」に出演。また、TVドラマ「わたしのウチには、なんにもない。」（NHK・BSプレミアム）や「わたしを離さないで」（TBS系）を始め、CMやPVなどで幅広く活躍。趣味は読書と映画鑑賞。特技はサッカー。

＼手話を学ぶ前に知っておきたい／

まず、手話とは何なのか？

手話とはどのようなものなのか、
学習する際や実践での会話で気をつけることを知っておきましょう。

手話は言語

手話とは、聞こえない人がコミュニケーションをとったり、物事を考えたりするときに使う言葉です。手指の動きや表情などを使って概念や意思を視覚的に表現する視覚言語であり、聞こえない人の母語といえます。

いろいろな手話

日本語とは異なる文法を持つ手話表現から日本語に対応した手話表現まで、さまざまな表現があります。

標準手話

全国各地で表現が違うこともあるので、各地の手話表現を調べた上で、標準手話としてまとめています。

本書で解説する手話

本書では、実際に日常生活でよく使われる手話を扱います。

手話の表現

手話は、主に手や指、腕などを使って表現しますが、表情や口形も重要な役割があります。次のようなことに気をつけながら、練習してみましょう。

口形

手指の動きのほかに、口の形も手話を読み取るヒントになります。耳の不自由な人のなかには、少し聞こえる人もいますので、そのときには声も一緒に出すようにするとよいでしょう。

手指

相手からはっきり見えるように動かします。右利きの人の場合、右手では動きを、左手で固定したものを表すことが多くあります。

コミュニケーション

もっとも重要なことはコミュニケーションをとろうとする気持ちです。相手に伝えたい、相手のことをわかりたいという思いで手話を使ってみてください。手話に詰まったときは筆談やジェスチャーにするくらいの気持ちで恐れずに。

表情

手話を正確に伝えるためには、表情が重要です。手指の動きに合わせて、表情で喜怒哀楽を伝えます。手指の形が同じであっても、表情で意味が異なったり、頭を傾けることで問いかけになったりすることがあります。手話を読み取る際は手指の動きだけでなく、相手の表情もしっかり見るようにしましょう。

本書の使い方

本書は、会話とそれに関連する単語集の2つの構成になっています。写真の動きとその横にある動きを説明した文章を見ながら、練習してみましょう。

シチュエーション

会話の場面です。知りたい会話や学びたいところからスタートしても構いません。

解説

手指の動きや表情などを解説しています。解説の通りに手指を動かしてみましょう。

単語

日本語と同じように、いくつかの単語をつなげることで、会話文になります。つなげての手話が難しいときは、まずはひとつの単語から練習を始めてみてもよいでしょう。

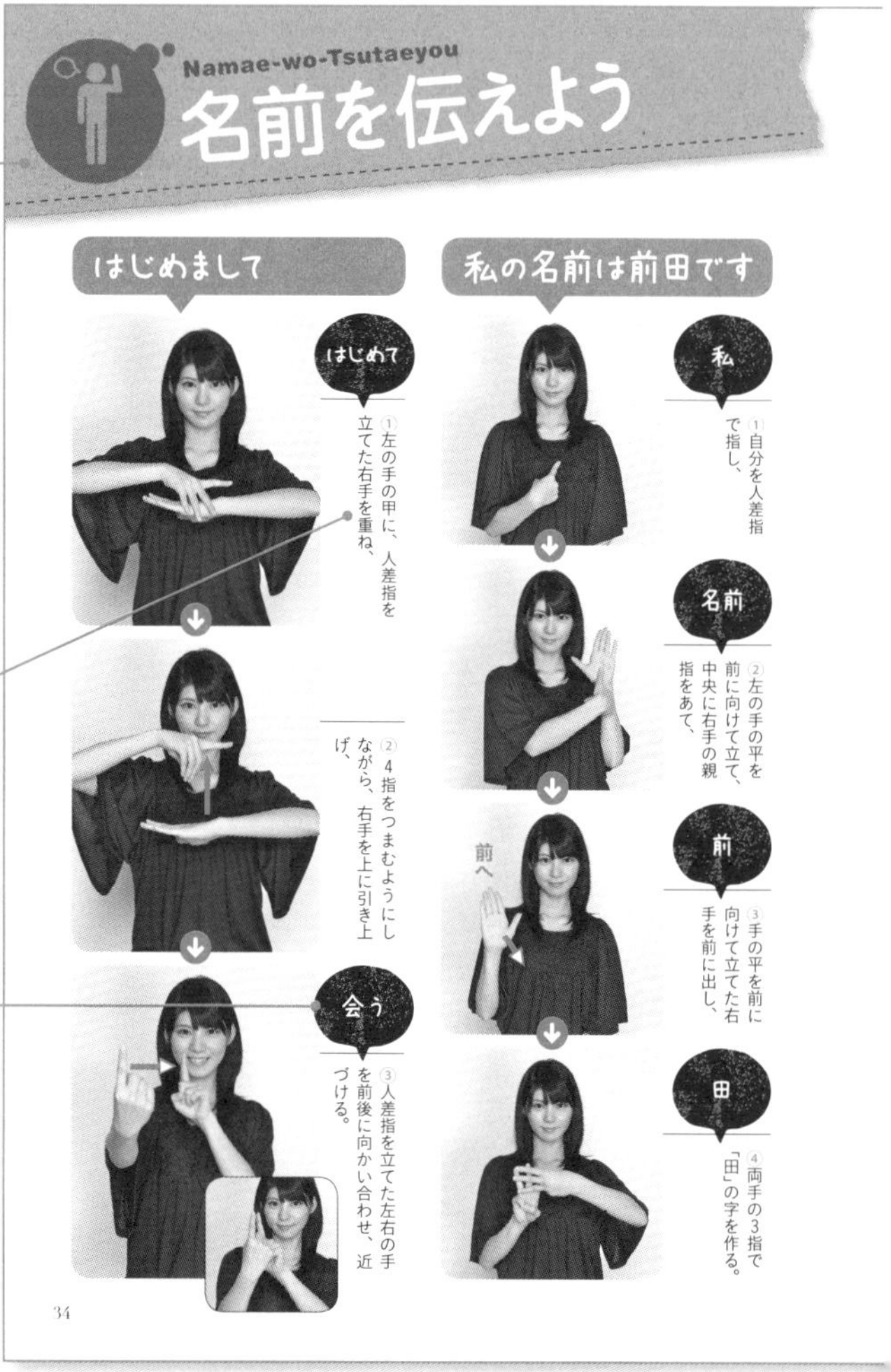
Namae-wo-Tsutaeyou
名前を伝えよう

はじめまして

はじめて
①左の手の甲に、人差指を立てた右手を重ね、
②4指をつまむようにしながら、右手を上に引き上げ、
会う
③人差指を立てた左右の手を前後に向かい合わせ、近づける。

私の名前は前田です

私
①自分を人差指で指し、
名前
②左の手の平を前に向けて立て、中央に右手の親指をあて、
前
前へ
③手の平を前に向けて立てた右手を前に出し、
田
④両手の3指で「田」の字を作る。

34

【おことわり】
本書とリンク動画では表現方法が一部異なるものがあります。手話は地域や経年により動作の回数や形、手の左右も含めて表現に幅があります。本書・リンク動画いずれも正しい手話表現ですので、その旨ご了承ください。

印刷の都合で、実際のページとは色が異なります。

● 本書に出てくる記号

➡ 手や指を上下左右、矢印方向に動かすことを表しています。

▷ 手や指を前後に動かすことを表しています。

➡➡・▷▷ 同じ方向に2回動かします。

〔 〕・《 》 手や指などを震わせます。

あなたのお名前は何ですか？

あなた

①右の手の平を上に向け、相手に差し出し、

差し出す

名前

②左の手の平を前に向けて立て、中央に右手の親指をあて、

何？

③人差指を立てて横に2回振り、

2回

〜ですか

④右の手の平を上に向け、前に差し出す。

第2章 自己紹介をしよう

名前を伝えよう

ONE POINT

名前の表現方法

名前

右手の親指、人差指で輪を作り、左胸にあてる。

COLUMN

左利きの人の手話は？

手話の辞書などでは、基本的に右利きの場合を想定して手話を説明しています。ですから左利きの場合は、鏡を見るようにイラストや写真を真似すればOKです。

たとえば「食事」を表すときには、左手でお箸の真似をします（P.112参照）。左右が変わっても言葉の内容は変わらないので、その点は心配しなくて大丈夫です。

ONE POINT

関連する単語、表現などを紹介しています。あわせて確認しておきましょう。

COLUMN

手話に関する豆知識や情報を紹介しています。

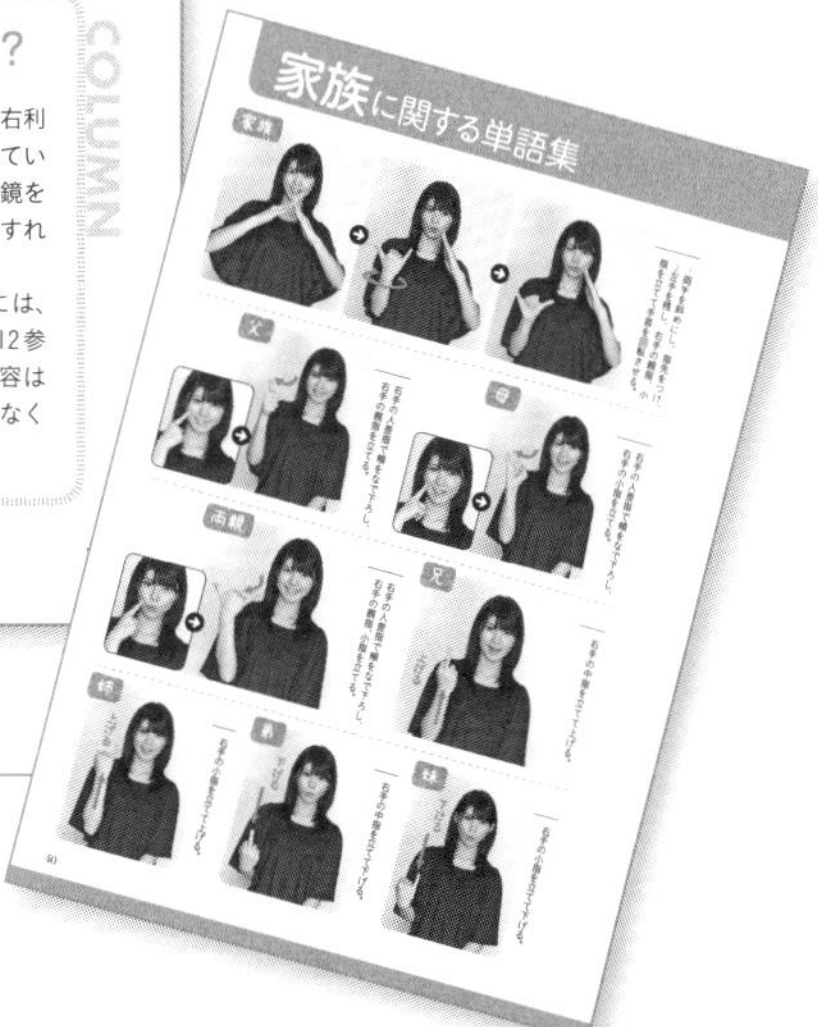

単語集

会話に関連する単語を紹介しています。巻末に索引を掲載しているので、辞書代わりにも使ってみてください。

本書内容のリンク動画について

本書の動画は、
専用サイト内で公開しています。

[動画の視聴方法]

下記のQR コードをスマートフォンやタブレットで読み取るか、または **https://gbc-library.gakken.jp/** にアクセスし、Gakken ID でログインしてください（お持ちでない方はGakken IDの取得が必要になります。詳細はサイト上でご案内しています）。

ログイン後「コンテンツ追加」をクリックし、以下のID・PWを入力すると『今日からはじめるやさしい手話 リンク動画』をご覧になれます。

ID：5ne7v　PW：q3gd35k6

動画一覧

- ファイル1　第 1 章　あいさつをしよう
- ファイル2　第 2 章　自己紹介をしよう　前半
- ファイル3　第 2 章　自己紹介をしよう　後半
- ファイル4　第 3 章　好きなこと、嫌いなことについて話そう
- ファイル5　第 4 章　お出かけしよう　前半
- ファイル6　第 4 章　お出かけしよう　後半
- ファイル7　第 5 章　仕事や学校について話そう
- ファイル8　第 6 章　健康ついて話す
- ファイル9　巻末付録

※手話の動きとともに、左右に字幕が表示されます。
※動画の内容と、本書の内容や単語が一部異なるものがあります。
※動画の特典として、最終項目に「災害時の手話」を収録しています。

第1章

あいさつをしよう

コミュニケーションのはじめはあいさつからです。
必ず覚えたい表現であり、もっとも使う表現でもあります。
かんたんな動きなので、まずはここからスタートしましょう。

Kihon-no-Aisatsu

基本のあいさつ

こんにちは

昼

①右手の人差指、中指を立て、前方から額の中央にあて、

あいさつ

②両手の人差指を胸の前で向かい合わせに立て、同時に曲げる。

おはよう

朝

①こめかみにあてた右のこぶしを引き下ろし、

あいさつ

②両手の人差指を胸の前で向かい合わせに立て、同時に曲げる。

こんばんは

夜

①手の平を前方に向け、両手を立て、

②左右から引き寄せ、目の前で交差させ、

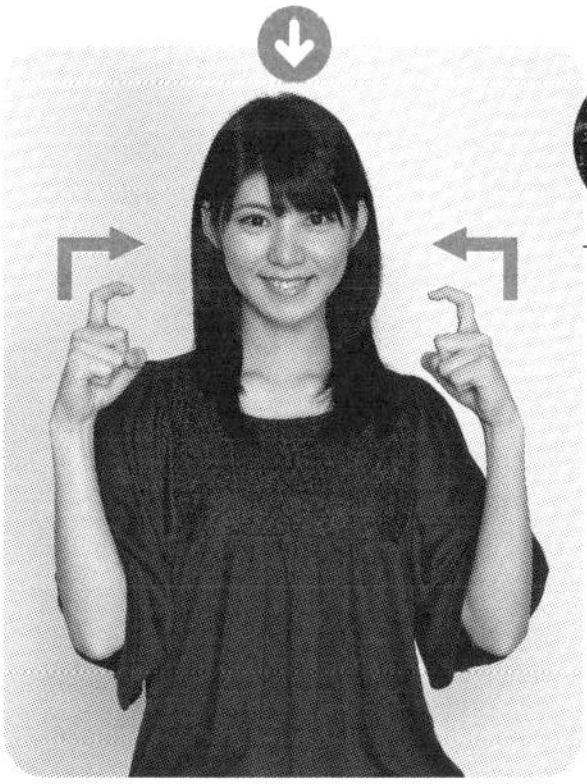

あいさつ

③両手の人差指を胸の前で向かい合わせに立て、同時に曲げる。

か?(疑問形)

③指先を前方に向けて差し出し、頭を傾ける。

お元気ですか?

元気

①両ひじを張って、胸の前でこぶしを向かい合わせ、

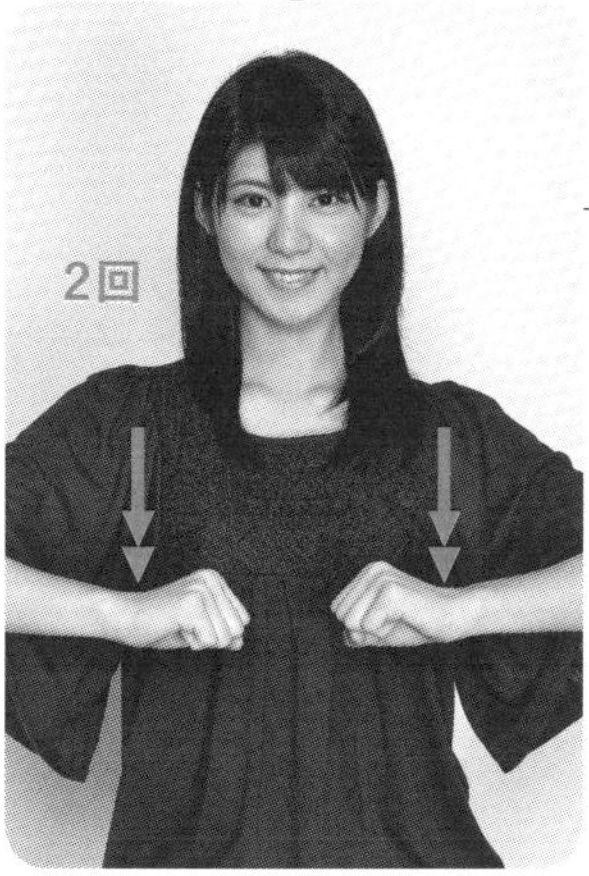

②両手を力強く2回引き下ろし、

元気です

元気

①両ひじを張って、胸の前でこぶしを向かい合わせ、

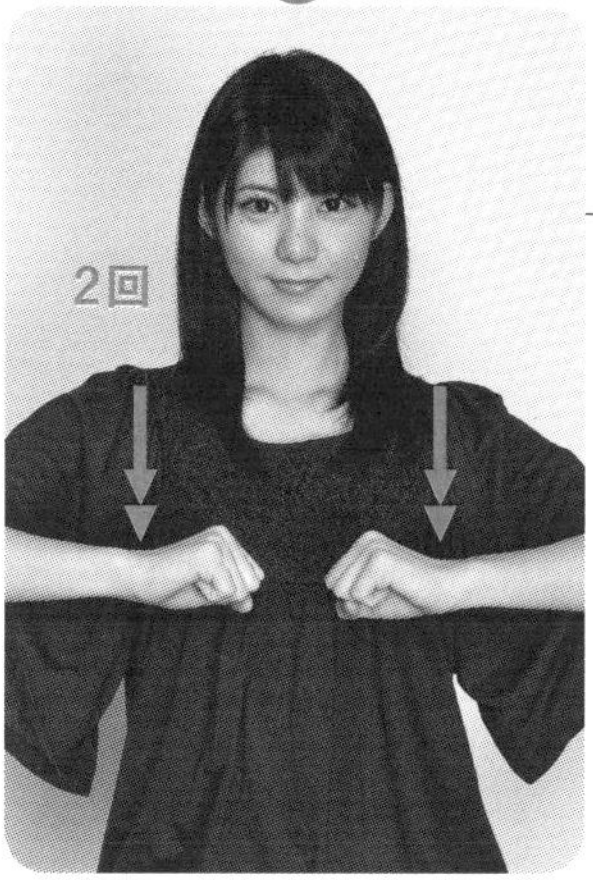

②両手を力強く2回引き下ろす。

またね

再び

①右のこぶしを胸の前に置き、

②人差指、中指をすばやく伸ばし、

ね

③「また会いたい」という気持ちを込めて頭を傾ける。

さようなら

指を開き、手の平を前方に向け、何度か振る。

おやすみなさい

①右のこぶしを顔の横につけ、

②目を閉じて頭を傾ける。

ひさしぶり

①両手4指の背をつけ合わせて立て、

②左右に引き離す。

よろしくお願いします

①鼻先に右のこぶしをつけ、

②指を開きながら前方へ出し、軽く頭を下げる。

COLUMN

あいさつを覚えて、積極的に使ってみましょう！

手話によるコミュニケーションも、あいさつから始まります。あいさつの表現は、初めて手話にトライする人でも覚えやすいといえます。日常的に行っているしぐさがそのまま手話になっているものも多いからです。難しく考えず、まずは「こんにちは」を覚えてみましょう。

どんどん使って、コミュニケーションを始めていきましょう。笑顔を添えるのも忘れずに！

Orei-wo-Tsutaeru

お礼を伝える

ありがとう

①左手の甲に、開いた右手を垂直にのせ、

②右手を上げながら、頭を下げる。

どういたしまして

右手の小指であごを軽く2回叩く。

とても助かりました

とても

①右前腕を左に倒し、親指と人差指を伸ばし、

②左から右へと弧を描いて動かし、

助かる

③胸の前で、親指を立てた左の手の甲を右手で2回叩く。

ONE POINT

あちこちで使える尋ね方

基本となる尋ね方を覚えておくと、さまざまな場面で使えて便利です。

いつ?

月日

両手の甲を前に向け、手を上下に重ね、親指から順に折って握る。

どこで?

場所

①5指を折り曲げ、下に向けて軽く下ろし、

②人差指を顔の横で2回振る。

誰が?

右手4指の背を頬にあてて、こするように2回前に動かす。

何が?

人差指を顔の横で2回振り、頭を傾ける。

～ですか?(より丁寧な疑問形)

右の手の平を上に向け、相手に差し出す。

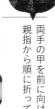

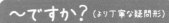

Ayamaru

謝る

ごめんなさい

①つまんだ右手の親指と人差指を眉間にあて、

②右手を前に差し出しながら頭を下げる。

大丈夫です

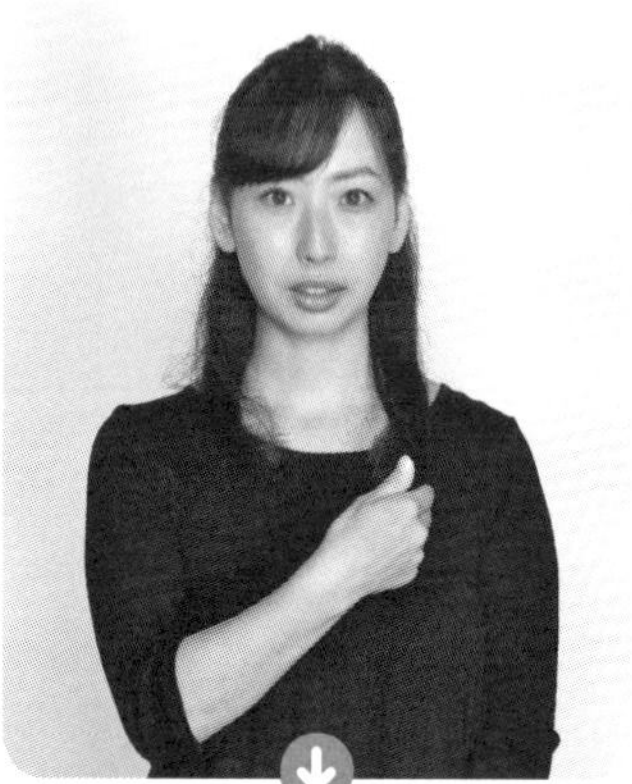

①右手を軽く湾曲させ、指先を左胸につけ、

②弧を描いて右胸につける。

COLUMN

手話で敬語を話すには？

目上の人などと話すときはどうしたらよいのでしょう？

言葉の最後に「〜です」「〜ます」を表す手話をつけるだけでも丁寧な表現になります(P.37参照)。また、「あなたは？」と相手を指し示すときには、親しい仲や同年代の相手なら人差指でもOKですが、目上の人などの場合は手の平で指すようにします。そのほか、顔の表情や、手話の動きを少しゆっくり丁寧にすることでも、敬意を示すことができます。

気にしないで

①右手の人差指をこめかみにあて、

②右手を立て、左右に2回振る。

ONE POINT

別の表現のしかたを見てみよう！

構いません

右手の小指であごを軽く2回叩く。

今後気をつけます

将来

①顔の横で手の平を前に向けて腕を立て、前に出し、

気をつける

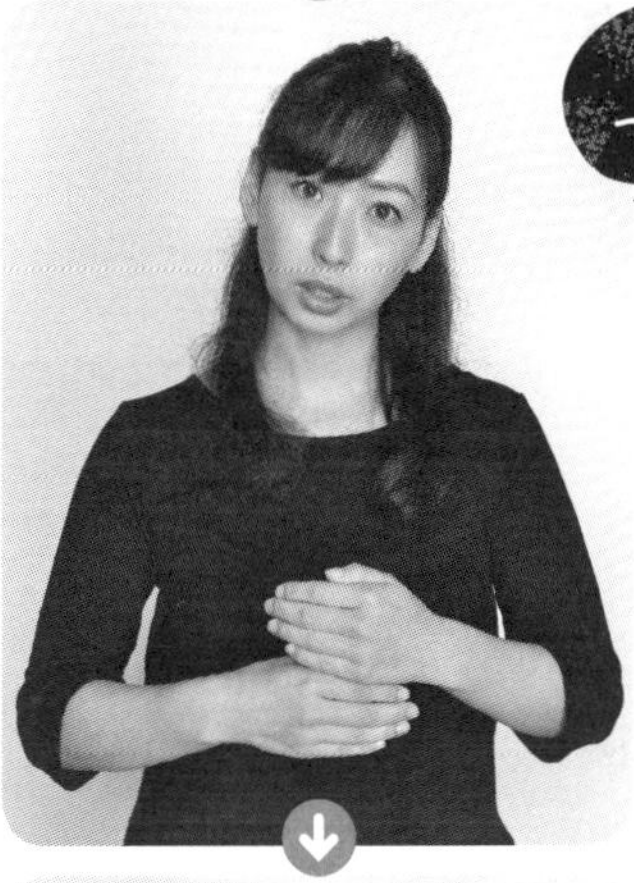

②両手を胸の前に上下に並べ、

③両手を体に引きつけてギュッと握る。

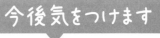

Henji-wo-Suru

返事をする

はい①

右の手の平を胸にあてる。

はい②

胸の前でこぶしを作り、手首を上下に振る。

いいえ

指を揃えて立てた右手を左右に振る。

わかりました

右の手の平を胸にあて、下に下ろす。

わかりません

①右手4指の指先を右胸につけ、

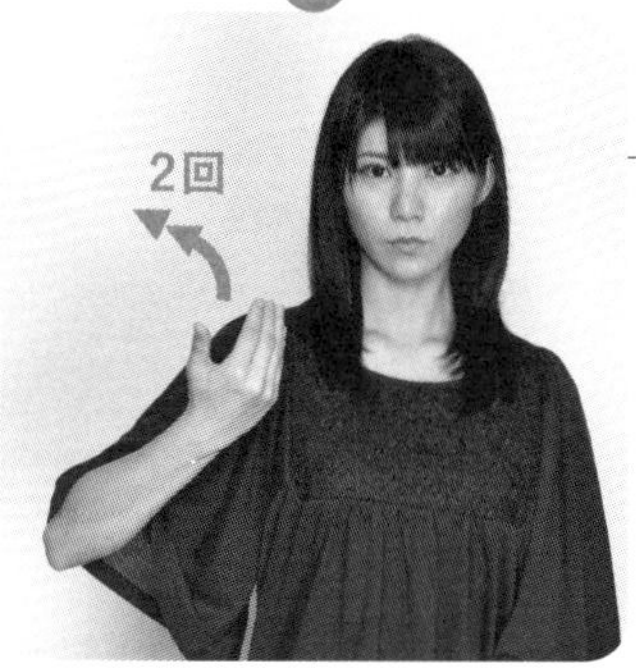

②手首を動かし、上方向に2回払う。

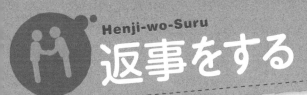

賛成

①右手の指先を前に向け、

②そのまま手を上げる。

反対

①指先を上に向けて折った両手を胸の左右に置き、

②指の背を胸の前で打ち合わせる。

できます

①右手を軽く湾曲させ、指先を左胸につけ、

②弧を描いて右胸につける。

できません

右手の親指と人差指で頬をつねるように、ひねる。

Hanashi-Kakeru

話しかける

ちょっとお話ししていいですか

少し

①親指と人差指を近づけ、

話す

②立てた人差指を、口元から前に出し、

構わない

③小指であごを軽く、2回叩き、

～ですか?

④手の平を上に向けて相手に差し出す。

ゆっくり話してください

話す

①立てた人差指を、口元から前に出し、

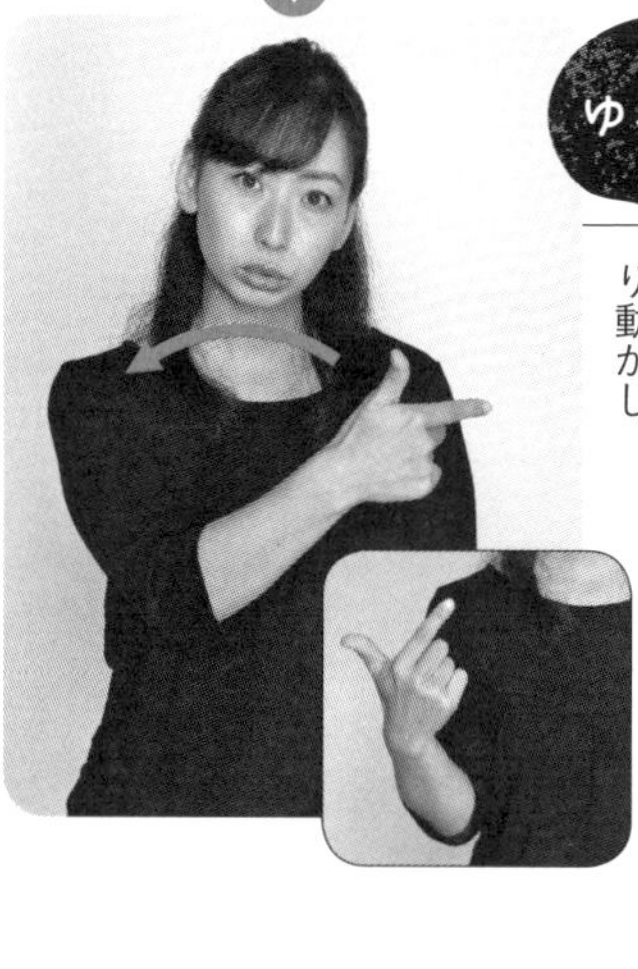

ゆっくり

②親指と人差指を立て、左から右に弧を描くようにゆっくり動かし、

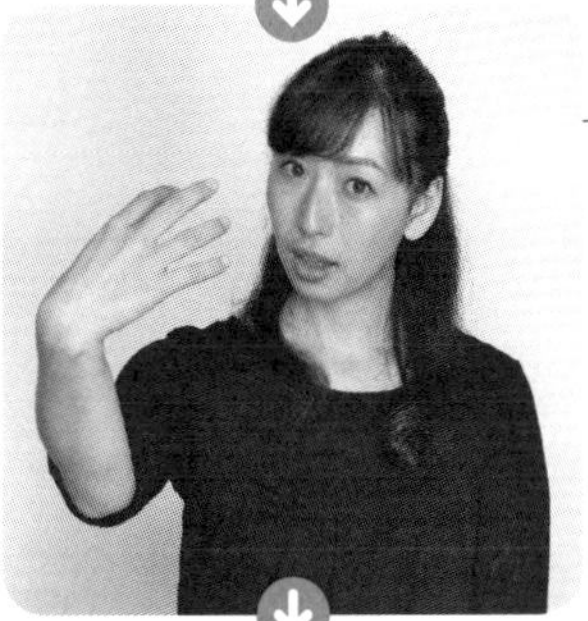

③自分に向かって指を開き、

お願い

④右手を前に差し出しながら頭を下げる。

私、手伝いますよ

私

①人差指で胸を指し、

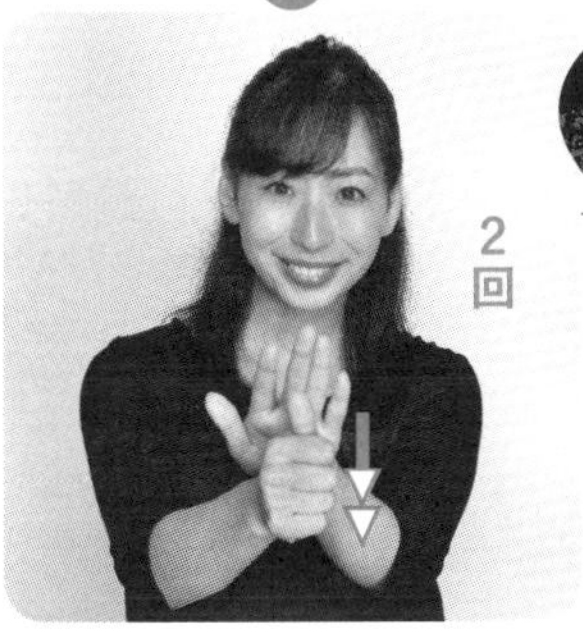

助ける

②立てた右手の親指の背を左の手の平で2回押す。

お願い

③右手を前に差し出しながら頭を下げる。

もう一度言ってください

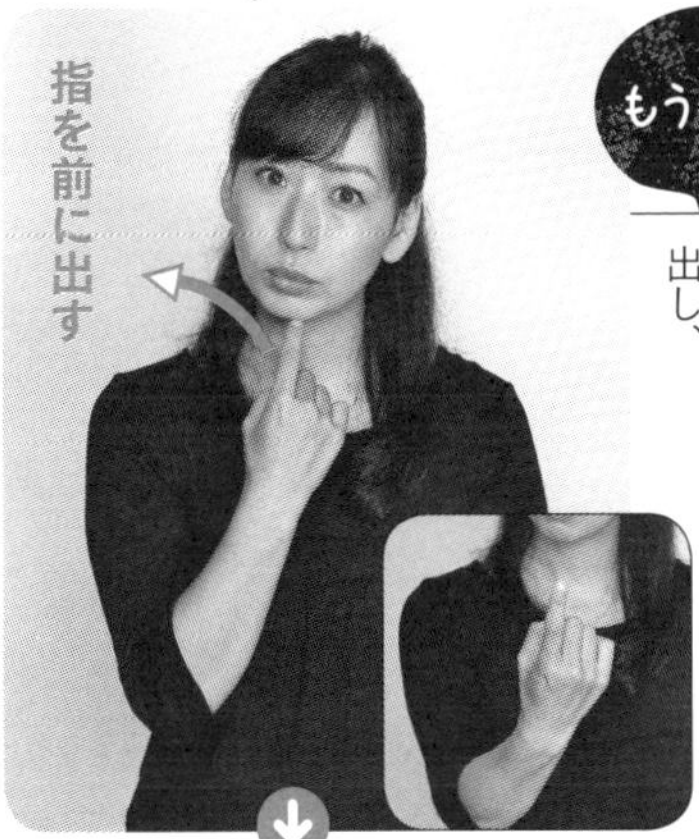

もう一度

①立てた人差指をあごから前に出し、

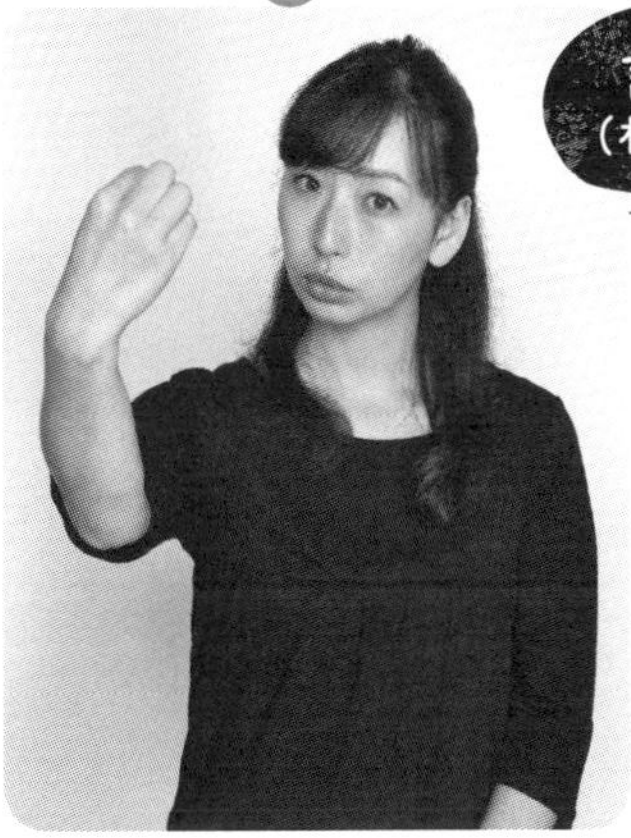

言う（相手）

②甲を前に向けて手を軽く握り、

Onegai-Suru

お願いする

お願いがあります

お願い

①顔の正面で右手を斜めに構え、前に出し、

ある

②手の平を下に向け、軽く下ろす。

何ですか?

人差指を立て、左右に振る。

連絡をしてください

連絡
(相手から)

①左右2指の輪を、つなぎ合わせて相手に向け、

②手前に引き、

お願い

③顔の正面で右手を斜めに構え、前に出す。

連絡してもいい？

連絡（自分から）

①左右2指の輪をつなぎ合わせて相手に向け、

②前に出し、

いい？

③あごに小指をつけて頭を傾ける。

難しいです、ごめんなさい

難しい

①右手の親指と人差指で頬をつねるようにひねり、

ごめんなさい

②つまんだ右手の親指と人差指を眉間にあて、

③右手を前に差し出しながら頭を下げる。

ONE POINT

ハッキリと断るときは……

ダメ

人差指をクロスさせる。

＼ もっと知りたい！ 手話のこと ／

日本語の語順と手話の語順

手話はひとつの独立した言語ですので、日本語とは文法がまったく違います。ですから、手話の語順は日本語と必ずしも同じではありませんし、表現方法も異なります。

たとえば「私は15歳です」という場合は、「私」＋「歳」＋「15」という語順になります。話のテーマが何であるか（年齢）を先に明示してから、詳細（数）を伝えるということが多いようです。また、役所の窓口などで「何かお困りですか？」と聞く場合には、「困る」＋「何？」と表すほか、「私」＋「助ける」＋「～ですか？」という表現で意味を伝えることもできます。

ただし、手話にはさまざまな表現があり、個人によっても異なります。日本語において、その人の環境や考え方によって言葉の使い方、表現のクセなど、それぞれ個性があるように、手話表現にも個性があるのです。先天的に耳が聞こえない人なのか、日本語を習得した後に聞こえなくなった人なのかによっても大きく違います。後天的な人の場合は、日本語を覚えた後に手話を習ったため、日本語に似た表現方法をすることもあります。

習い始めたばかりの人は、手話独特の表現、語順を難しく感じたり、個々の表現の違いにとまどったりすることも多いでしょう。ですが、そのような表現は、聞こえない人と接するなかで、自然と身についてくるものです。

第2章

自己紹介をしよう

自己紹介をして、自分のことを知ってもらいましょう。
また、相手の手話を読み取り、その人がどんな人なのか
わかるようになりましょう。

Namae-wo-Tsutaeyou

名前を伝えよう

はじめまして

はじめて

①左の手の甲に、人差指を立てた右手を重ね、

②4指をつまむようにしながら、右手を上に引き上げ、

会う

③人差指を立てた左右の手を前後に向かい合わせ、近づける。

私の名前は前田です

私

①自分を人差指で指し、

名前

②左の手の平を前に向けて立て、中央に右手の親指をあて、

前

③手の平を前に向けて立てた右手を前に出し、

田

④両手の3指で「田」の字を作る。

あなたのお名前は何ですか？

あなた

①右の手の平を上に向け、相手に差し出し、

名前

②左の手の平を前に向けて立て、中央に右手の親指をあて、

何？

③人差指を立てて横に2回振り、

～ですか

④右の手の平を上に向け、前に差し出す。

ONE POINT

名前の表現方法

名前

右手の親指、人差指で輪を作り、左胸にあてる。

COLUMN

左利きの人の手話は？

手話の辞書などでは、基本的に右利きの場合を想定して手話を説明しています。ですから左利きの場合は、鏡を見るようにイラストや写真を真似すればOKです。

たとえば「食事」を表すときには、左手でお箸の真似をします（P.112参照）。左右が変わっても言葉の内容は変わらないので、その点は心配しなくて大丈夫です。

Yūjin-wo-Syōkai-Shiyou

友人を紹介しよう

こちらの方を紹介します

①紹介する人を手の平を使って指し、

②右手の親指を立て、口元で左右に動かす。

彼女は石川さんです

①紹介する人を手の平を使って指し、

名前

②左の手の平を前に向けて立て、中央に右手の親指をあて、

石

③右手の指を軽く曲げ、左の手の平につけ、

彼女はとても優しい人です

①甲を前に向け、右手の小指を立て、

②右手の親指と人差指を立て、左から右に弧を描いて動かし、

③両手の親指と4指を向かい合わせにし、指を近づけたり遠ざけたりしながら、腕を左右に離していく。

④伸ばした右手3指で「川」の字を書き、

⑤手の平を下に向け、軽く下げる。

COLUMN

サインネームって何?

「サインネーム」とは、いわゆるあだ名、ニックネームのこと。誰かのことを親しみを込めて呼ぶ呼び方です。手話では、その人の外見や性格の特徴を表現することが多いようです。たとえば、いつも髪をお団子にしている人なら、こぶしを頭の上にのせる、おしゃべりな人なら、口の前で手の平をパクパクさせる、といった具合です。

　サインネームで自己紹介する場合は、サインネームを表すしぐさに一般的な手話表現や指文字できちんと名前を伝えます。

Kazoku-ni-tsuite-Hanasou

家族について話そう

私には姉と弟がいます

私

①自分を人差指で指し、

姉

②甲を前に向けて右手の小指を立て、上に上げ、

弟

③甲を前に向けて右手の中指を立て、下に下げ、

いる

④両手こぶしを向かい合わせて立て、同時に少し下げる。

私の弟は15歳です

私

①自分を人差指で指し、

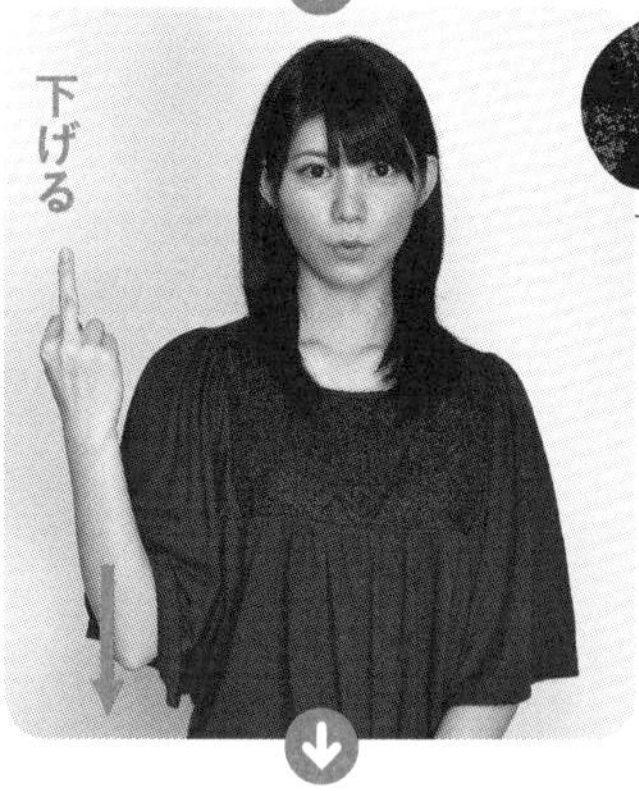

弟

②甲を前に向けて右手の中指を立て、下に下げ、

年齢

③あごの下で、右手を親指から順に折って握り、

15

④右手の人差指をカギ型に折り（指文字10）、

⑤4指を握り、親指を横に出す（指文字5）。

私は両親と暮らしています

私

①自分を人差指で指し、

両親

②右手の人差指で頬をなで下ろし、

③甲を前に向け、右手の親指と小指を立て、

一緒

④人差指を前に伸ばした両手を、左右から近づけ、

暮らす

⑤両手の親指と人差指を丸めるようにして向かい合わせ、胸の前で円を描く。

家族に関する単語集

家族

①両手を斜めにし、指先をつけ、②左手を残し、右手の親指、小指を立てて手首を回転させる。

父

右手の人差指で頬をなで下ろし、右手の親指を立てる。

母

右手の人差指で頬をなで下ろし、右手の小指を立てる。

両親

右手の人差指で頬をなで下ろし、右手の親指、小指を立てる。

兄

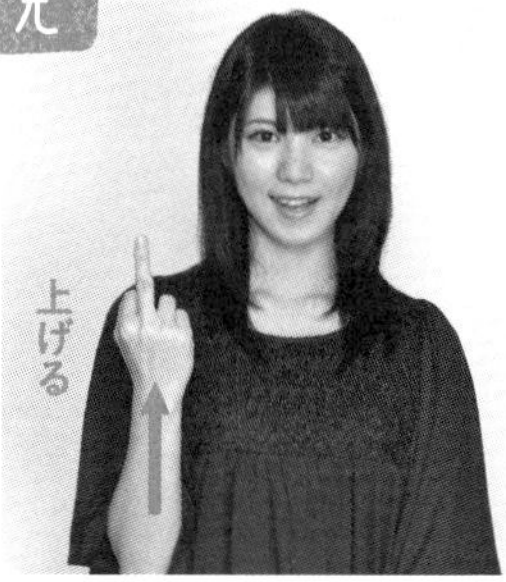

右手の中指を立てて上げる。

姉

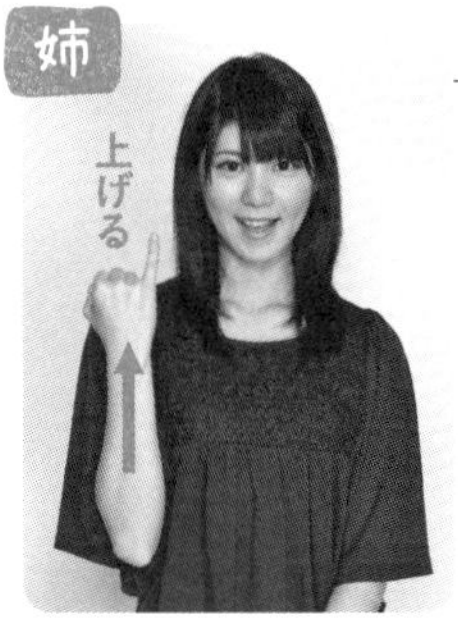

右手の小指を立てて上げる。

弟

右手の中指を立てて下げる。

妹

右手の小指を立てて下げる。

祖父

右手の人差指で頬をなで下ろし、親指を曲げて立てる。

祖母

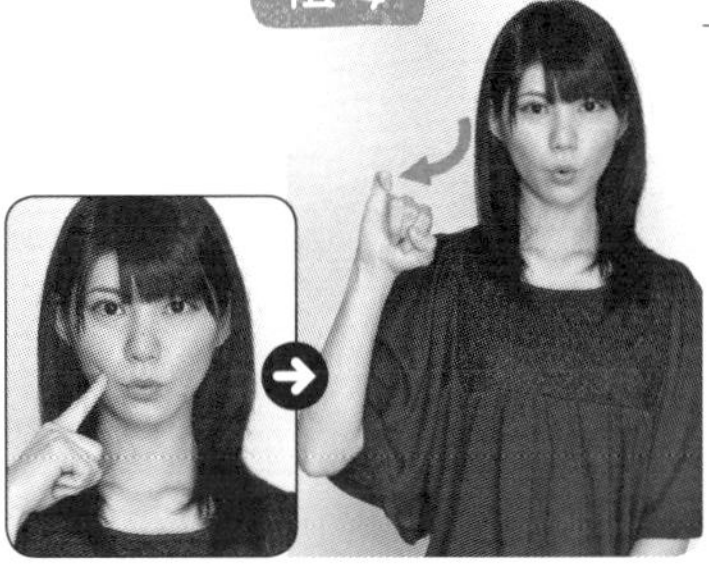

右手の人差指で頬をなで下ろし、小指を曲げて立てる。

息子

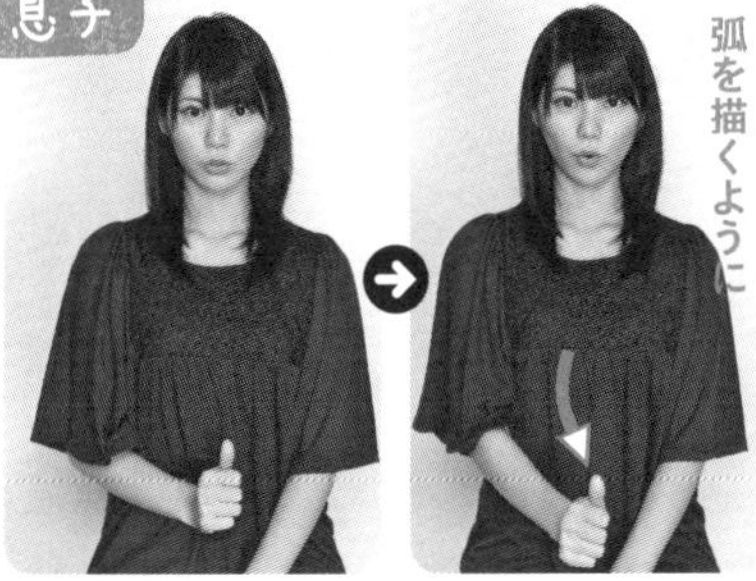

お腹の前で右手の親指を立て、下側に弧を描くように前に出す。

娘

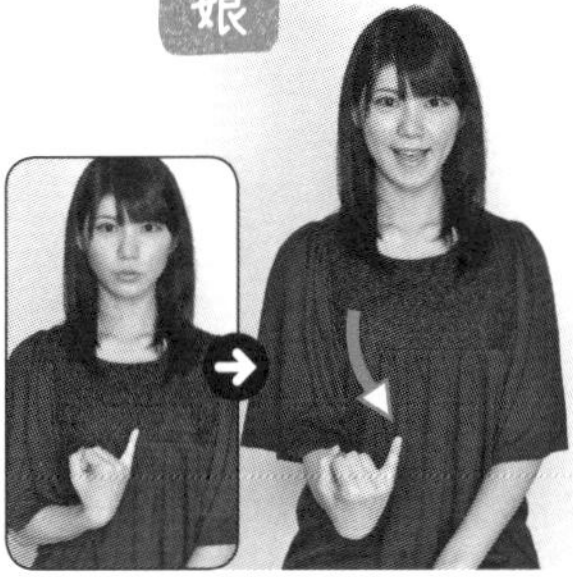

お腹の前で右手の小指を立て、下側に弧を描くように前に出す。

長男

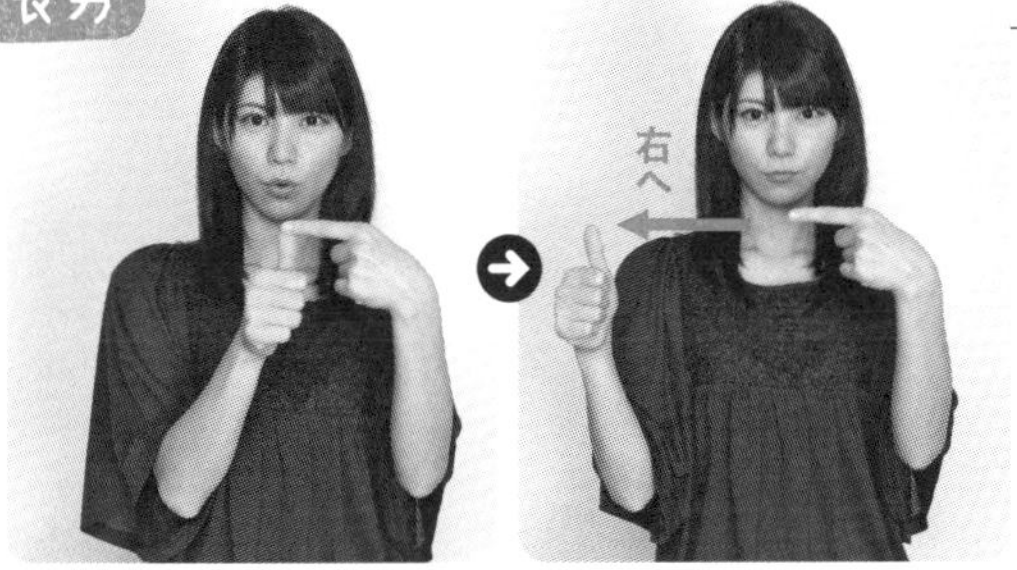

左手の人差指に右手の親指をつけ、右手を右へ動かす。

孫

左手の親指と小指を立て、手の平を下に向けた右手を小指につけ、胸の前↓お腹の前、と段階をつけて下ろす。

性格に関する単語集

優しい

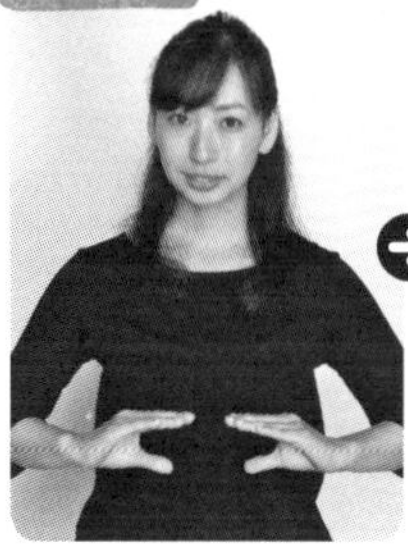

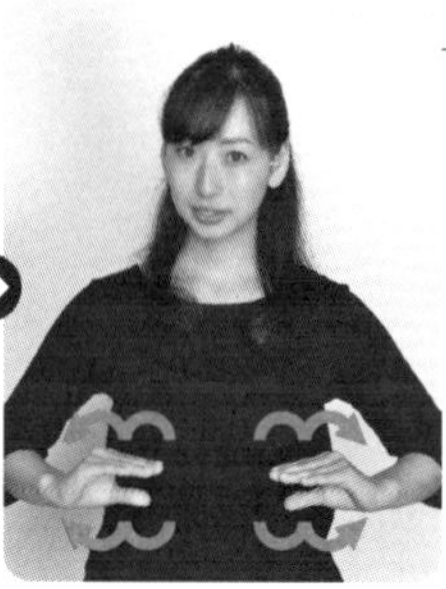

両手の親指と4指を向かい合わせにし、指を近づけたり遠ざけたりしながら、腕を左右に離していく。

怖い

左の手の平に右手の人差指と中指の指先をつけて、ブルブルと震わせる。

大人しい

両方の手の平を上に向けて胸の前で向かい合わせ、下に下ろす。

内気

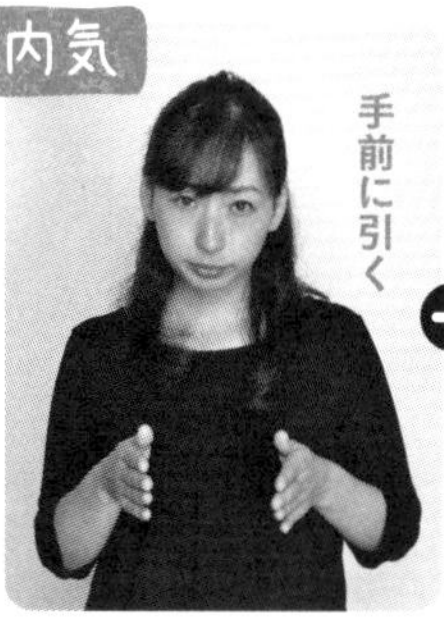

両方の手の平を向き合わせて手前に引き、右手の人差指で自分を指す。

まじめ

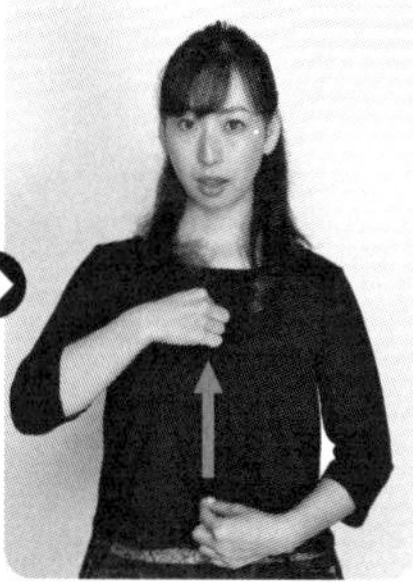

両手の親指、人差指をつまみ、お腹の前で上下に合わせ、そのまま右手を引き上げる。

シャイ

右手5指の指先で鼻をかくようにする。

元気

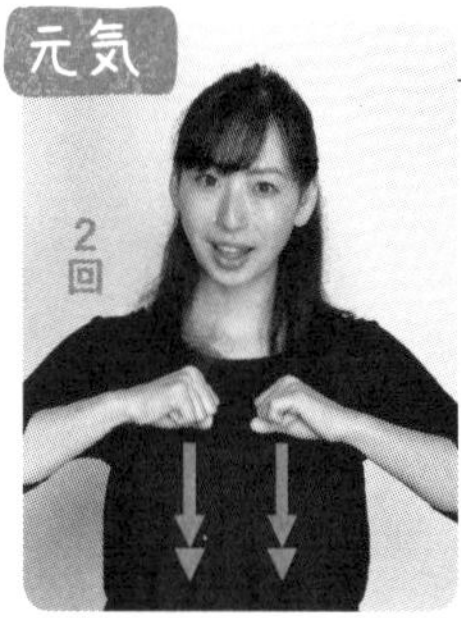

両手のこぶしを胸の前で向き合わせ、下に力強く2回下ろす。

美人

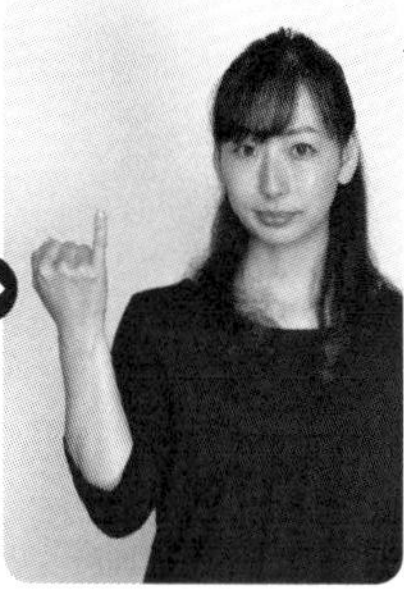

①右の手の平を顔の前で左右に振り、
②右手の小指を立てる。

かわいい

左手を軽く湾曲させ、甲を右手でなでる。

カッコイイ

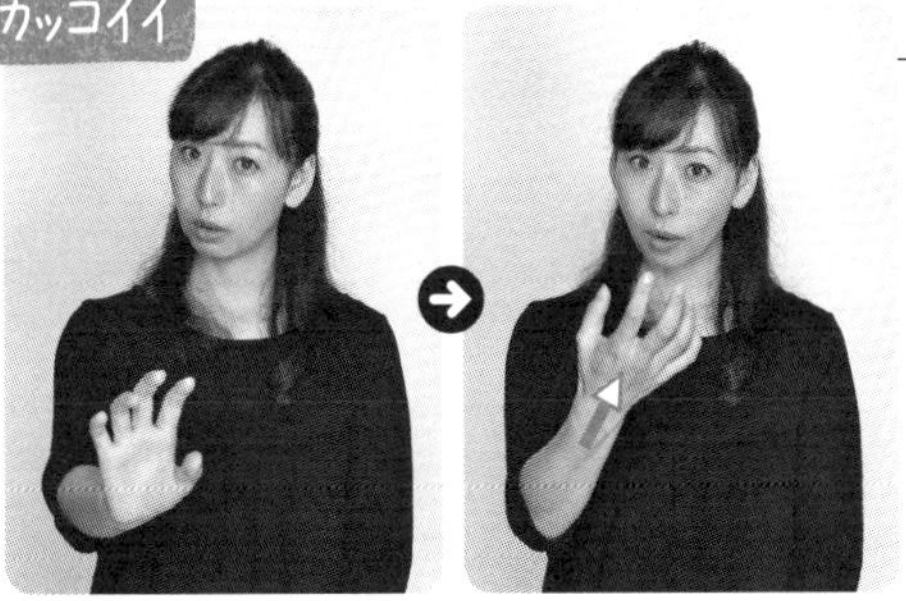

5指を曲げた右手を前に出し、手首をひねりながら手の平を顔に向けて引く。

面白い

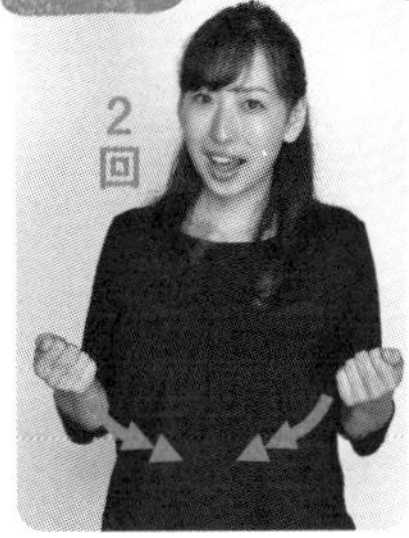

両手のこぶしを同時に動かし、2回お腹を叩く。

しっかりしている

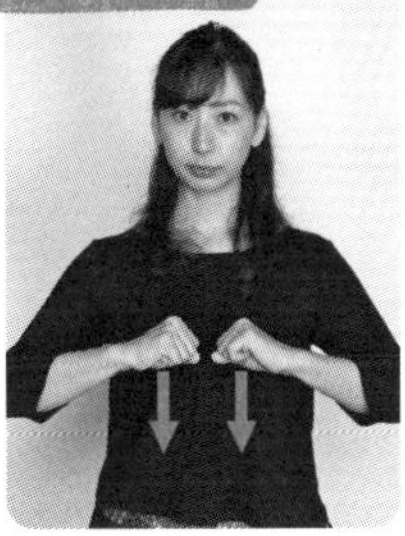

胸の前でこぶしを向き合わせ、同時に下に下ろす。

うるさい

両手の人差指を耳にあて、ねじるように回す。

気まぐれ

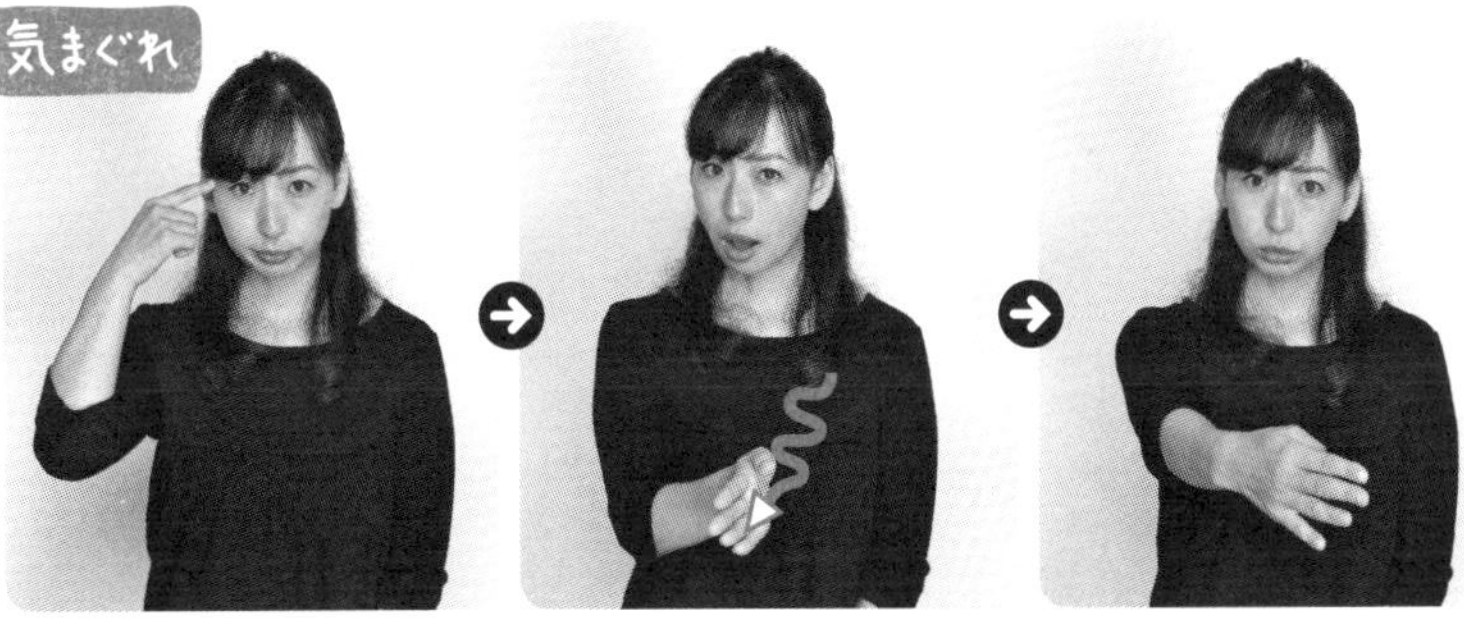

①右手の人差指でこめかみを指し、②指先を前に向けた右手をくねらせながら前に出す。

COLUMN

豊かな表情を添えて、生き生きと表現しよう

手話では話し言葉以上に、表情がものをいいます。手話で伝えるときには、言葉の内容に沿った顔をすることが大切です。たとえば、悲しい内容なのにニコニコしながら手話をするなど、言葉と相反する表情で伝えると、ちぐはぐな印象になり、相手に感情が伝わりません。また、表情ひとつで、意味が深まる場合もあります。「夜」と言うとき、とても眠そうな表情をすることによって、「深夜」という意味になります。豊かな表情が、手話のコミュニケーションも豊かにしてくれるのです。

Basyo-ni-tsuite-Hanasou

場所について話そう

今は東京に住んでいます

今

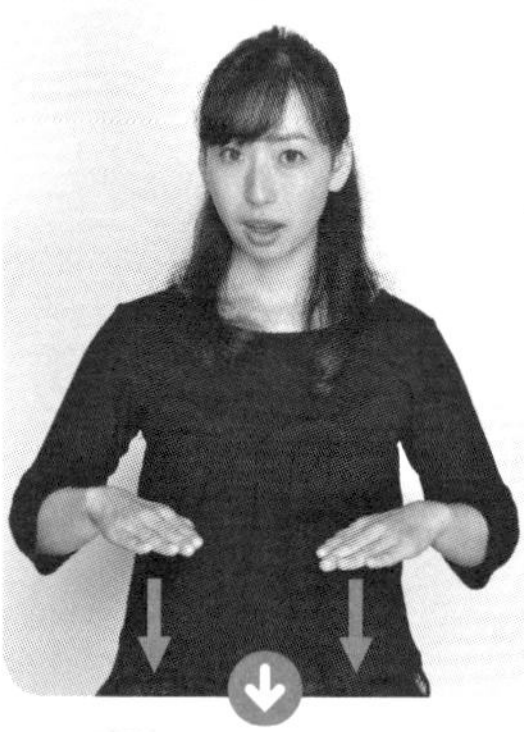

①両方の手の平を下に向け、同時に下ろし、

東京

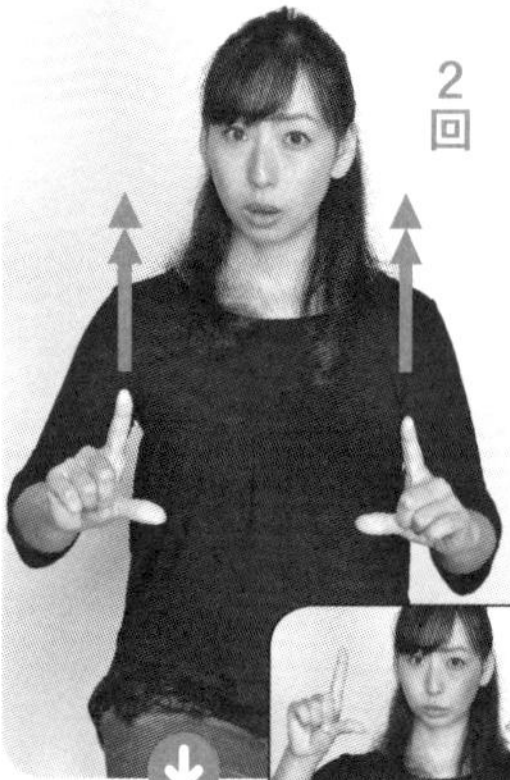

②両手の親指と人差指でL字形を作って向かい合わせ、同時に2回上げ、

住む

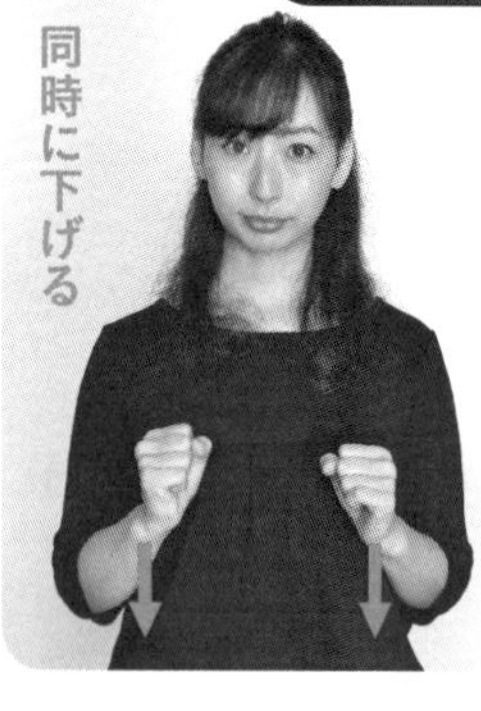

③両手のこぶしを向かい合わせて立て、同時に少し下げる。

以前は大阪に住んでいました

以前

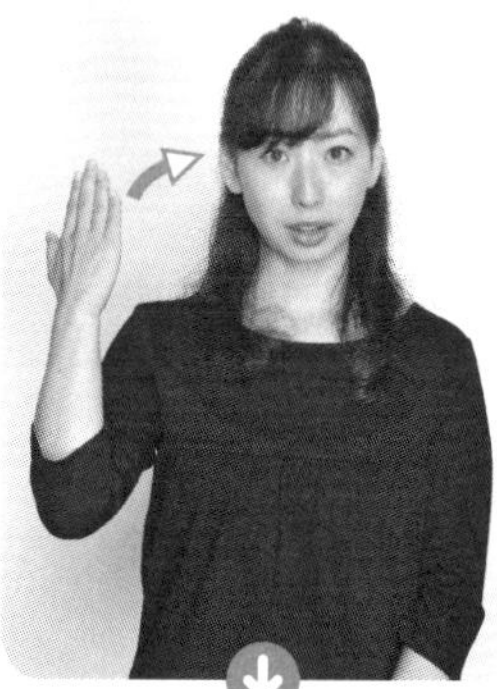

①甲を前に向けて右手を立て、後ろに引き、

大阪

②こめかみで人差指と中指を立て、軽く前に2回出し、

住む

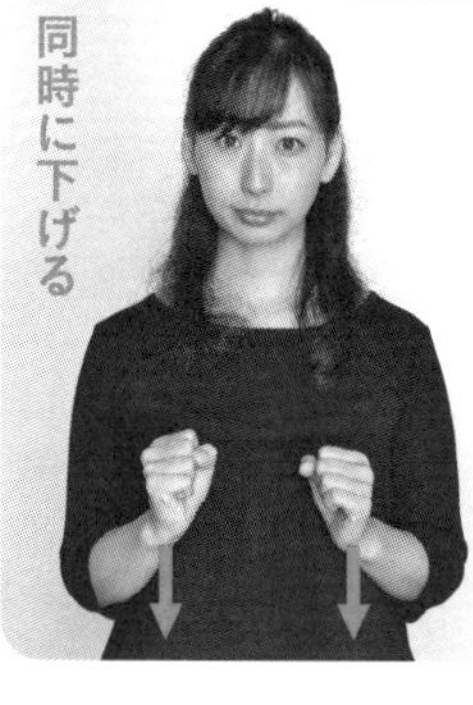

③両手のこぶしを向かい合わせて立て、同時に少し下げる。

私はディズニーランドに行きました

私

①自分を人差指で指し、

ディズニーランド

②両手の人差指で、頭の上に大きな耳の形を描き、

行く

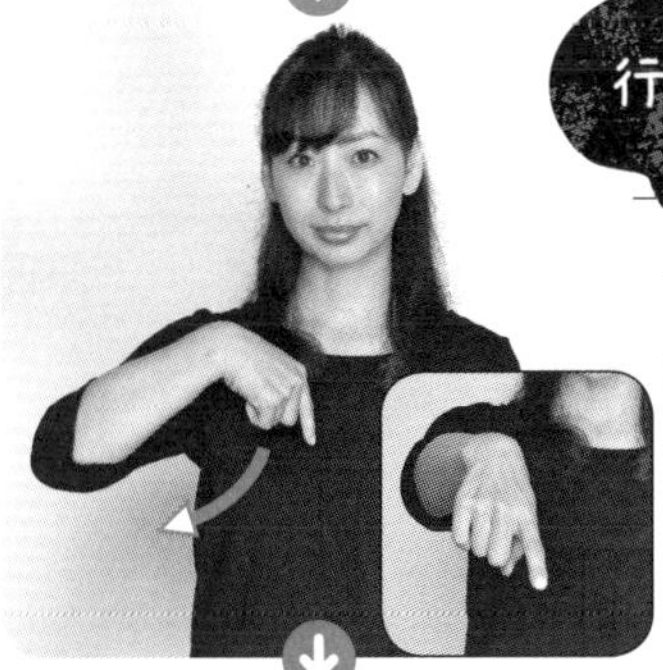

③右手の人差指を胸から前に振り出し、

～した

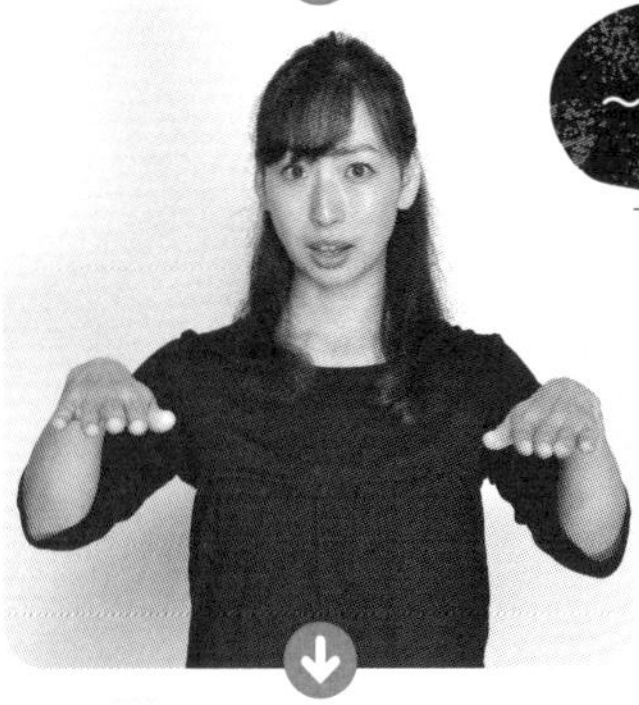

④両方の手の平を下に向け、

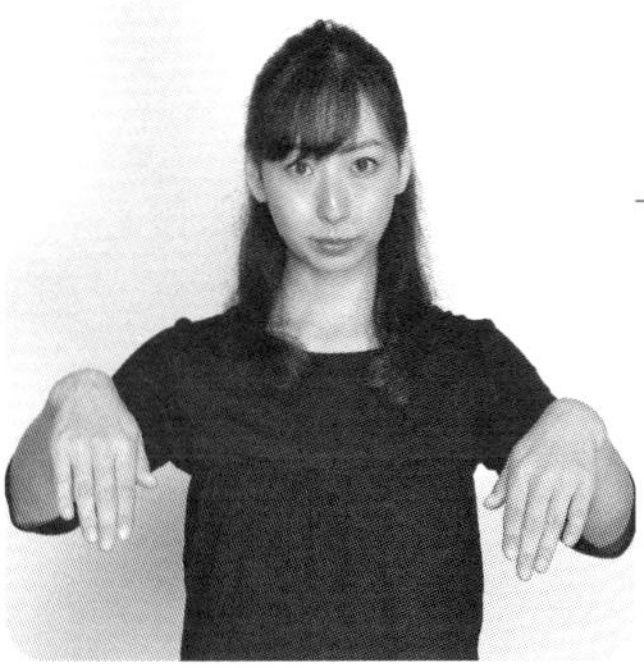

⑤手首を同時に折る。

COLUMN

「手話」を意味する手話は？

「私は手話ができます」という場合は、「私」＋「手話」＋「できる」でOKです。

両方の人差指を向かい合わせ、互い違いに前後にクルクル回す。

地名に関する単語集

関東

胸の前で両手の親指と人差指の指先をつけ、前へ半円を描き、再びつける。

関西

手の平を前に向け、親指を伸ばした左手の横で親指と人差指を伸ばした右手を下ろす。

北海道

両手の人差指、中指を立て、顔の前で大きなひし形を描く。

青森

①右手の指先で頬をなでるように後ろにはね、②手の甲を前に指を広げて、立てた両手を交互に上下させながら左右に離す。

岩手

①指を軽く曲げた両手を向かい合わせ、左右の手を逆方向にひねり、②右の手の平を前に向けて立てる。

秋田

手の平を上に向けた左手の甲に右手の親指をつける。

宮城

①両手の指を伸ばして斜めに組み合わせ、②両手の人差指を曲げて向かい合わせる。

山形

左手の親指、人差指で輪を作り、右手の人差指を2回つける。

福島

①右手の親指と4指であごをなで下ろしながら指を閉じ、②右の手の平を上に向け、左こぶしの周りで左回りに円を描く。

茨城

胸の前で交差させた両方の手の平で肩から下に2回なで下ろす。

栃木

広げた左手5指に沿って小指側から3つ葉の形を描く。

群馬

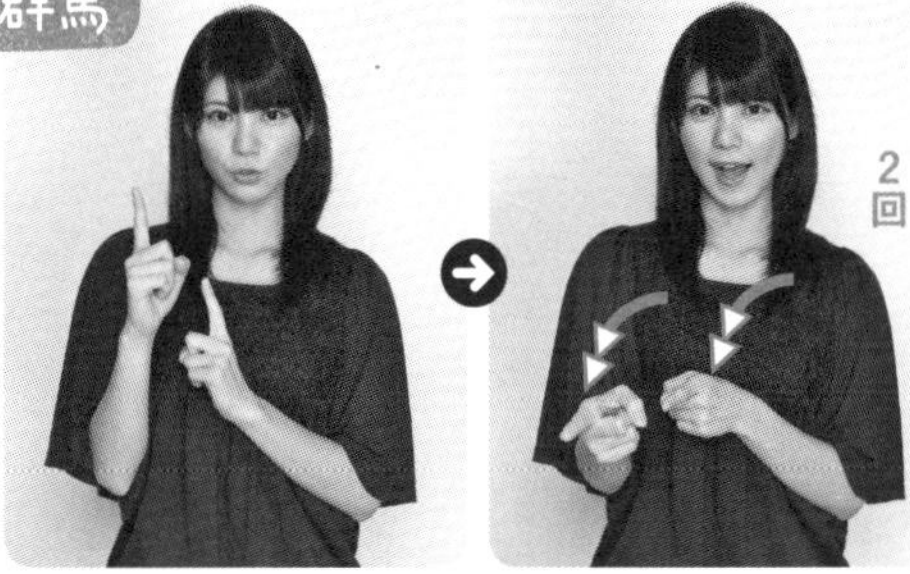

人差指を立てた両手を上下にずらして立て、2回前に倒す。

神奈川

①両手を叩き合わせ、②右手3指で上から下に向かって「川」の字を描く。

東京

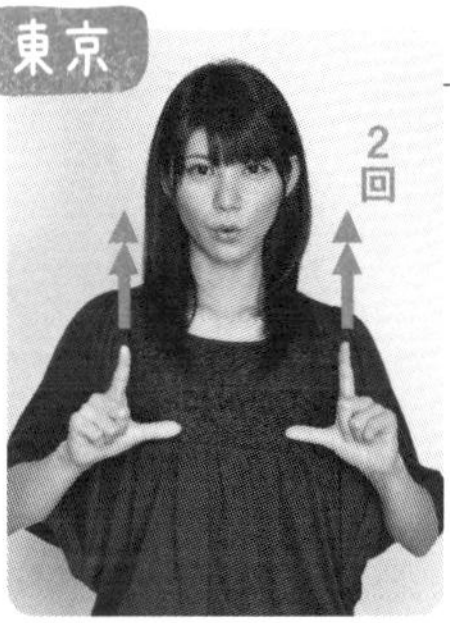

両手の親指、人差指をL字形を作って向かい合わせ、同時に2回引き上げる。

千葉

伸ばした左手の親指、人差指の親指に右手の人差指をあて、「千」の字形を作る。

埼玉

丸めた両方の手の平を少し離して上下向かい合わせ、両手を回す。

山梨

左の手の平に右手の開いた指先を向かい合わせ、ぶどうの形を描くように、右手を閉じながら手首を回転させてひねり下ろす。

地名に関する単語集

静岡

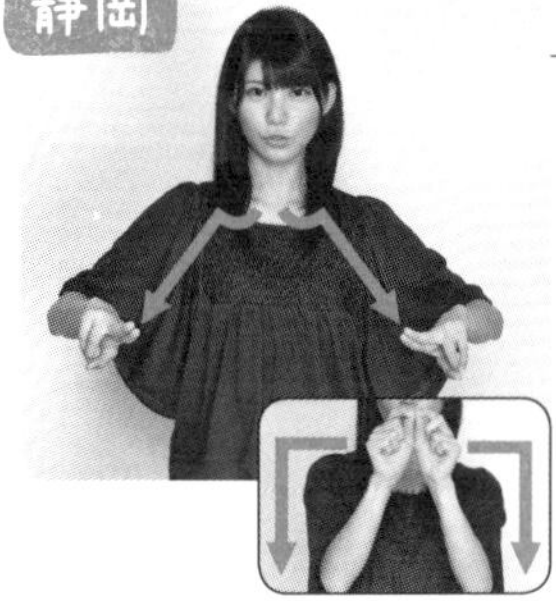

①両手の人差指、中指をつけ、富士山を描くように斜め下に下ろし、②つまんだ両手の親指、人差指を前に向けて中央でつけ、左右に引き、下に下ろす。

長野

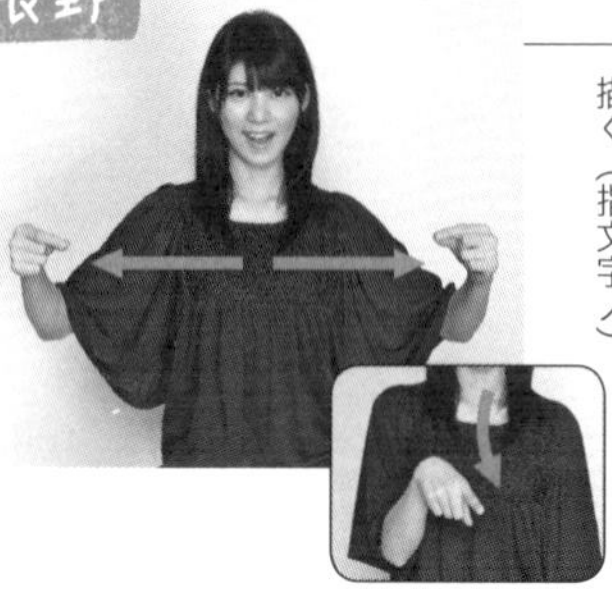

①両手の親指、人差指をつまみ、指先を向き合わせ左右に離し、②右手の人差指で「ノ」の形を描く（指文字ノ）。

福井

①右手の親指と4指であごをなで下ろしながら指を閉じ、②両手の人差指、中指を縦横に組み合わせて「井」の字を作る。

富山

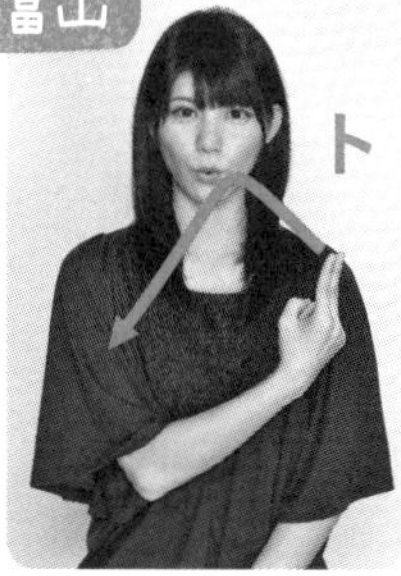

右手の人差指、中指をくっつけて立て（指文字ト）、左から山なりに右へ移動させる。

石川

①右手の指を軽く曲げ、左の手の平につけ、②伸ばした右手3指で「川」の字を書く。

新潟

両方の手の平を上に向け、小指側をこすり合わせるように交互に前後させる。

愛知

立てた左手の親指の上で右手を水平に回す。

三重

①右手3指を横向きに立て「三の字」を作り、②手の平を上に向け、指を向かい合わせた両手を下に下ろす。

岐阜

口の前で右手の親指、人差指、中指を前に向け、2回開閉させる。

滋賀

左手を丸めて左上に構え、右手は軽く握ってお腹の前で2回振る（琵琶を弾くしぐさ）。

京都

両手の親指、人差指をＬ字形にして下に向け、同時に2回下ろす。

大阪

こめかみで右手の人差指、中指を立て、軽く2回前に出す。

兵庫

両手のこぶしを少し離して上下に配置し、右胸にあてる。

奈良

2指で輪を作り、残り3指を立てた右手を立て、左の手の平を上に向ける（大仏を表す）。

和歌山

湾曲させた右手を口元にあてる。

広島

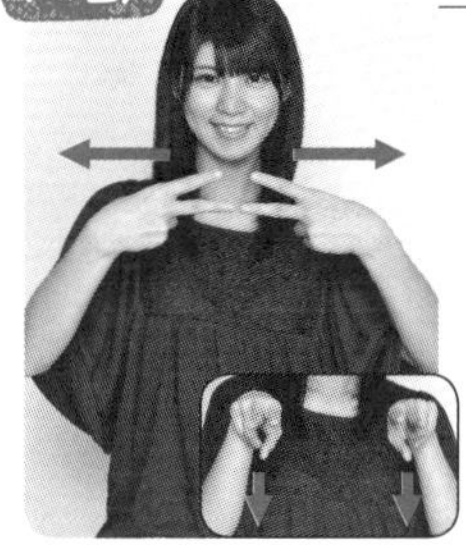

人差指、中指を立てた両手を向かい合わせ、左右に引き離し、指先を前に向けて下に下ろす。

岡山

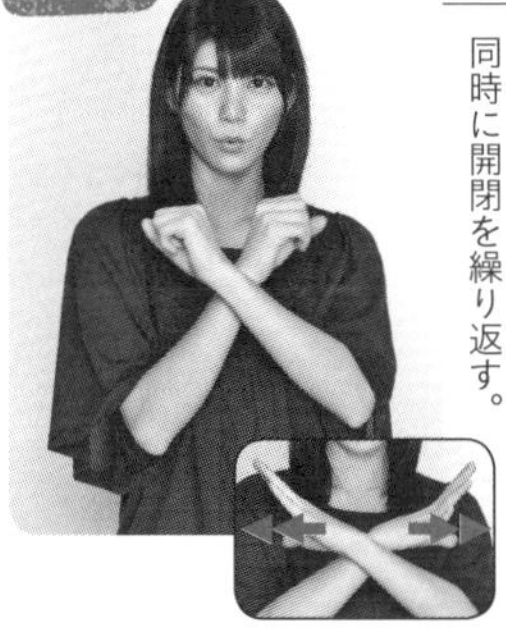

こぶしを作って両腕を交差させ、同時に開閉を繰り返す。

島根

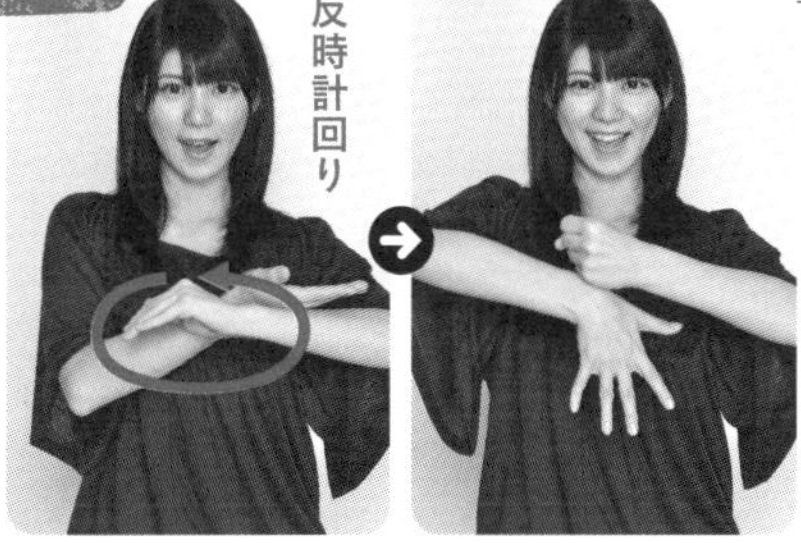

①丸みをつけて伏せた左の手の甲の上を、手の平を上に向けた右手を反時計回りに回し、②左のこぶしの下で右手5指を下に向けて開く。

地名に関する単語集

鳥取

①口の前で右手の親指、人差指を前に向け、開閉させ、②指を開いた右手を手前に引きながら握る。

山口

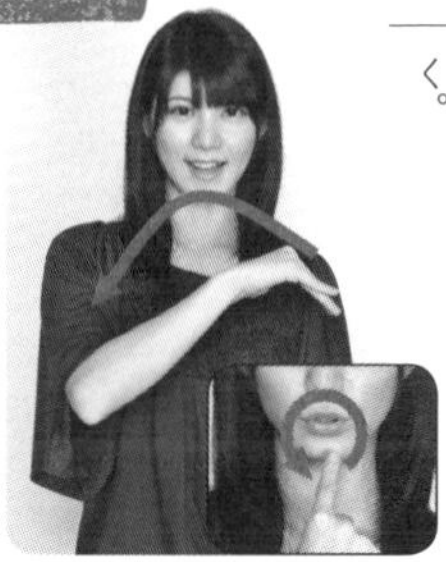

①手の甲を上に向けた右手で、左から右に向かって山を描き、②右手の人差指で口元に円を描く。

徳島

時計回り

①右手の親指の先をあごにつけて、人差指は前に立て、②丸く伏せた左手のまわりに、手の平を上に向けた右手で時計回りに円を描く。

愛媛

立てた左手の小指の上で伏せた右手を水平に回す。

香川

①右手の人差指、中指を鼻に向けて下から近づけ、②右手3指で「川」の字を描く。

高知

指文字コ

①4指を折り曲げた右手を（指文字コ）、上に上げ、②右手で胸をなで下ろす。

福岡

やや曲げた右手4指をお腹に向け、左から右へ移動させる。

長崎

①つまんだ両手の親指、人差指の指先をつけて、左右に引き離し、②両手の指先を前に向け、前に出しながら指先をつける。

佐賀

右手の人差指をこめかみにあて、そのまま残りの4指を開いて下にたらす。

熊本

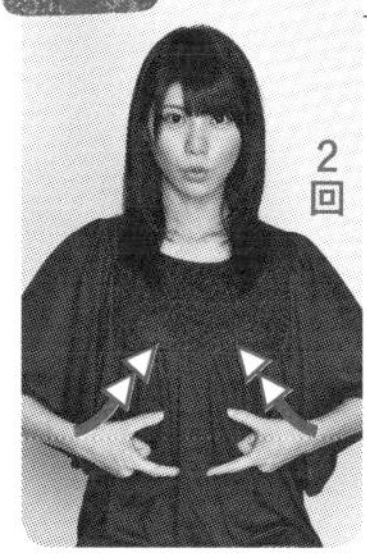

両手の親指、人差指を丸め、お腹の前で向かい合わせ、2回お腹に近づける。

大分

右手の親指、人差指で輪を作り、甲を上にした左手の小指側の手首近くにあてる。

宮崎

①指を伸ばした両手を斜めに組み合わせ、
②両手の指先を前に向け、前に出しながら指先をつける。

鹿児島

右手3指を立てて手の平を前に向け、手首を半回転させながらひねり上げる。

沖縄

人差指、中指を立てて手の平を前に向けた右手を、半回転させながらひねり上げる。

県

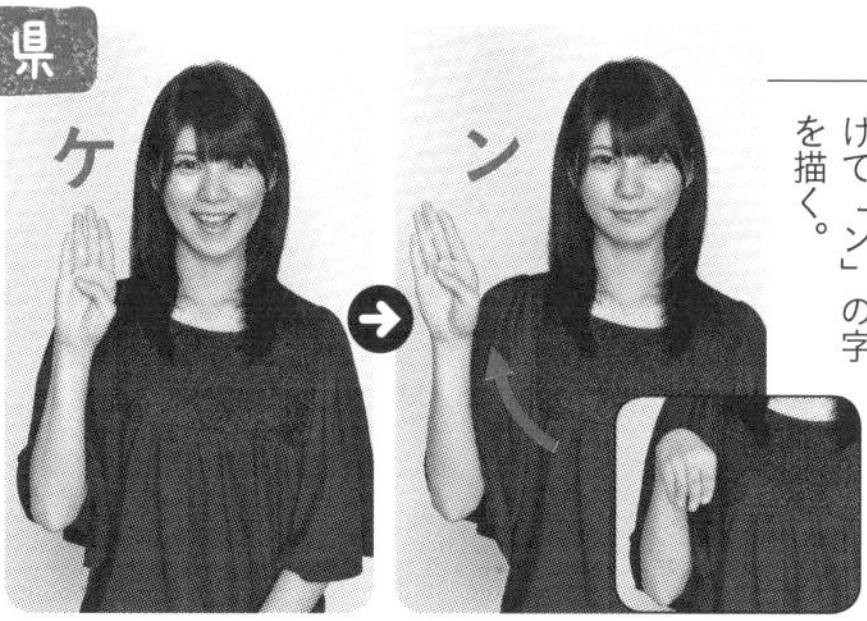

①右手の親指を折り、手の平を前に向け（指文字ケ）、
②手首を折り、斜め上にはね上げて「ン」の字を描く。

郡

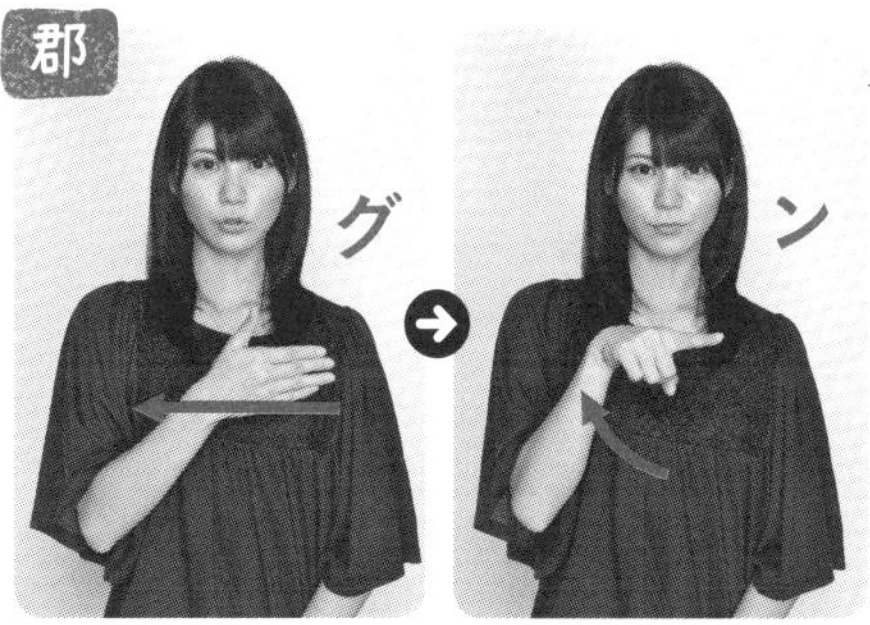

①親指を離した右手を左から右に移動させ（指文字グ）、
②右手の人差指で「ン」の字を描く。

市

右手の親指、人差指、中指を伸ばし、甲を前に向ける（指文字シ）。

地名に関する単語集

町

両手の指先を斜めにつけ、手の平を返しながら右に移動させる。

村

5指を軽く曲げた左の手の平に右手の人差指をつけ、そのまま手前に引く。

手前に引く

日本

両手の親指、人差指でひし形を作り、斜め上下に両手を引き離しながら指を閉じる。

アメリカ

右手5指を広げ、波状に上下させながら左から右に引く。

フランス

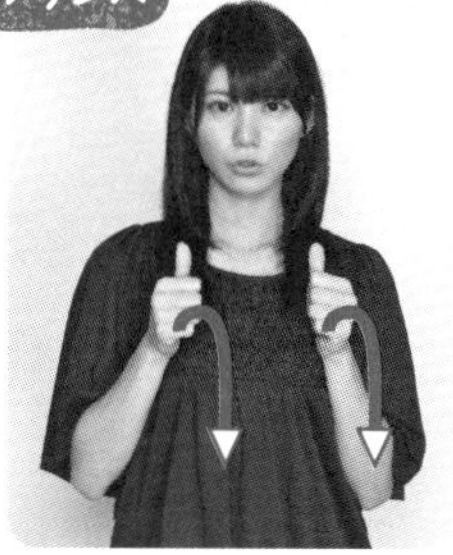

両手の親指を前に向けて立て、同時に弧を描いて前へ下ろす。

中国

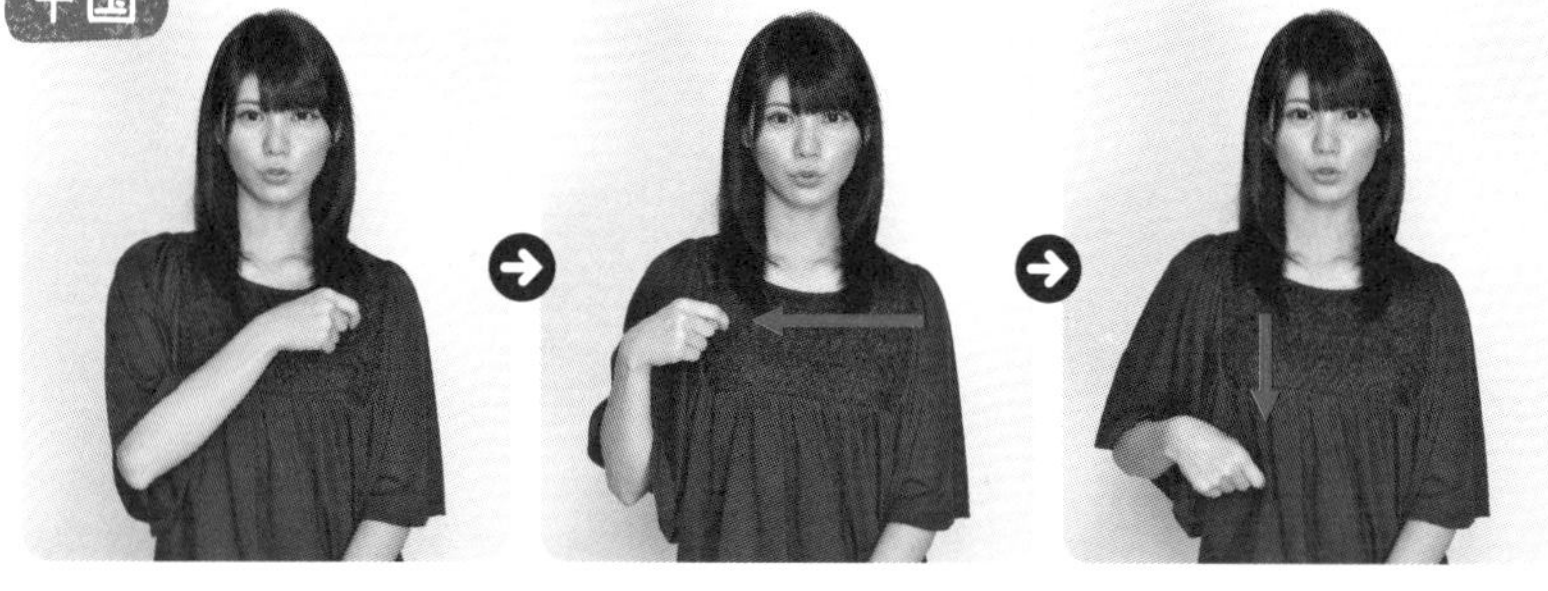

つまんだ親指、人差指を胸に向け、左から右に引き、下に下ろす。

韓国

頭に右手の指先をつけ、右斜め下に引き、指先をこめかみにつける。

オーストラリア

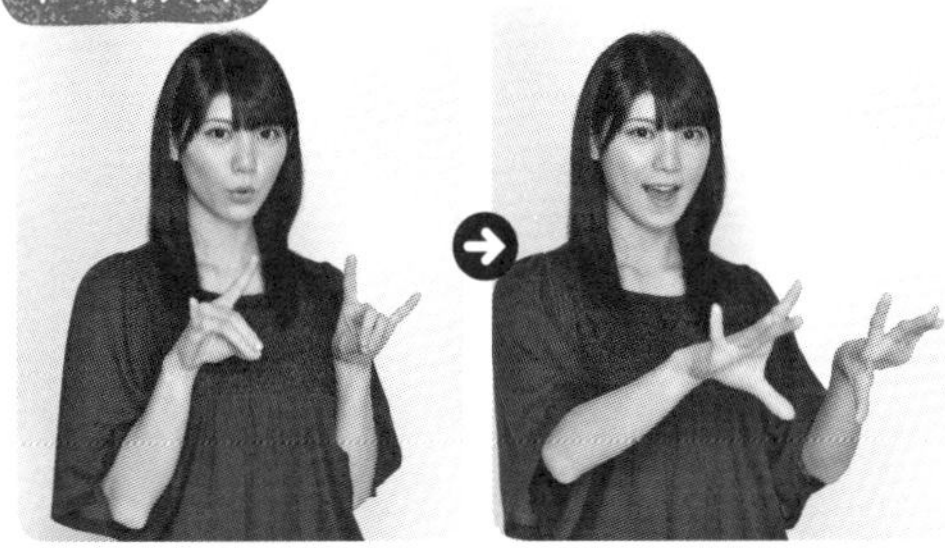

両手の親指と中指、薬指をつけ、前に出しながら指を離す。

ロシア

指先を左に向けた右手の人差指を口元にあて、左から右に引く。

イギリス

右手の人差指と中指の背をあごに沿って左から右に動かす。

カナダ

右のこぶしで右の胸を軽く2回叩く。

COLUMN

手話にも方言がある?

関西弁、東北弁などがあるように、手話にも「方言」のような表現の違いがあります。たとえば数字の100を表す手話も、地方によってそれぞれ違いがあるようです。また京都では「白」ははけで頬におしろいを塗るようなしぐさ、「黒」は墨をするようなしぐさで表現します。このような基本的な言葉にも、お国柄や伝統的な暮らしぶりが表れています。

今は標準手話が普及するようになりましたが、こうした方言の手話も、地域の大切な文化として扱われています。

Tanjoubi-ni-tsuite-Hanasou

誕生日について話そう

誕生日はいつですか？

誕生日

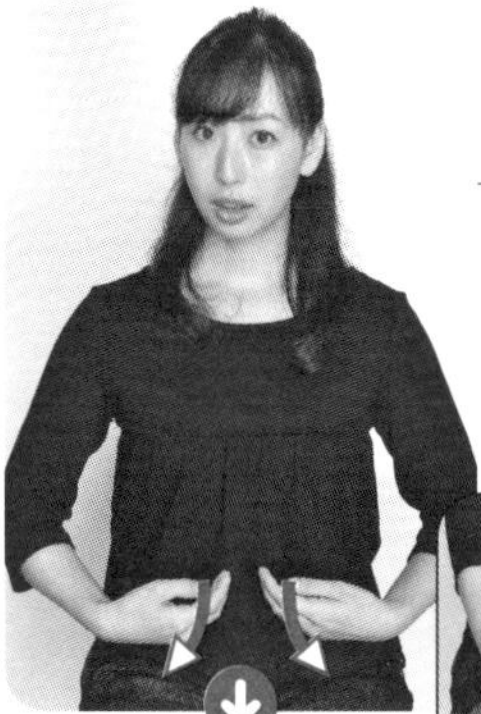

①お腹の前で手の平を上に向け、下向きの弧を描きながら両手を前に出し、

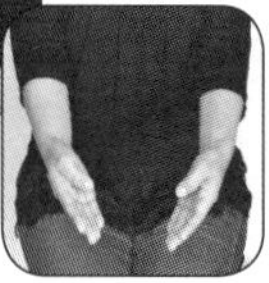

②右手の親指と人差指を軽く曲げ、

いつ？

③指を広げた両手を上下に置き、親指から順に折って握る。

5月8日です

左手の親指を立てて横に出し（指文字5）、その下で右手の小指以外の4指を広げる（指文字8）。

何歳ですか？

①指を開いた右手をあごにつけ、

②親指から順に折って握り、顔を傾ける。

私は24歳です

私

①自分を人差指で指し、

歳

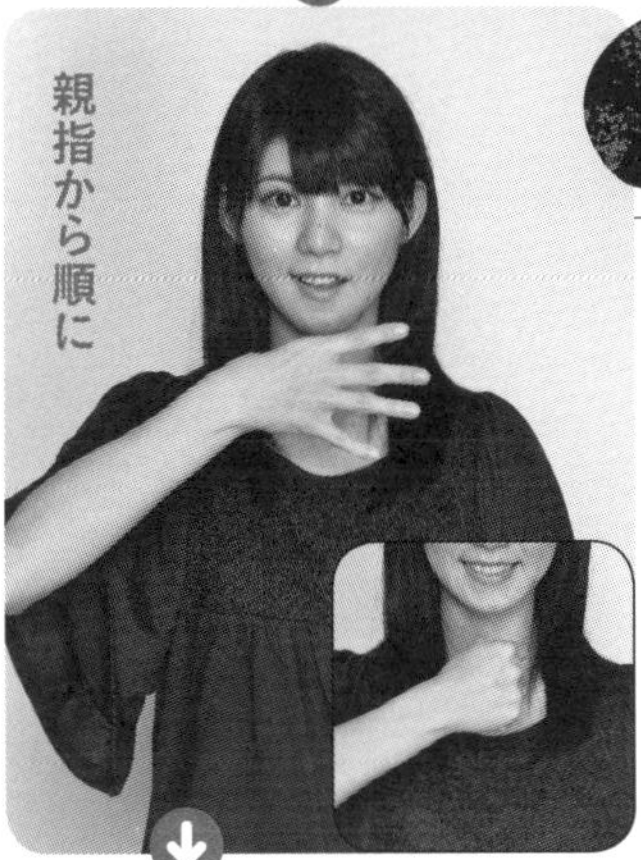

②指を開いた右手をあごにつけ、親指から順に折って握り、

24

③右手の人差指、中指をカギ形に曲げ、前に向け（指文字20）、

④親指以外の4指を立てる（指文字4）。

COLUMN

片手しか使えない場合はどのように表現する?

片手しか使えないときでも、手話で伝えることは十分できます。左右対称の動きをする手話であれば、同じ動きを片手で行えばOKです。

「誕生日はいつですか？」なら、「誕生」+「日」+「いつ？」を片手で表現します。

また、左右が違う動きをする場合でも、利き手の動きだけで意味が伝わる単語も多くあります。

口の動きや表情をプラスしたり、指文字を加えたりすることで、内容が伝わる場合もあります。一言だけで意思が伝わらない場合は、いろいろな言い方をして伝えるように、手話でも、伝わりにくい場合はさまざまな手段を駆使して、なんとか相手にわかってもらうように伝えます。

手話もコミュニケーション手段のひとつ。話すほうの「伝えたい」という気持ちと、受け取るほうの「わかりたい」という気持ちが一番大切なのは、手話でも話し言葉でも一緒です。

年月日に関する単語集

昭和

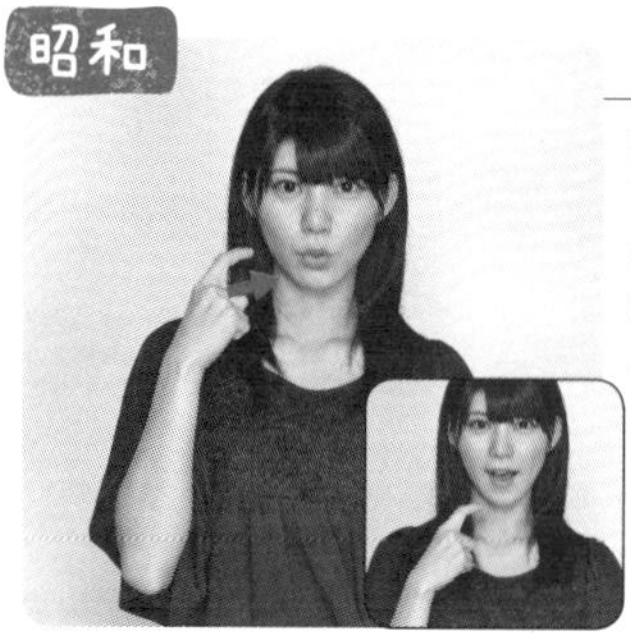

伸ばした右手の人差指と親指を襟もとにあてる。

平成

右手を伏せ、左から右に動かす。

2016年

①左手の人差指、中指を立て（指文字2）、②左手のそばで、右手5指で輪を作り（指文字0）、③少し右の位置で、右手の人差指を立て（指文字1）、

④右手の親指、人差指を直角に伸ばし（指文字6）、⑤左のこぶしの親指側に、右手の人差指を下ろしてあてる。

4月

①左甲を前に向け、親指以外の4指を開き（指文字4）、②つまんだ右手の親指、人差指を、左手の下から引き下げる。

21日

①右手の人差指、中指を曲げ前に向け、②人差指を立て、③右手の親指、人差指を軽く曲げる。

誕生日

①お腹の前で手の平を上に向け、下向きの弧を描きながら両手を前に出し、②右手の親指、人差指を軽く曲げる。

ONE POINT

数字に関連した表現の方法

数字

甲を前に向けて立てた両手3指の薬指側をつける。

計算

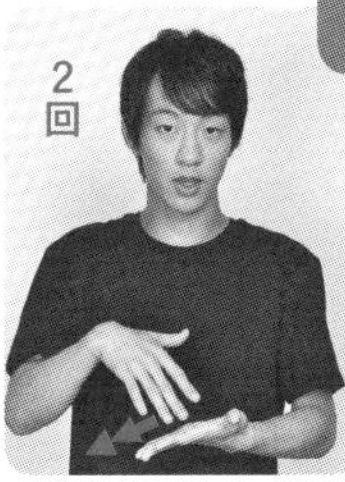

左の手の平の上に右手の指先をつけ、右へ2回払う。

COLUMN

口の動きを読み取る方法もある

聞こえない人のコミュニケーション手段としては、手話、ボディランゲージ、筆談、口話法などがあります。この 4 つ目の「口話法」とは、口を使ったコミュニケーションのことです。相手の口の動きを見て意味を読み取ることや、聞こえない人自身が、声に出して相手に伝えることを指します。実際には手話だけでなく、いくつかの手段を併用しながらコミュニケーションを行うことがあります。

数字に関する単語集

1

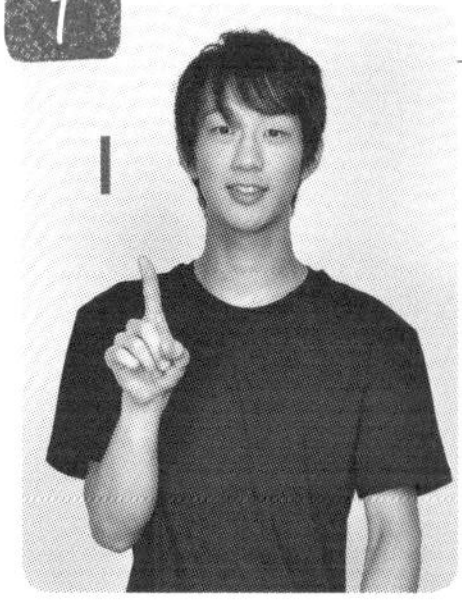

右手の人差指を立てる。

2

右手の人差指、中指を立てる。

3

右手の人差指、中指、薬指を立てる。

4

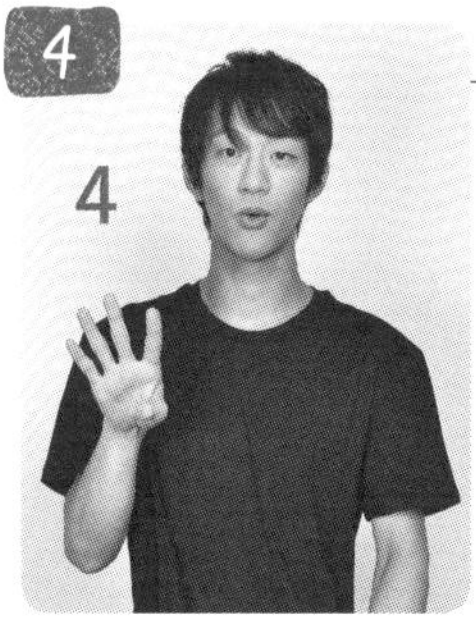

右手の親指以外の4指を立てる。

5

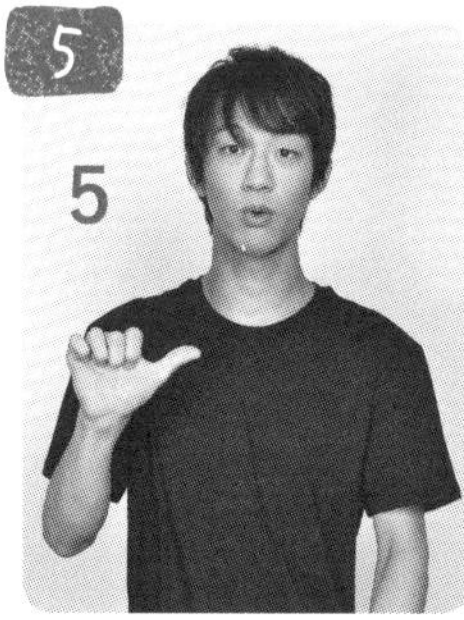

右手の親指を立てて横に出す。

6

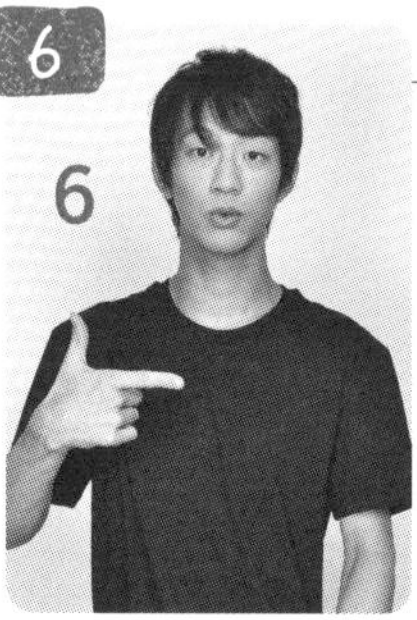

右手の親指、人差指を立て、親指を上に向ける。

7

右手の親指、人差指、中指を立て、親指を上に向ける。

8

右手の小指以外の4指を立て、親指を上に向ける。

9

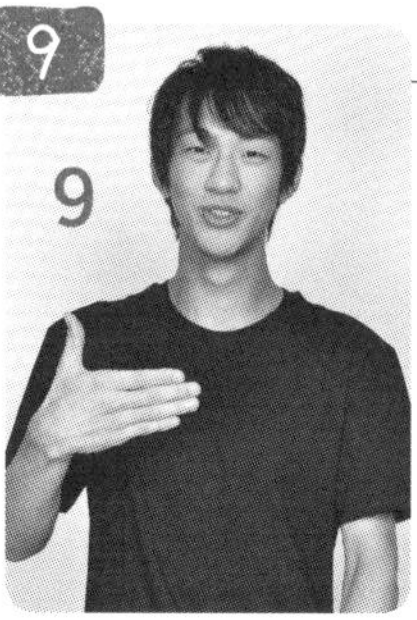

右手の親指以外の4指を揃え、親指を上に向ける。

10

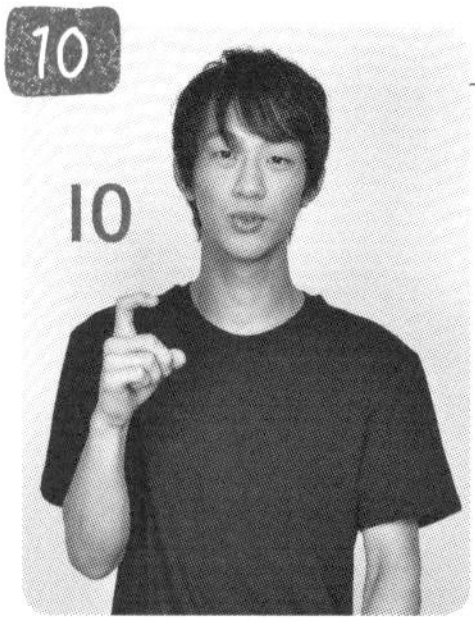

右手の人差指を曲げる。

11

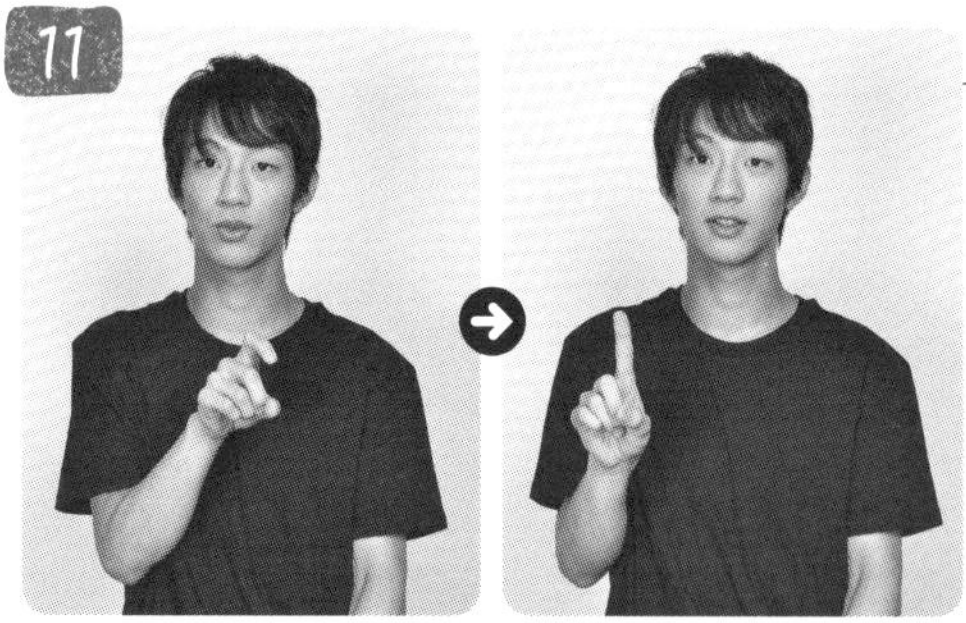

右手の人差指を曲げ、右にずらした位置で右手の人差指を立てる。

100

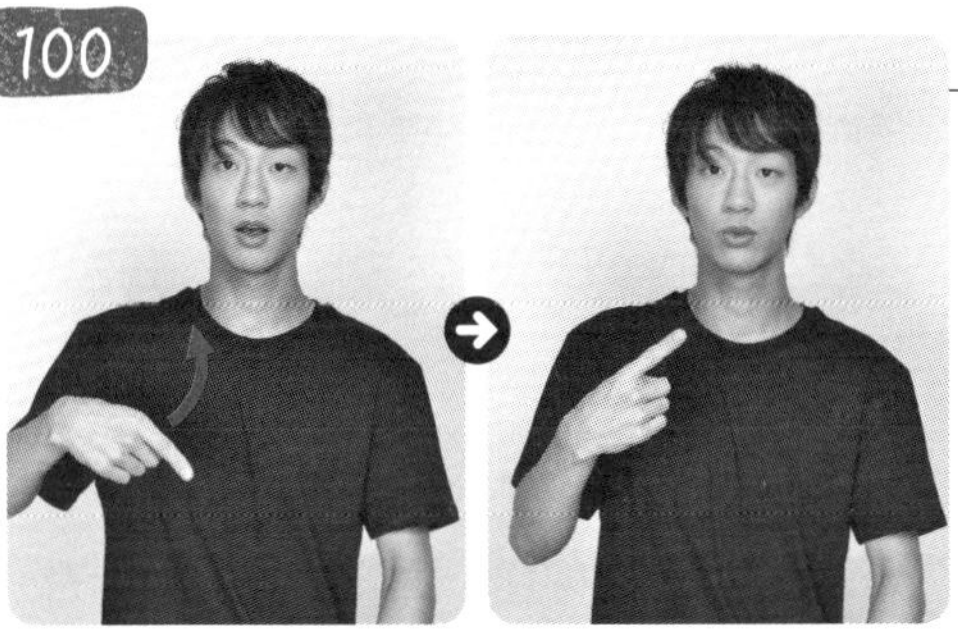

右手の人差指を斜め下に向け、すばやく斜め上にはね上げる。

1000

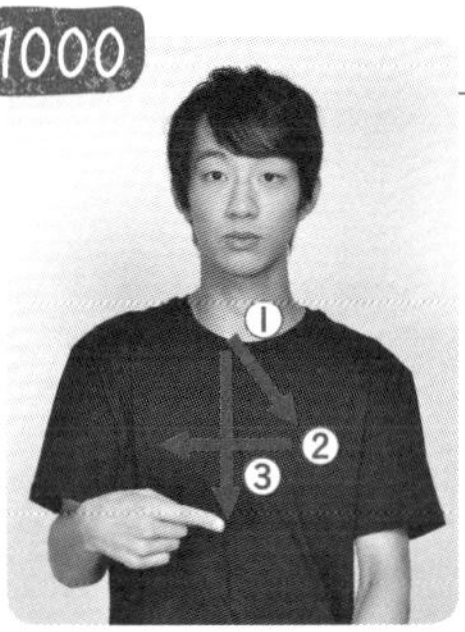

右手の人差指で、自分から見て「千」の字を書く。

777

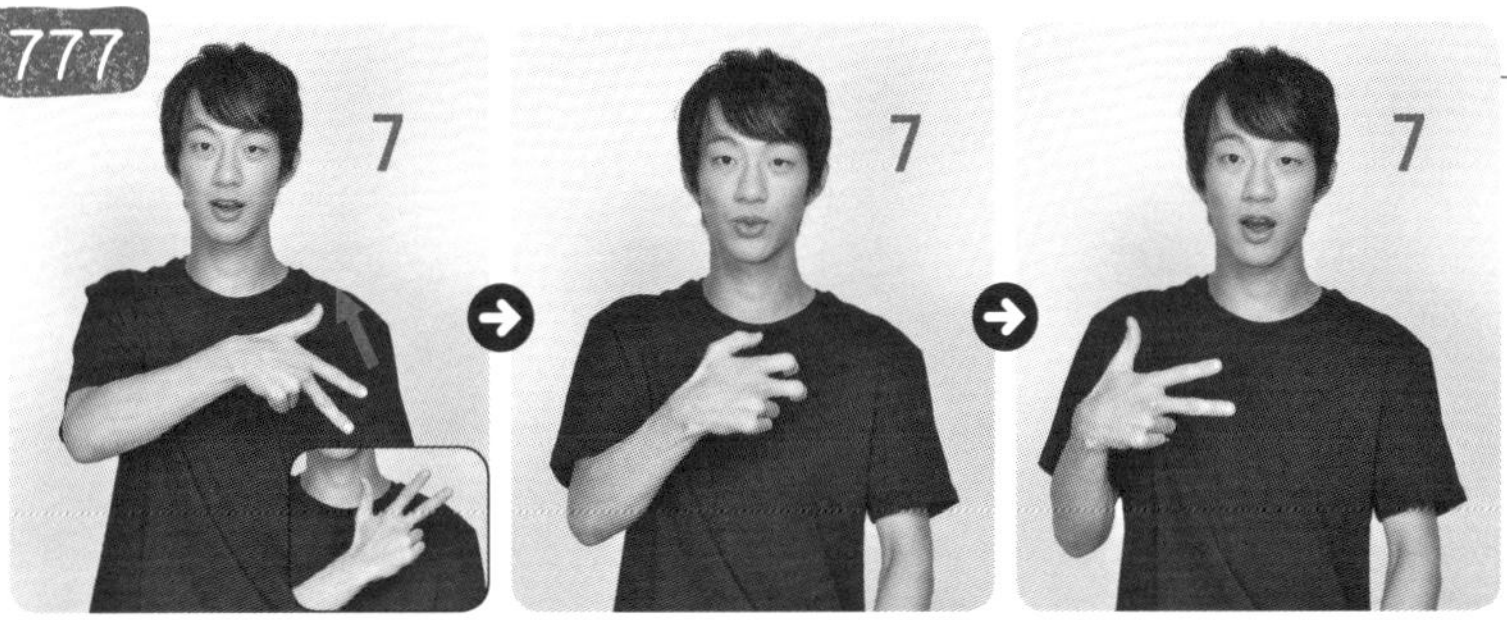

①右手で7を表し、すばやく上にはね上げ、
②7を表した3指を曲げ(70)、
③7を表す。

1万

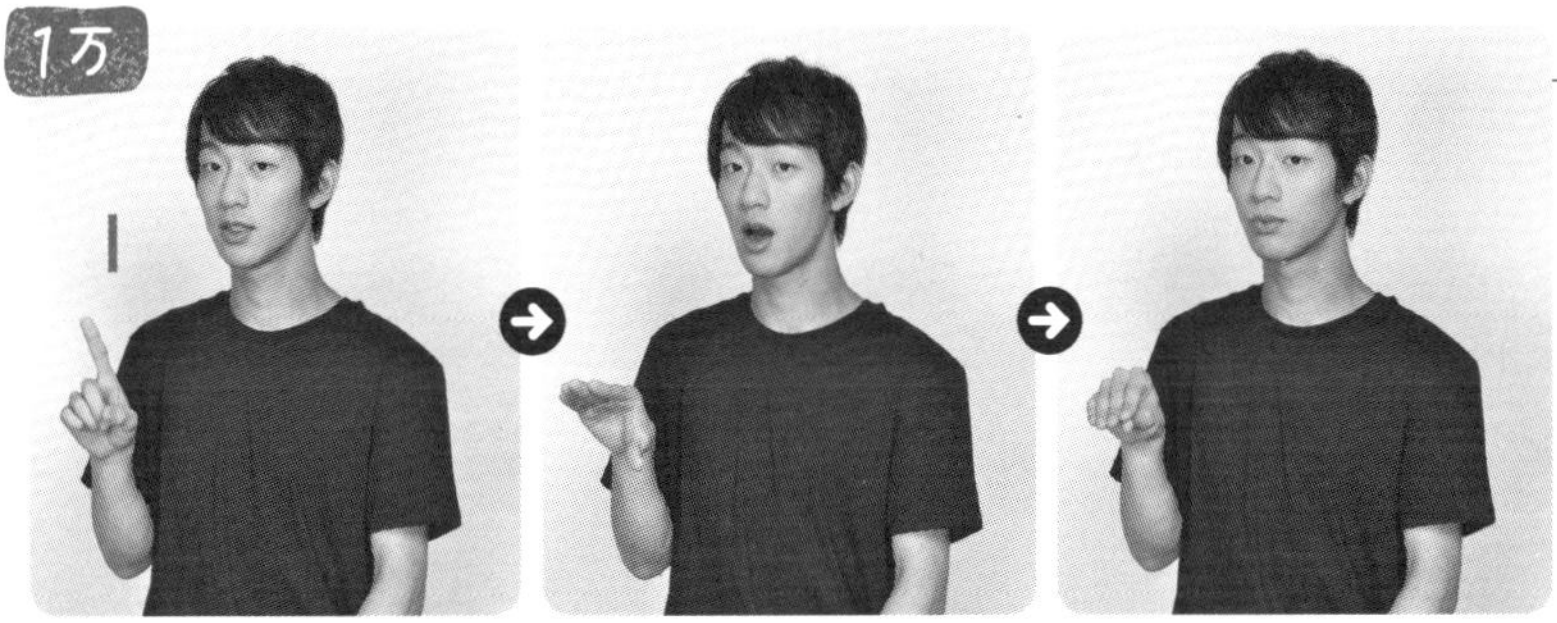

①右手の人差指を立て、
②指先を前に向けて広げた右手の親指と4指を閉じる。

1億

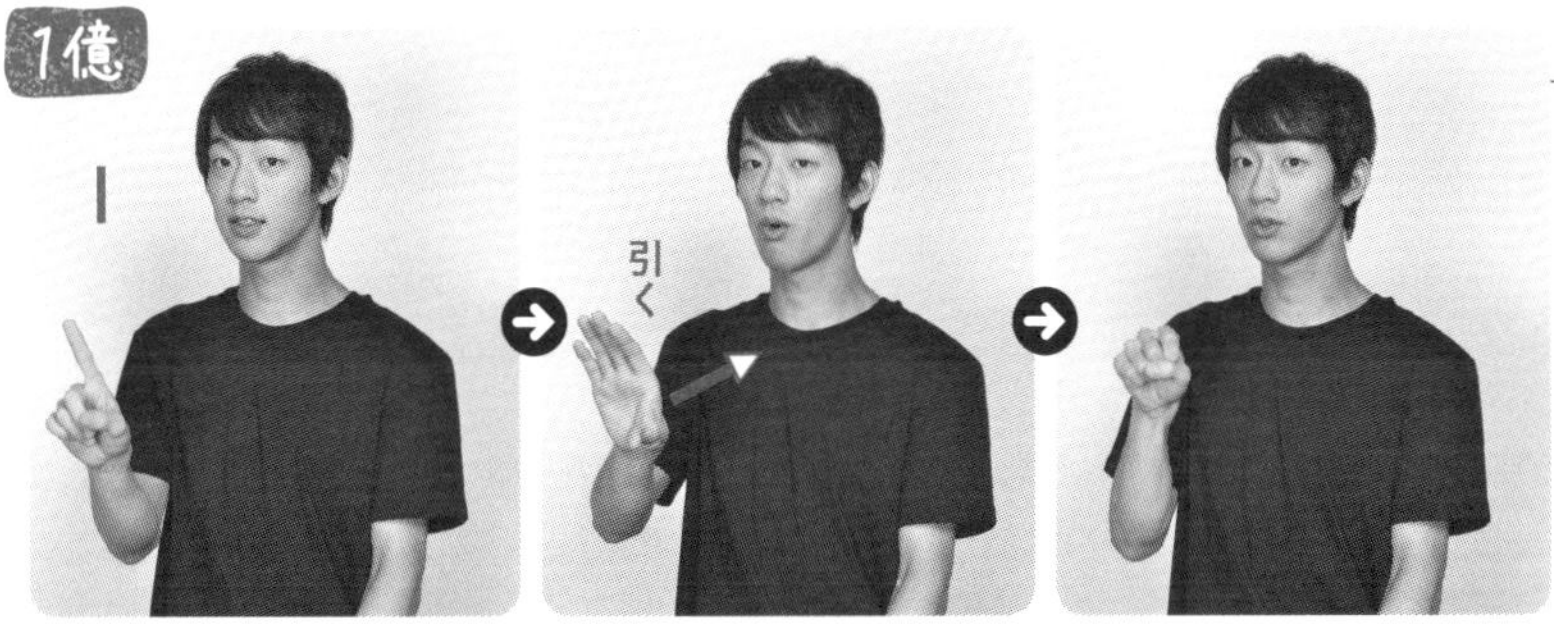

①右手の人差指を立て、
②開いた右手を手前に引きながら握る。

数字に関する単語集

1兆

①右手の人差指を立て、②両手の親指、人差指を前に向けて水平に置き、ハの字を描くように斜め左右に下ろす。

0

右手の親指と軽く曲げた4指で輪を作る。

0.1

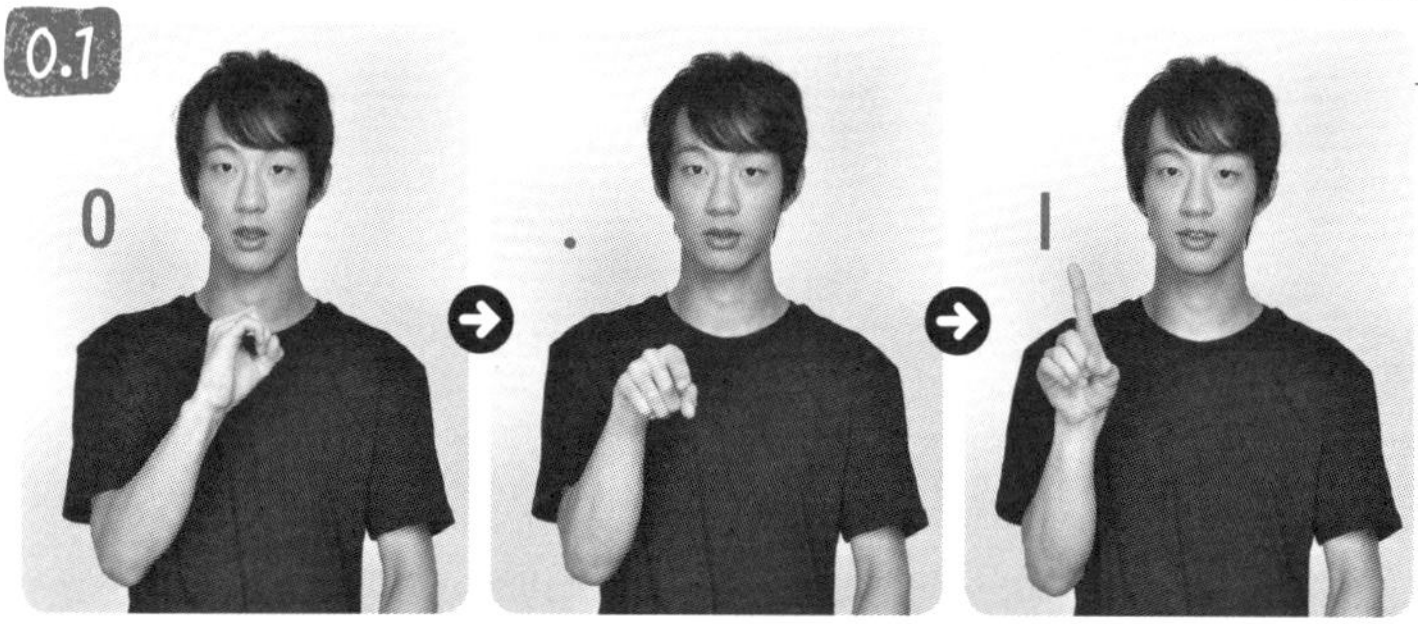

①右手の親指と軽く曲げた4指で輪を作り、②右にずらし、小数点の位置で人差指で点を打ち、③さらに右にずらした位置で人差指を立てる。

円

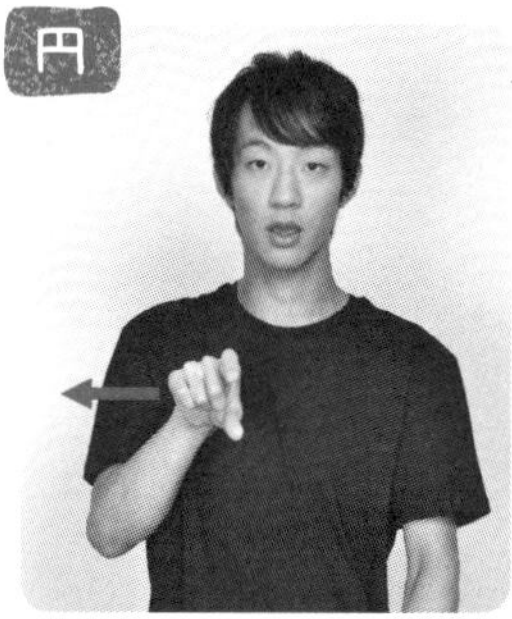

折り曲げた右手の親指、人差指の指先を前に向け、右に動かす。

倍

両手の親指、人差指を曲げ、左親指の下につけた右手を上に上げ、左手の人差指の先に右手の親指をつける。

%

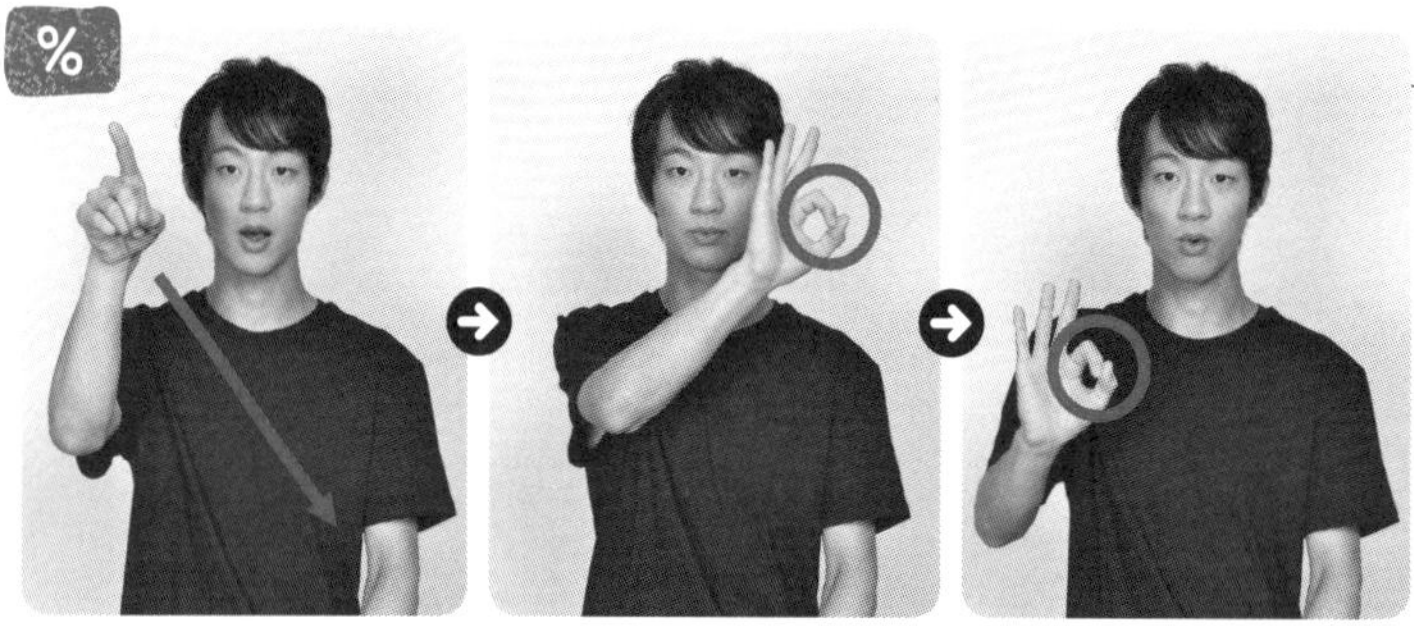

①右手の人差指で右上から斜め下に斜線を引き、②右手の親指と人差指で輪を作り、左斜め上に置き、③右斜め下に置く（空中に%を描くイメージ）。

手話の資格にはどんなものがある?

手話の資格を得るには、❶全国手話検定試験、❷手話通訳者全国統一試験、❸手話通訳士試験（手話通訳技能認定試験）の 3 つがあります。

❶ 全国手話検定試験…手話コミュニケーションの能力をはかる試験

手話コミュニケーションの普及を目的に実施されている評価認定試験です。社会福祉法人全国手話研修センターが主催し、全日本ろうあ連盟などの関係団体も推奨しています。
6 つの級レベルがあり、自分のレベルに合わせて受けることができます。筆記試験で知識を問うほか、面接委員と手話で会話をすることにより、どの程度コミュニケーションができるかを評価認定します。級ごとに、それぞれ次のような受験の目安があります。

5 級	ろう者との会話に興味を持ち、あいさつや自己紹介を話題にして手話で会話ができる。
4 級	ろう者と会話をしようとする態度を持ち、家族との身近な生活や日常生活の体験を話題にして手話で会話ができる。
3 級	ろう者と積極的に会話をしようとする態度を持ち、日常の生活体験や身近な社会生活の体験を話題にして手話で会話ができる。
2 級	ろう者と積極的に会話をしようとする態度を持ち、社会生活全般を話題にして手話で平易な会話ができる。
準 1 級	ろう者と積極的に会話をしようとする態度を持ち、社会活動の場面を話題にして手話で会話ができ、一部専門的な場面での会話ができる。
1 級	ろう者と積極的に会話をしようとする態度を持ち、あらゆる場面での会話を話題にして、よどみなく手話で会話ができる。

❷ 手話通訳者全国統一試験…手話通訳者となる資格を得る試験

全国統一のレベルで手話通訳者を認定する試験です。社会福祉法人全国手話研修センターが主催する民間資格で、試験合格者は「手話通訳者となる資格を有する者」となり、さらに各地域の通訳者試験を経て、正式な手話通訳者となります。受験資格は、手話通訳者養成課程修了者または同等の知識及び技術を有する者となりますが、合格率は 2 〜 3 割です。

❸ 手話通訳士試験…手話通訳者のスペシャリストになるための試験

厚生労働大臣認定による公的な資格です。社会福祉法人聴力障害者情報文化センターによって主催されています。この資格を取得することにより、手話通訳士として都道府県などの広域自治体、社会福祉協議会などの団体や、障害者団体などで仕事をすることができます。障害者福祉の基礎知識を含む学科試験と、聞き取り通訳、読み取り通訳の能力を評価する実技試験によって構成されています。受験資格は20歳以上の人なら誰にでもありますが、合格率は 2 〜 3 割です。

Renai-Kekkon-ni-tsuite-Hanasou

恋愛・結婚について話そう

恋人はいますか？

恋人

①両手の人差指を軽く曲げ、左胸の前で交差させ、

②右手の親指を立て、

いる？

③立てた両手のこぶしを同時に下に下げ、顔を傾ける。

今年、結婚する予定です

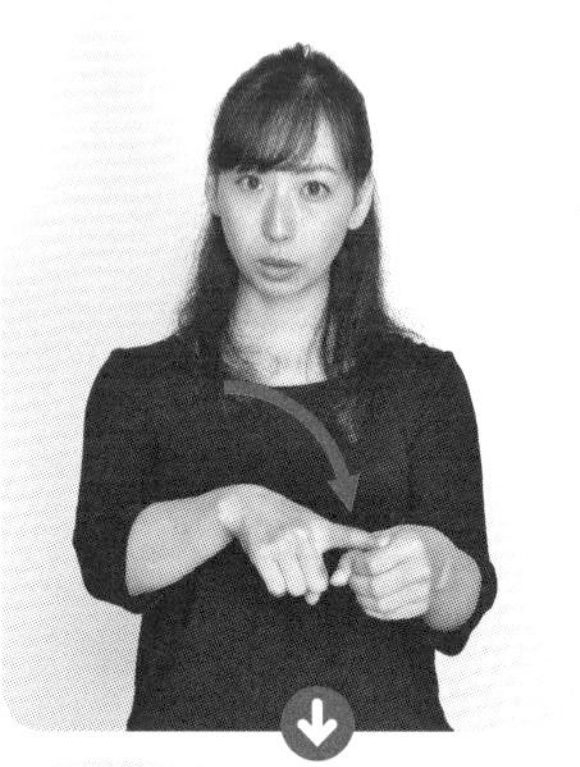

今年

①左のこぶしの親指側に、右手の人差指を下ろしてあて、

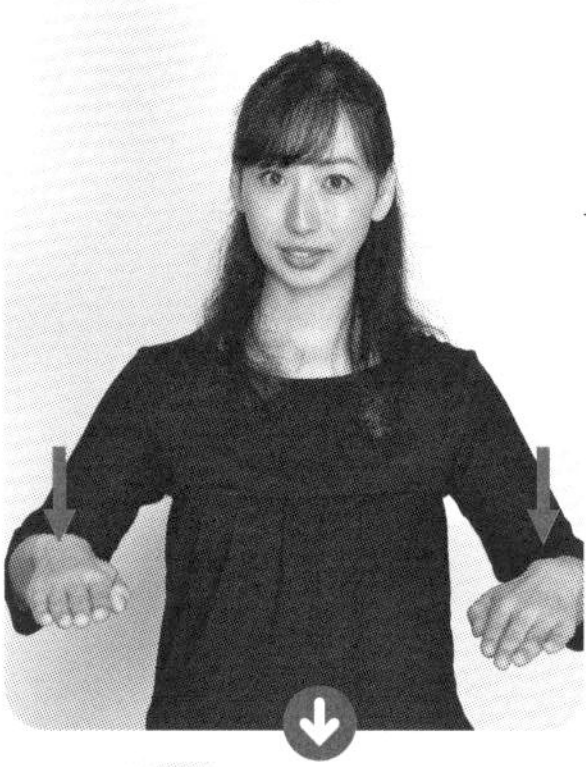

②両方の手の平を下に向け、軽く下げ、

結婚

③親指と小指を立て、左右から近づけてつけ、

予定

④伏せた左手の小指側の手首に右手の人差指をつけ、指先に向かって動かす。

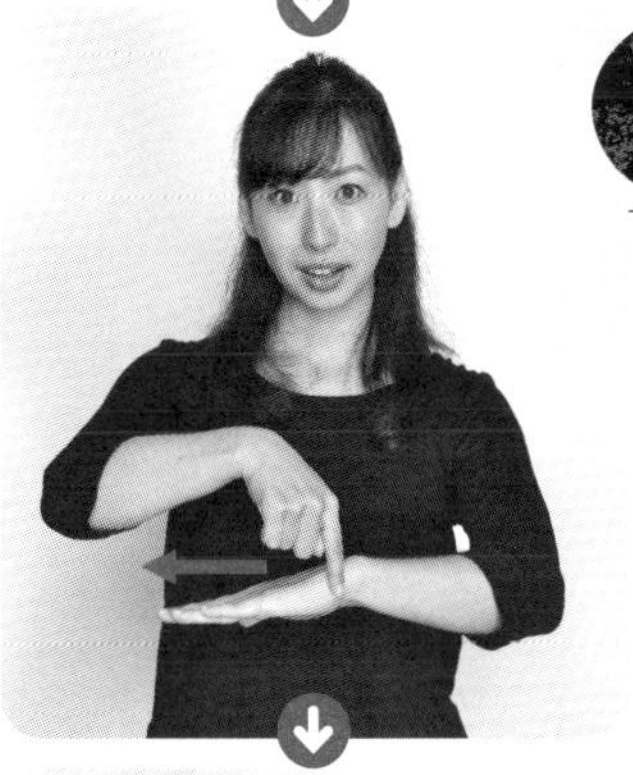

おめでとう

①両手の指先を上に向けてつまみ、

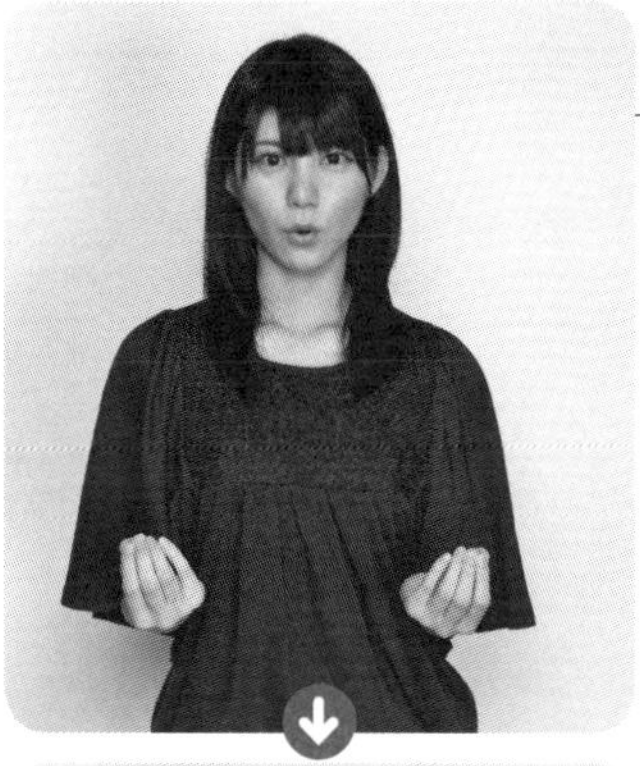

②同時に上に上げながら、指を開く。

COLUMN

新しい手話はどのように決まる?

本書でも「スマホ」「LINE」といったイマドキ言葉を紹介していますが（P.70・71参照）、日本語や文化の変遷によって、新しい手話もどんどん生まれています。では、それらはどのように標準手話として決まるのでしょうか。

現在、手話の決定を担っているのは、社会福祉法人全国手話研修センターの日本手話研究所です。手話は聞こえない人、聞こえる人を結ぶコミュニケーション手段ですから、ろう者と健聴者がお互いに協力しあって研究を行うことが大切です。日本手話研究所ではそのような立場から、さまざまな新しい手話のなかで「動作が簡単か」「似た手話と区別しやすいか」「意味を適切に表現でき、理解しやすいか」などの評価基準に見合っていると判断したものを、標準手話として加えていきます。これにより、年間約200語の新しい手話が生まれるのです。

決まった単語はウェブサイトで動画によって発表するほか、日本聴力障害新聞や、全日本ろうあ連盟の出版物で発表されます。

恋愛・結婚に関する単語集

彼氏

①両手の人差指を軽く曲げ、左胸の前で交差させ、
②右手の親指を立てる。

彼女

①両手の人差指を軽く曲げ、左胸の前で交差させ、
②甲を前にして右手の小指を立てる。

デート

右手の親指と小指を立て、前に出す。

好き

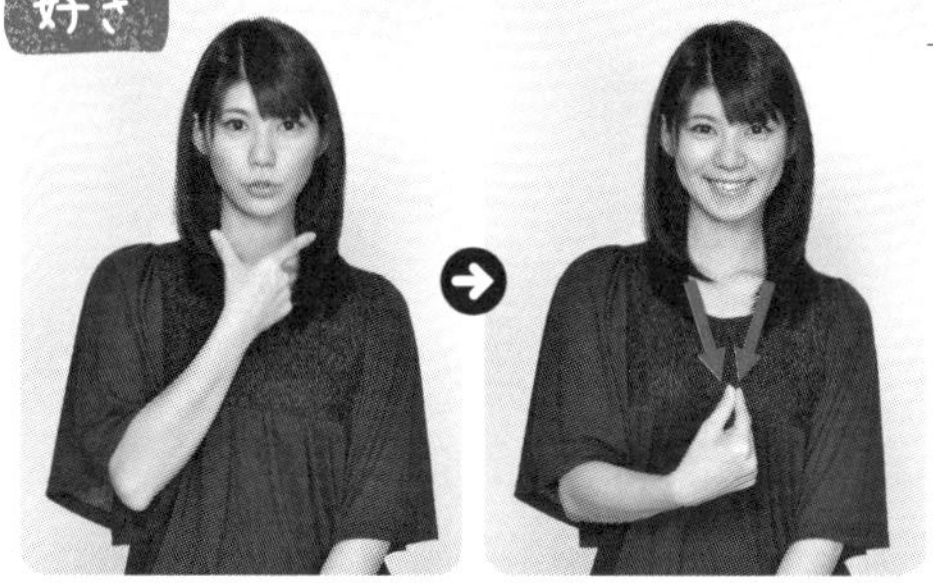

のどに向けて開いた右手の親指と人差指を斜め下に出しながら閉じる。

愛してる

伏せた左手の上で、右手でなでるように右回りに円を描く。

嫌い

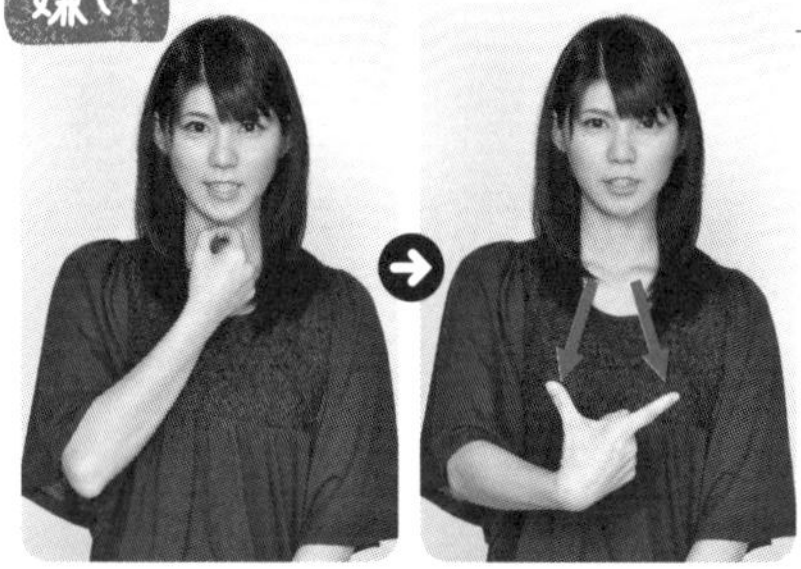

のどに向けてつまんだ右手の親指と人差指を斜め下に出しながら開く。

別れた

左胸の前で交差させた両手の曲げた人差指を左右に引き離す。

交際(付き合う)

両手の手の平を上に向け、交差するように交互に円を描く。

同棲

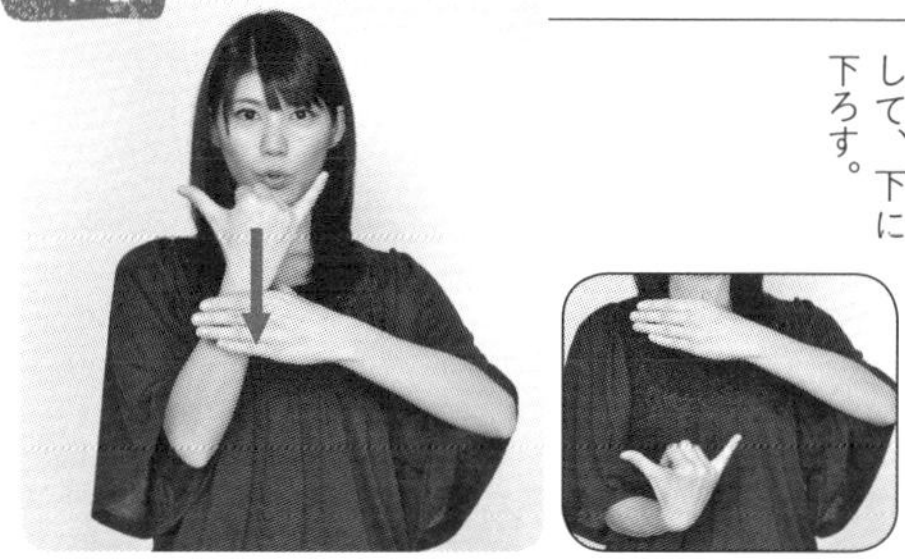

甲を前にして親指と小指を立てた右手を、丸めた左手の中を通して、下に下ろす。

合コン

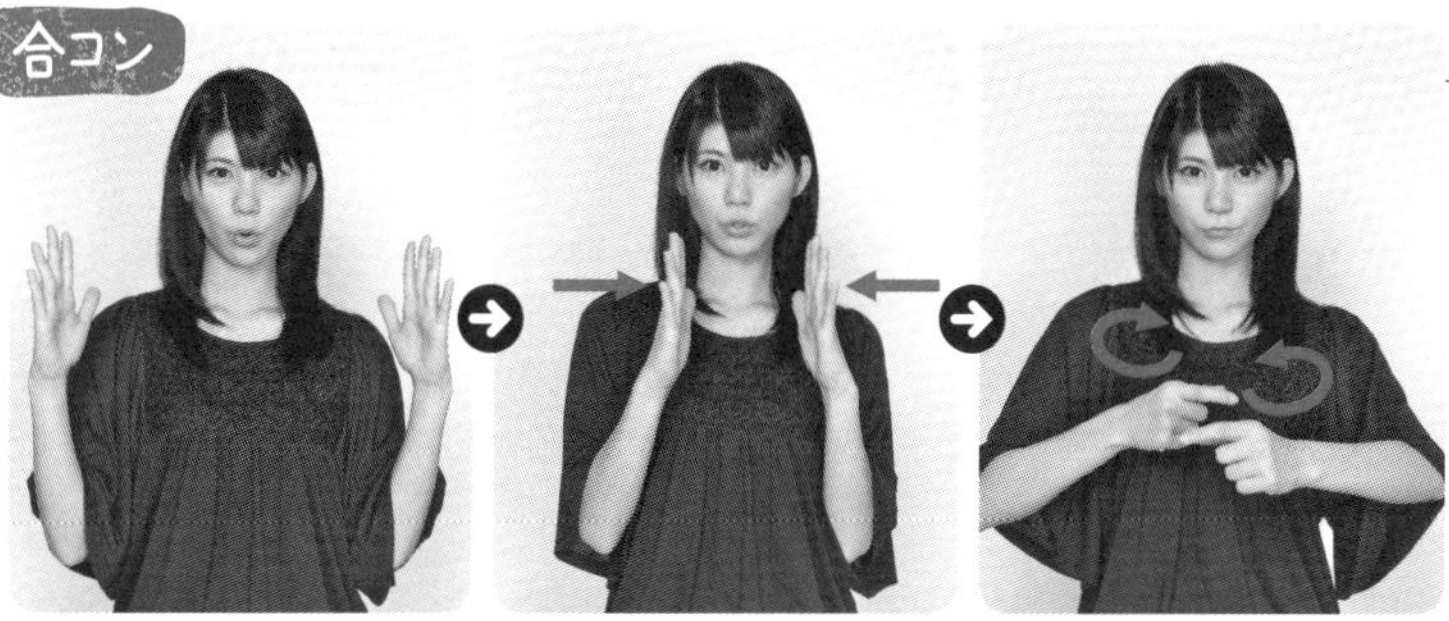

①両方の手の平を向かい合わせて立て、左右から近づけ、
②両手の親指と人差指を軽く曲げて杯を持つようにし、左右交互に円を描く。

遠距離恋愛

①親指と人差指のつまみを胸の前でつけ、右手を右前へ出し、
②両手の人差指を軽く曲げ、左胸の前で交差させる。

結婚式

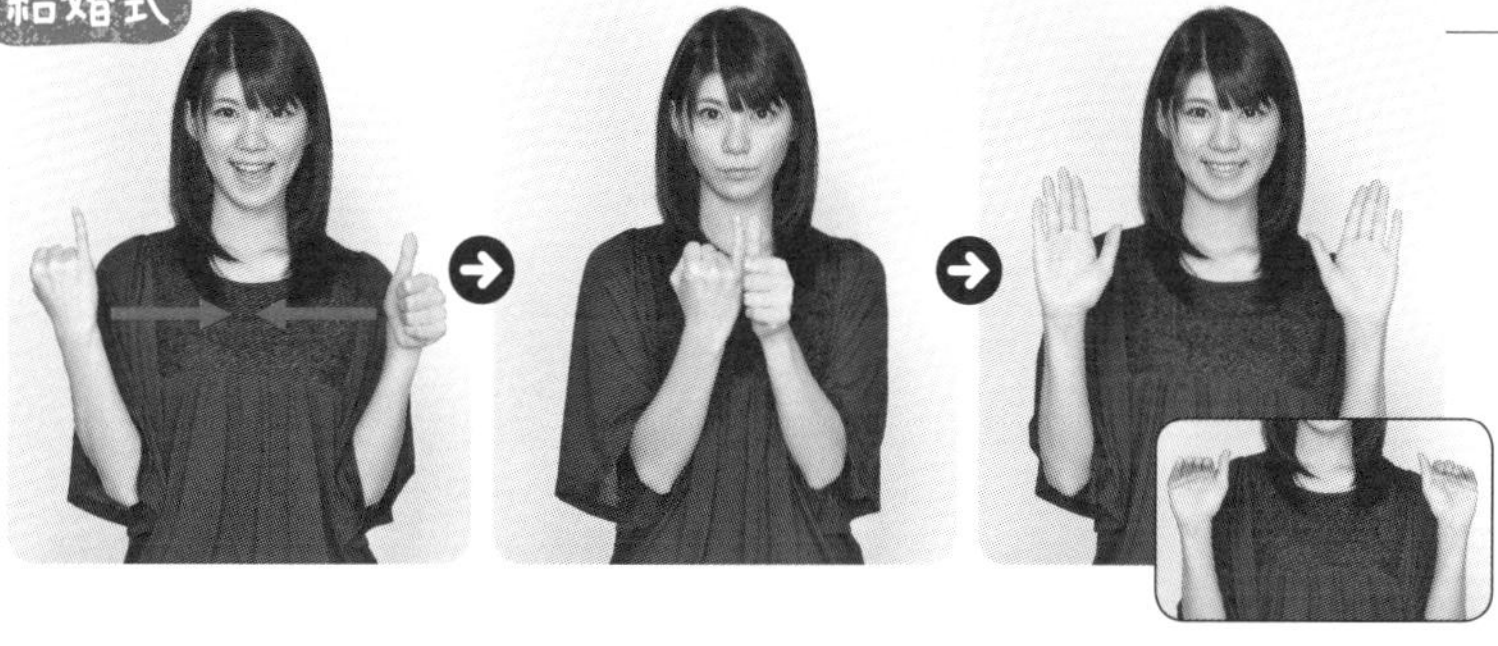

①親指と小指を立て、左右から近づけてつけ、
②両手の平を前に向けて立て、4指を折り曲げる。

Tenki-no-Hanashi-wo-Suru

天気の話をする

よい天気ですね

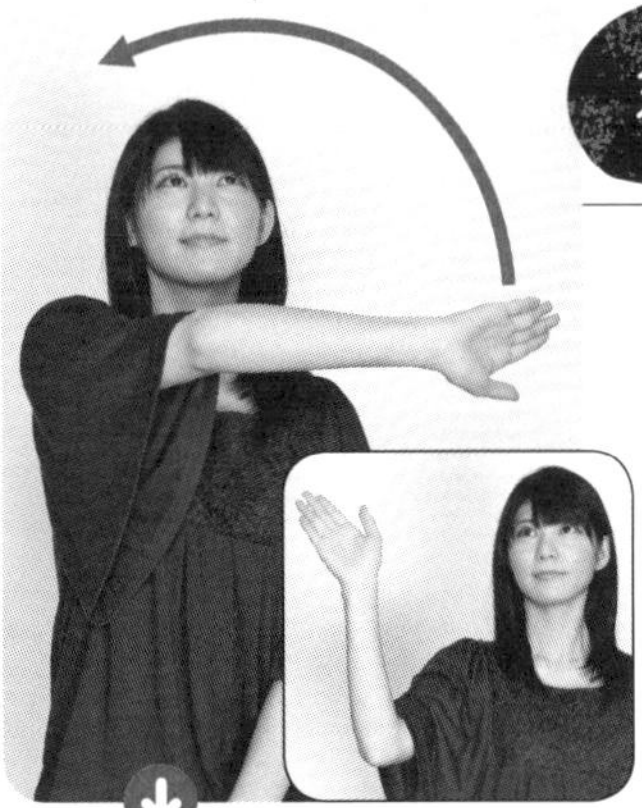

天気

①右手を左から右へと弧を描いて大きく動かし、

よい

②こぶしを鼻につけ、前に出し、

ですね

③親指と人差指を立て、両手を前後にずらして構え、

④両手を前に出しながら、親指と人差指をくっつける。

今日は暑いですね

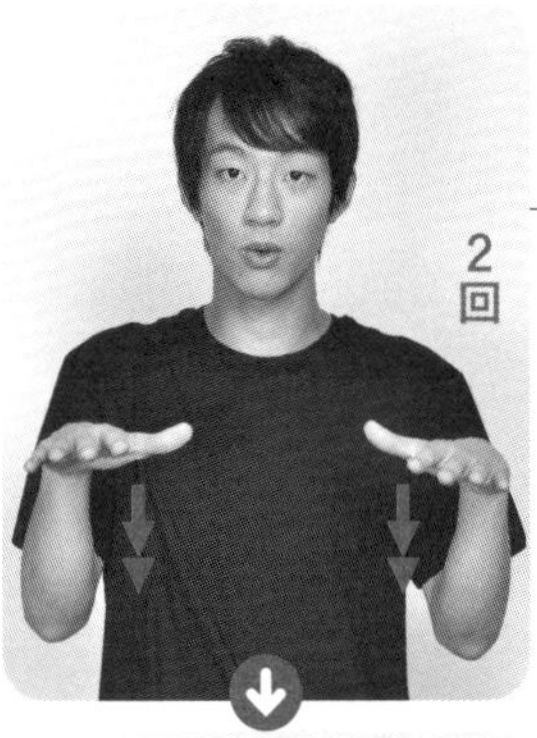

今日

①両方の手の平を下に向け、軽く押さえるように2回下ろし、

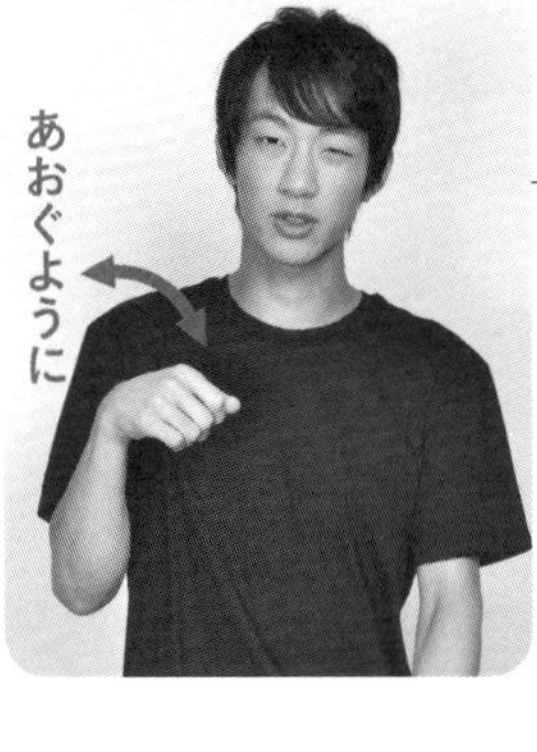

暑い

②うちわを使うように、親指を人差指にのせたこぶしで、首筋をあおぐように動かす。

明日は雨が降るらしいですよ

明日

①顔の横で右手の人差指を立て、腕を前に出し、

雨

②両手の指を広げ、指先を下に向け、そのまま下へ下ろし、

らしい

③前に伸ばした右手2指で「！」の印を描くように下ろす。

傘を持っていますか？

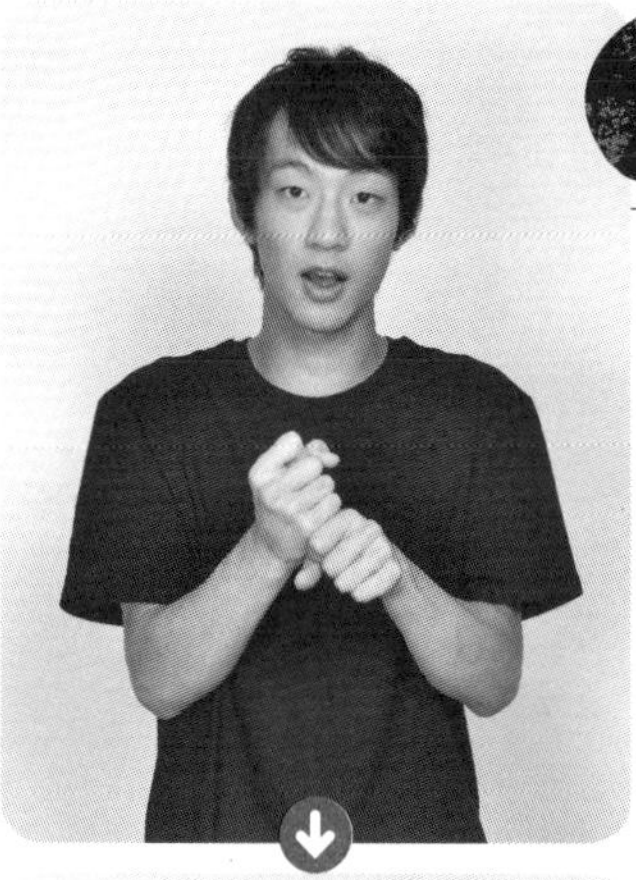

傘

①両手のこぶしを上下に並べ、

②斜め上下に引き離し、

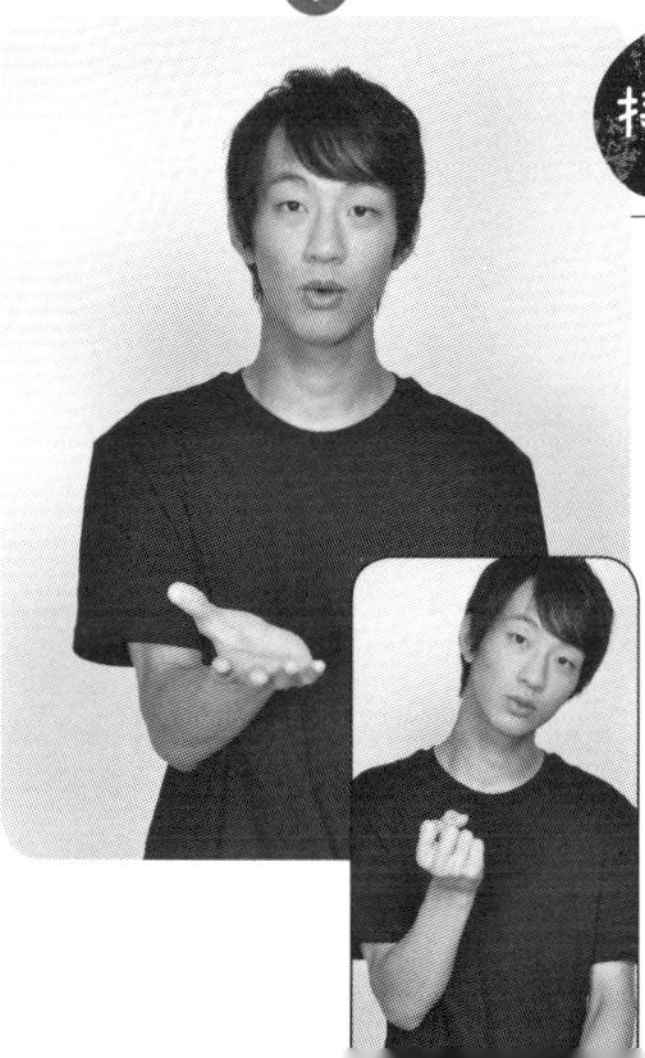

持ってる？

③右の手の平を上に向け、上げながら握り、頭を傾ける。

天気に関する単語集

晴れ

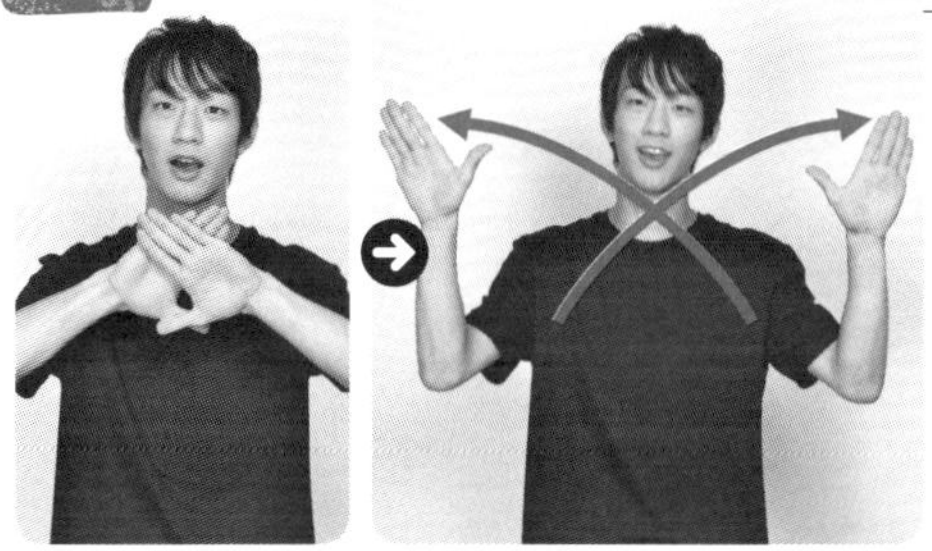

手の平を前に向けた両手を交差させ、弧を描いて両側に開く。

雨

両手の指を広げ、指先を下に向け、そのまま下へ下ろす。

くもり

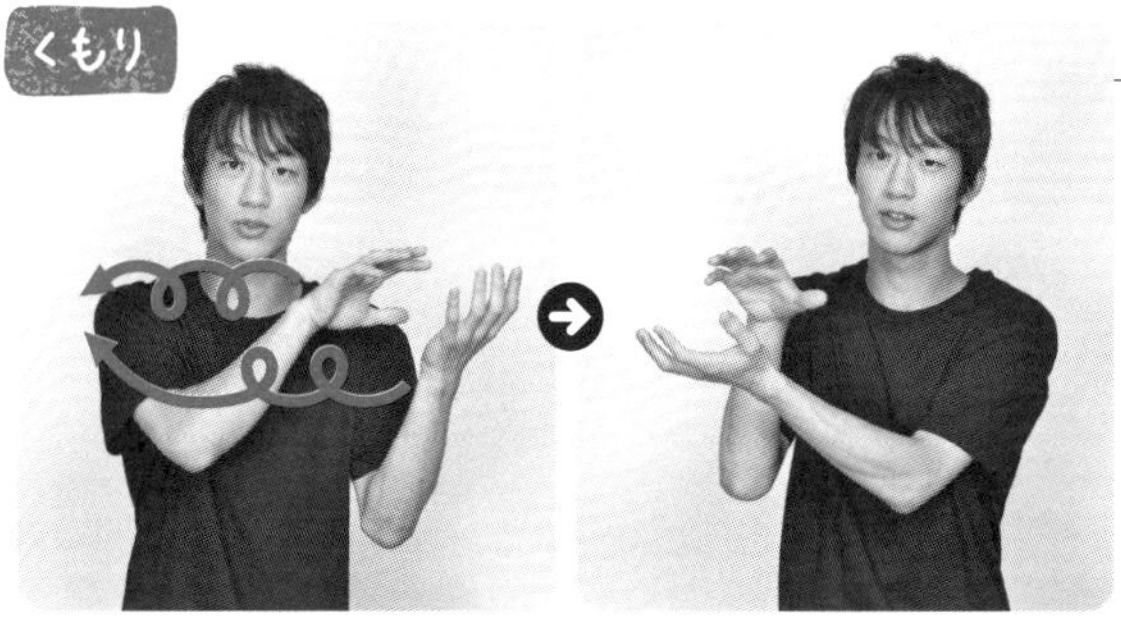

左側で両手5指を上下に向かい合わせ、雲の形を表すように、交互に円を描きながら、右方向に移動させる。

雪

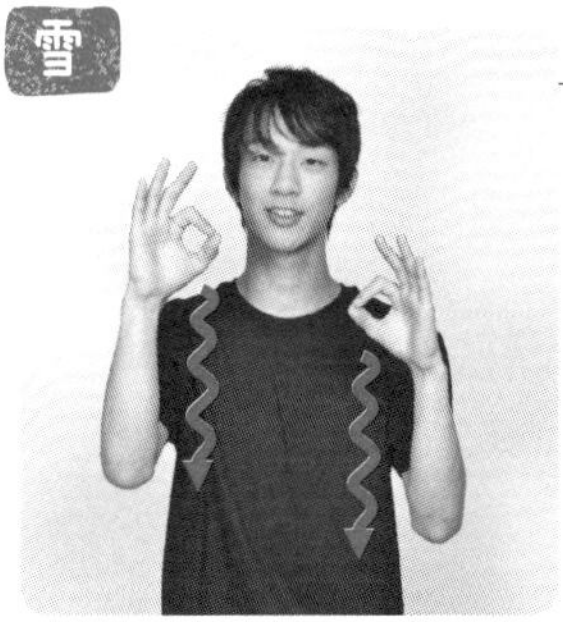

両手の親指と人差指で輪を作り、ひらひらさせながら、下に下ろしていく。

風

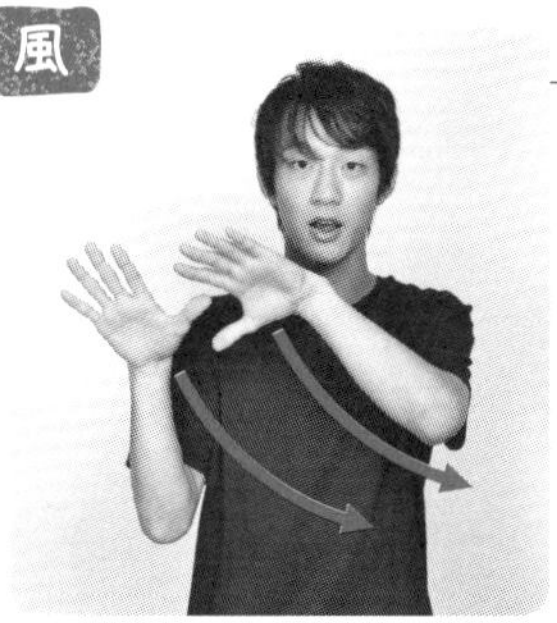

指を広げた両手を右上から左下に向かってすばやく動かす。

霧

①右手の人差指で口元を指し、右から左に動かし、②両方の手の平を前に向け、両手を左横の高い位置で構え、右に動かす。

暑い

親指を人差指にのせて握ったこぶしで、うちわを使うように、首筋をあおぐ。

暖かい

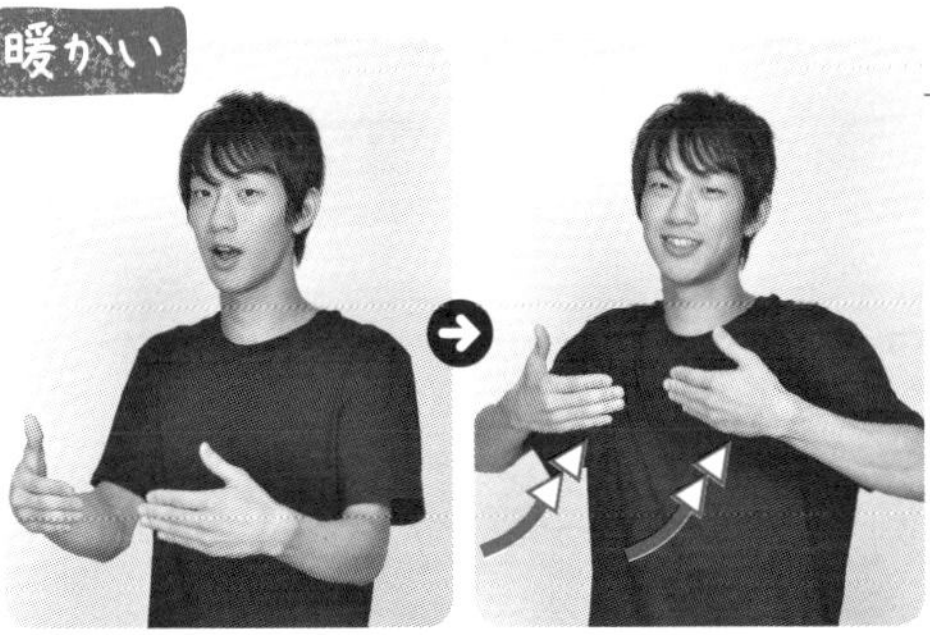

両方の手の平を上に向け、お腹の前で両手を同時に上方へ2回繰り返す。

寒い

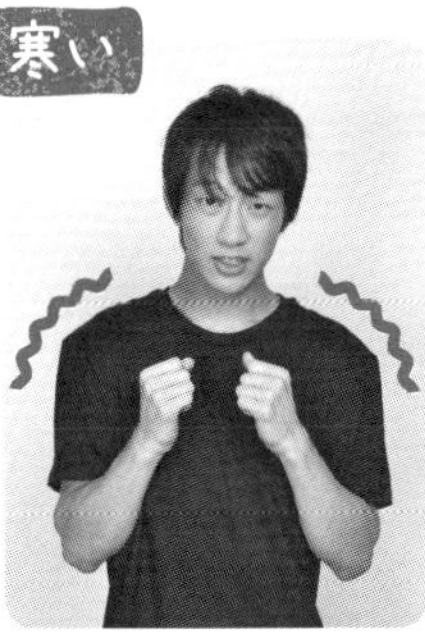

両手でこぶしを作り、震えるように小刻みに動かす。

涼しい

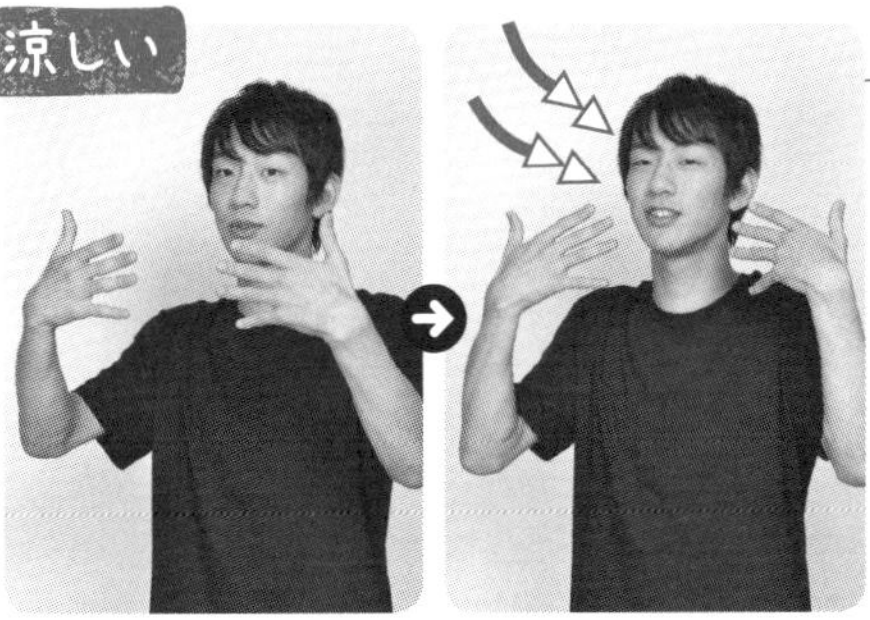

指を開いた手の平を手前に向け、顔に向かってあおぐ動作を2回繰り返す。

台風

指を広げた両手を右上から左下に向かってすばやく下ろす動作を繰り返す。

気温

左手を立て、右手の人差指を手の平につけ、人差指を上に向かってゆっくり上げる。

※人差指を上から下に下ろすと、気温が下がるの意。

天気予報

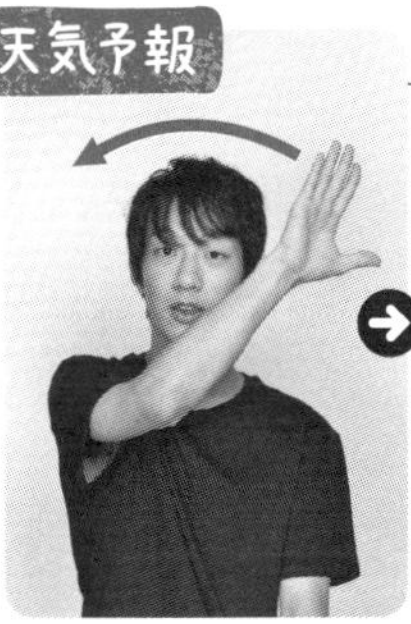

①右手を左から右へと弧を描いて大きく動かし、

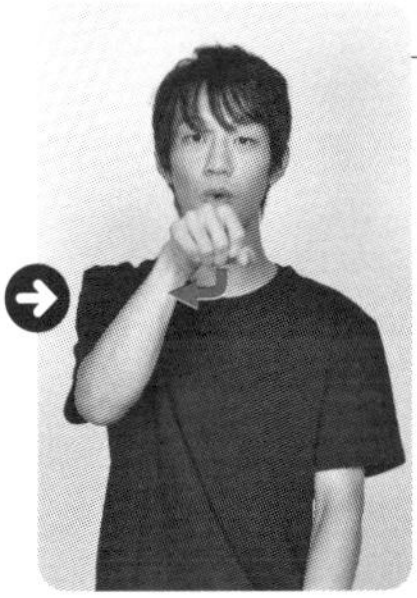

②手首で折り曲げた右こぶしを鼻先で右に振り、

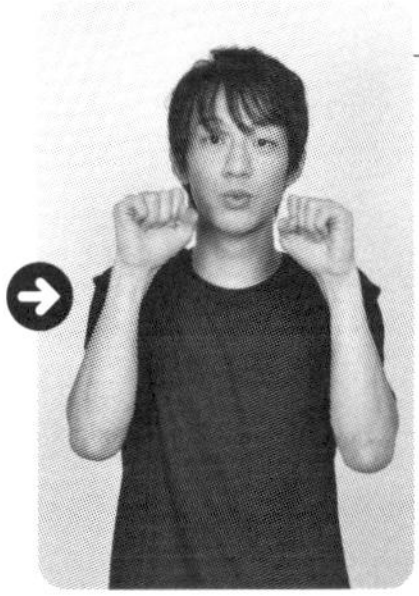

③両手の指を軽く握り、口元に構え、

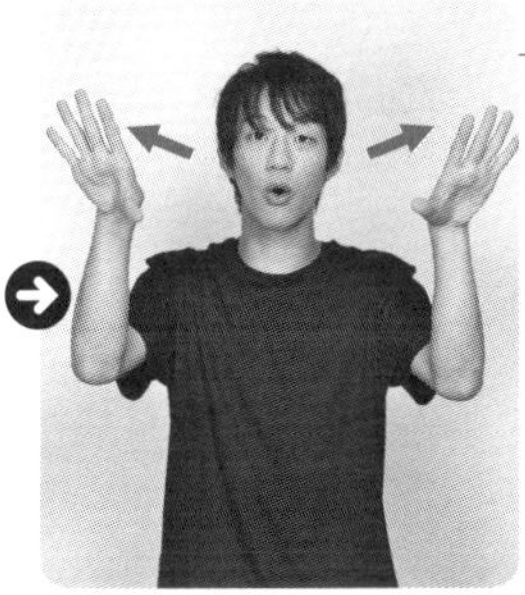

④手を広げながら、左右斜め前に出す。

Renrakusaki-wo-Koukan-Shiyou

連絡先を交換しよう

メールアドレスを教えて

メール

①右手の親指、人差指で輪を作り（指文字メ）、

②前に出し、

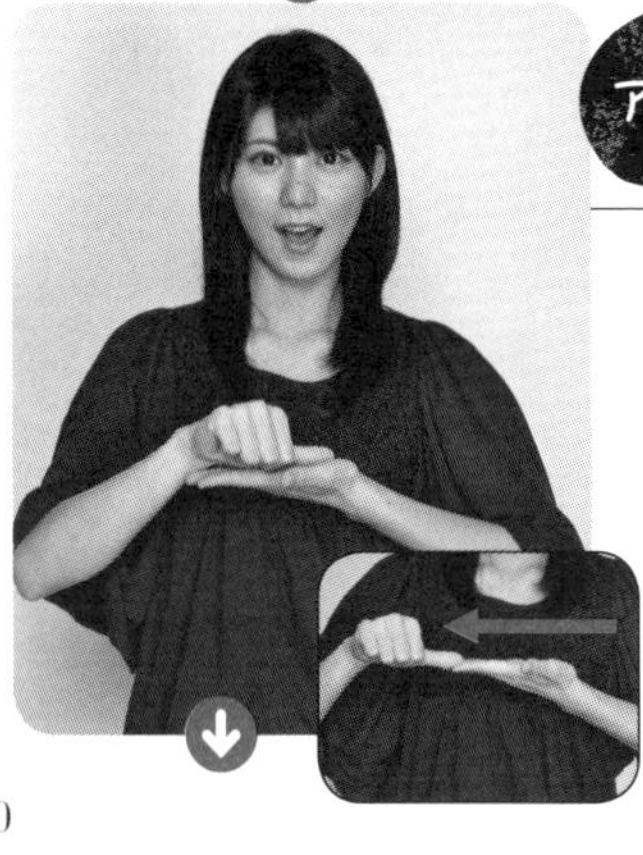

アドレス

③左の手の平に右手の親指をあて、横に動かし、

教わる

④右手の人差指の指先を額に向けて、上から2回指す。

いいよ

OK

親指と人差指で輪を作る。

ONE POINT

手話でIT用語

普段使っているIT用語を表現してみましょう。

パソコン

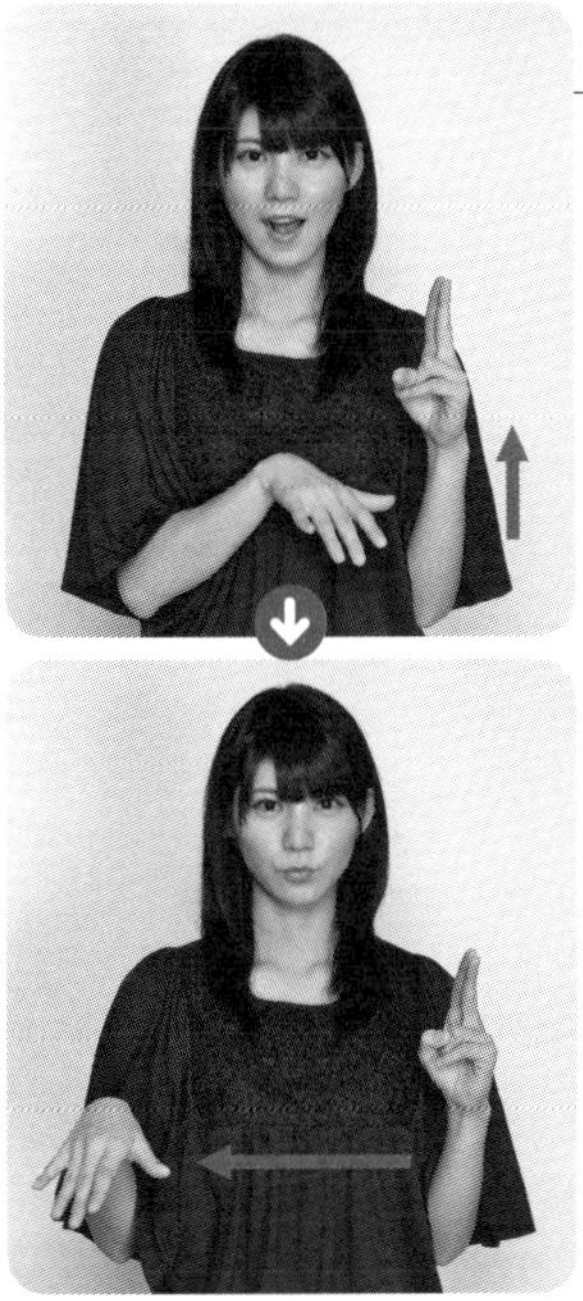

指先を前に向けた左手の人差指と中指をはね上げ、手の平を下に向けた右手の指先を上下させる（キーボードを打つしぐさ）。

携帯電話

人差指を立てた右手を耳にあてる。

Twitter

口元で右手の親指、人差指、中指をつけ、開閉を2回繰り返す。

スマートフォン

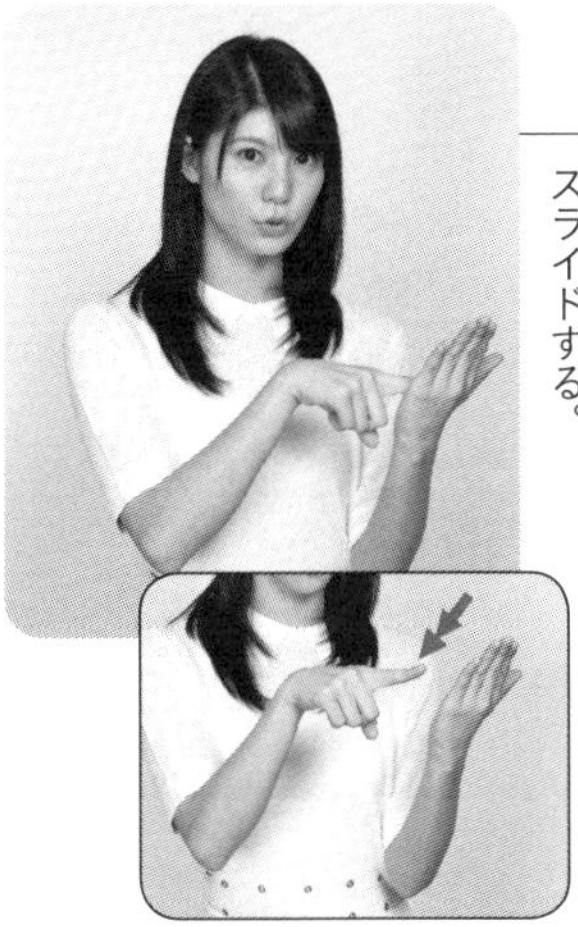

左の手の平をスマホに見立て、右手の人差指を右斜め前に2回スライドする。

アプリ

両手の親指を上下にずらして、それぞれ右回りに回す。

ONE POINT

手話でIT用語

LINE

①人差指が上を向くよう、親指と人差指を直角にして両手を向かい合わせ、

②左右交互に2回前後させる。

Facebook

両方の手の平を顔に向け、外側に2回半回転させる。

YouTube

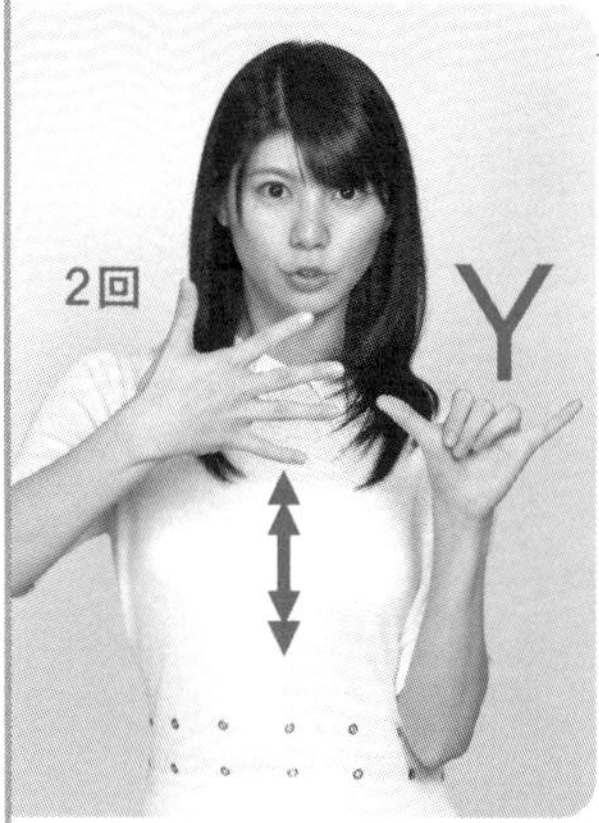

親指と小指を立てて手の平を前に向けた左手の横で、甲を前に向け、指を開いた右手を上下に2回動かす。

次々に新しい言葉が生まれるように手話も生まれる

手話は言語のひとつですから、新しい日本語が生まれるように手話も生まれています。技術革新著しいITに関する用語はどんどん増えています。

第3章

好きなこと、嫌いなことについて話そう

趣味や特技、好きな色など、
好きなこと、嫌いなことについて話してみましょう。
より会話が広がる手話です。

Syumi-ni-tsuite-Hanasou
趣味について話そう

趣味はなんですか？

趣味

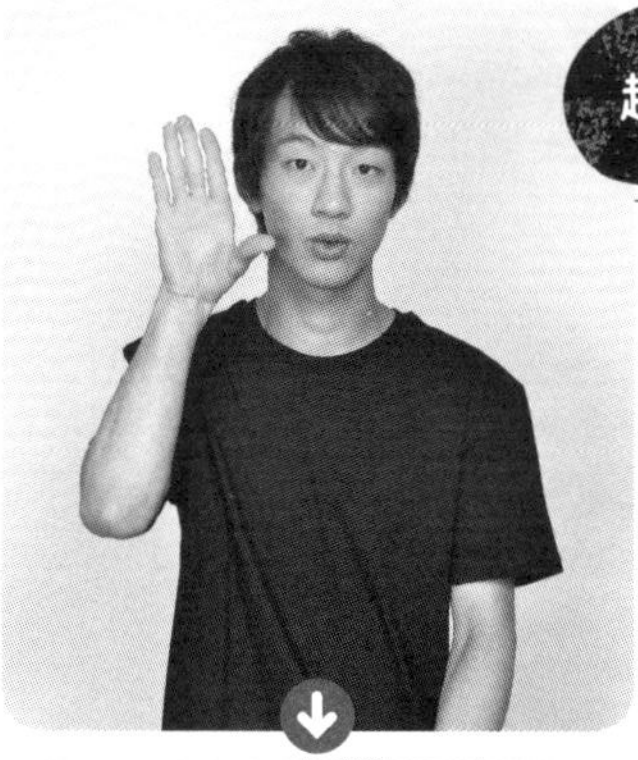

①頬の横で右の手の平を前に向け、

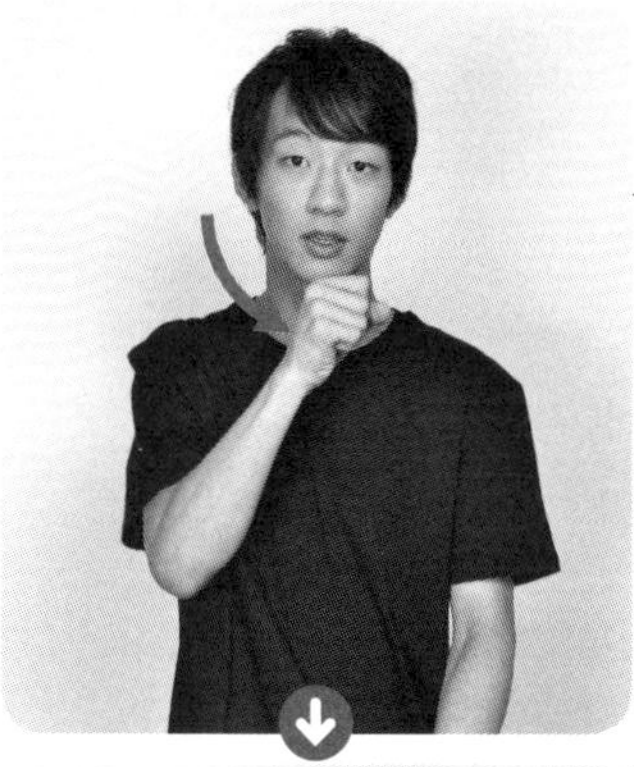

②あごの前で握り、

何？

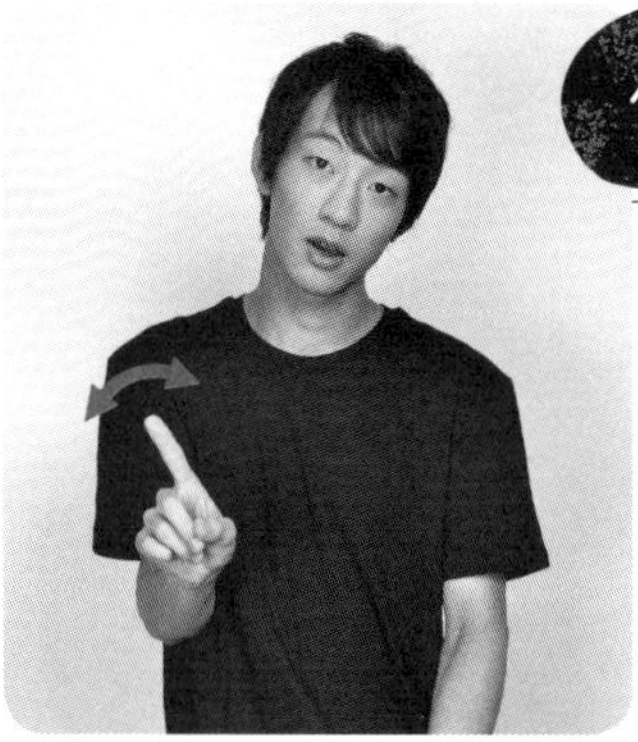

③右手の人差指を左右に振り、顔を傾ける。

読書です

読書

①胸の前で両手を合わせ、

②本を開くように小指側をつけたまま両手を開き、

③左の手の平に向けた右手の人差指と中指の指先を2回下ろす。

最近、書道を習い始めました

最近

①両方の手の平を下に向け、同時に下ろし、

②指先を前方に向けた右手を左右に振り、

書道

③伏せた左手の横で、つまんだ右手の親指と人差指で文字を書くように波状に上から下に動かし、

習う

④右手の人差指を額に向け、2回上から指し、

始める

⑤両手の手の平を前に向け、交差させ、

⑥左右に広げる。

COLUMN

映像のバリアフリーって？

「映像のバリアフリー化」が少しずつ広がっています。これは、視覚や聴覚に障害をもつ人なども映画を楽しめるようにすること。スクリーンに字幕を加えたり、セリフの合間に情景などを説明する音声ガイドを加えたりする方法などがあります。自治体やボランティア団体の主催で、バリアフリー映画の上映会が行われているほか、字幕付き邦画の公開もわずかですが増えてきました。

　また最近では、スマートフォンで字幕や音声を配信するサービスも開発されています。誰しもが映像を楽しむ喜びを共有できる世界に、一歩ずつ近づいているのです。

趣味に関する単語集

料理

左手を伏せ、その横で右手を縦に構えて上下させながら、左へと移動させる（包丁を使うしぐさ）。

和裁

両手の親指、人差指のつまみを向かい合わせ、右手を波のように動かしながら左手に近づける（縫うしぐさ）。

洋裁

両手を伏せ、同時に少しずつ前に出す（ミシンを使うしぐさ）。

映画鑑賞

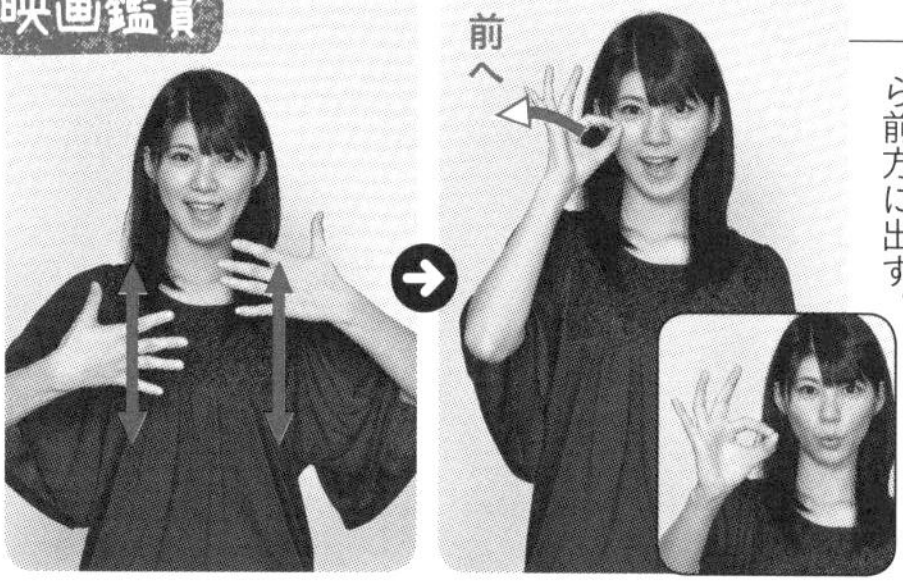

①両手の指を開き、甲を前に向けて交互に上下させ、②右手2指で輪を作り、右目から前方に出す。

食べ歩き

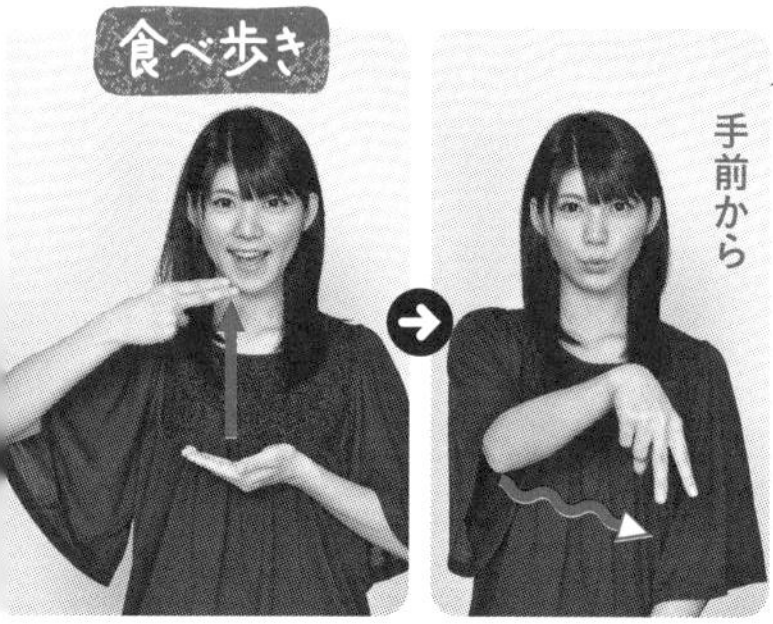

①手の平を上に向けた左手から、伸ばした右手の人差指、中指を口元に向かって上げ、②右手の人差指、中指を下に向け、指を交互に出しながら前へ動かす（人が歩くしぐさ）。

カメラ

両手の親指と人差指でカメラの形を作り（カメラを構えるしぐさ）、シャッターを押すように、右手の人差指を曲げる。

野球

左手の親指、人差指の輪を、立てた右手で打ち、左手の輪を左方向に出す。

サッカー

左手の親指、人差指の輪を、中指とともに伸ばした右手の人差指でけるしぐさをする。

水泳

右手の人差指、中指を横に出し、バタ脚をするように指を動かしながら右へ移動させる。

テニス

右手を握り、左右へ振る（ラケットを振るしぐさ）。

自転車

両手のこぶしを交互に後ろから前へ回転させる（自転車をこぐしぐさ）。

ジョギング

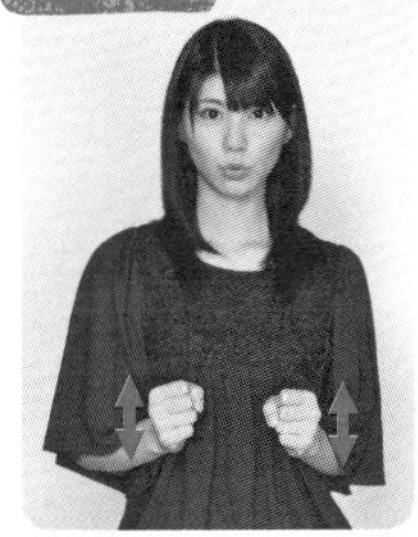

両手でこぶしを作り、体の横で上下に動かす。

山登り

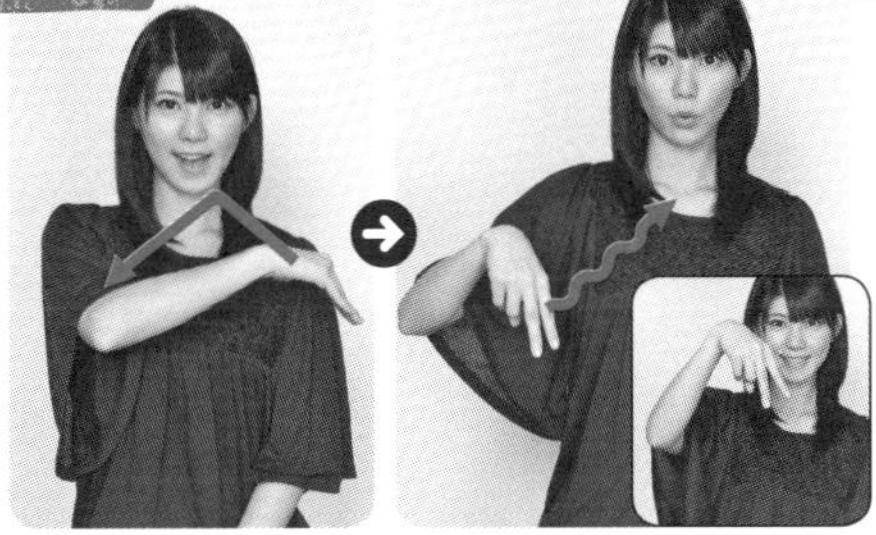

①右手を左から右へ山なりに動かし、②右手の人差指、中指を下に向け、歩くように動かしながら斜め上へ移動させる。

ダイビング

水平にした左腕に、指先を上にして立てた右手の人差指と中指の背側をつけ、2指を前後に動かしながら、下へ下げる。

釣り

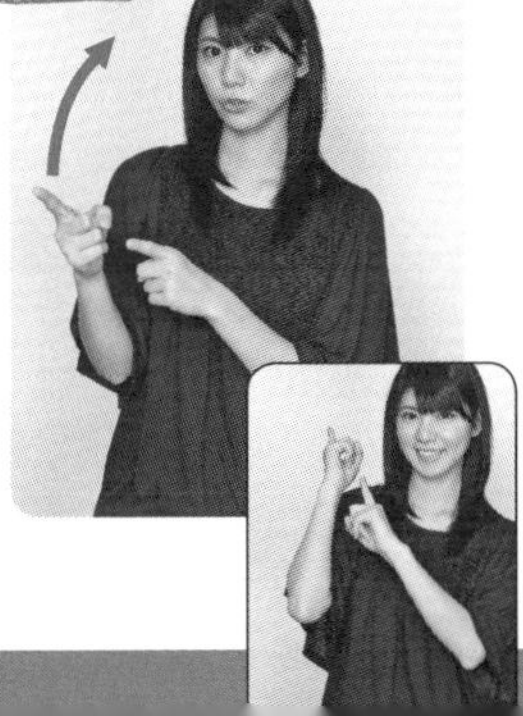

人差指を伸ばした両手を前後にずらしてつけ、振り上げる。

趣味に関する単語集

ショッピング

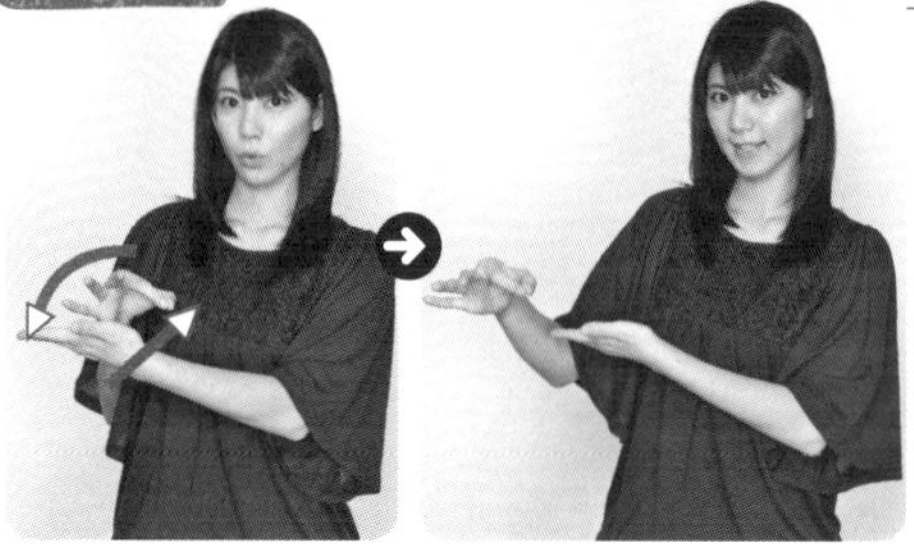

右手の親指と人差指の輪を、前に出すと同時に、左の手の平を手前に引く。

ネイル

右手の小指の指先で左手の爪を小指から順になでる。

海外旅行

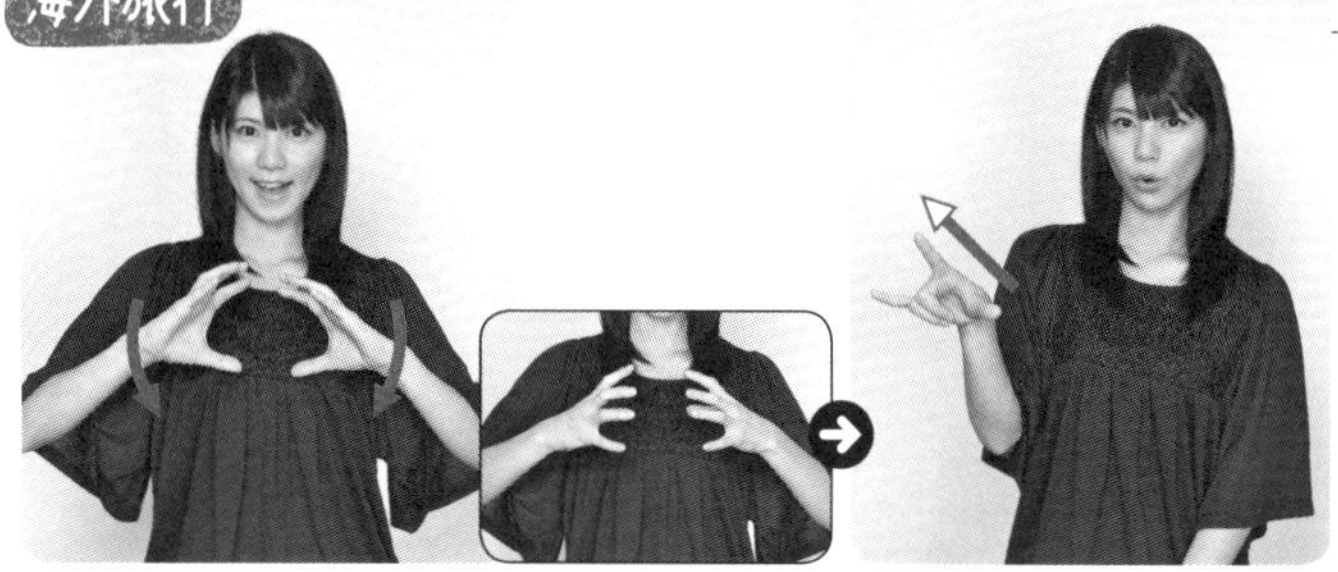

①丸めた両手の指を向かい合わせ、前方に回転させ、②右手の親指、人差指、小指を伸ばし、斜め上に上げる。

TVゲーム

両手の親指を向かい合わせ、コントローラーのボタンを押すように曲げたり伸ばしたりする。

アニメ

親指、人差指を直角に伸ばした左手の横で親指を伸ばした右のこぶしを後ろから前に回転させる。

猫

右のこぶしで頬をなでる。

犬

頭の横に手の平を前に向けた両手をつけ、同時に4指を曲げる。

漫画

①右のこぶしでお腹を2回叩き、②左の手の平に右手4指の背をあて、右にずらして再びあてる。

趣味に関する単語集

温泉

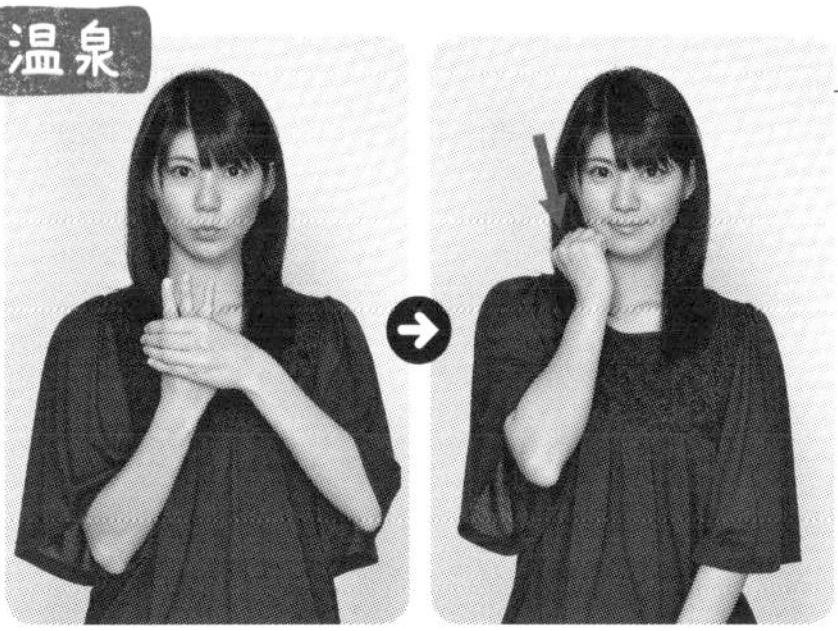

①立てた右手の人差指、中指、薬指を左手で挟み、②右のこぶしで頬を上から下になでる(タオルでぬぐうしぐさ)。

ファッション

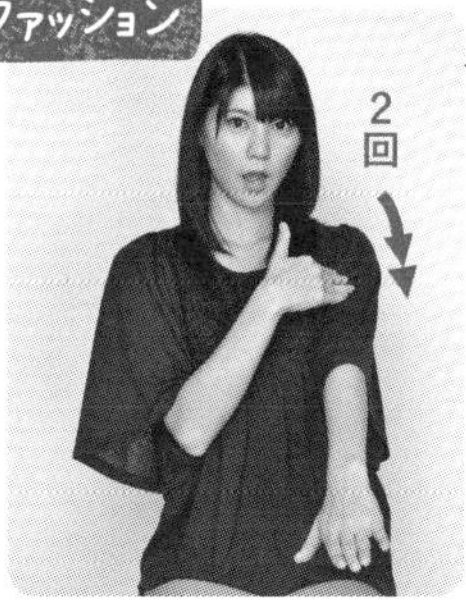

右の手の平で左肩から上腕にかけて2回払う。

ドライブ

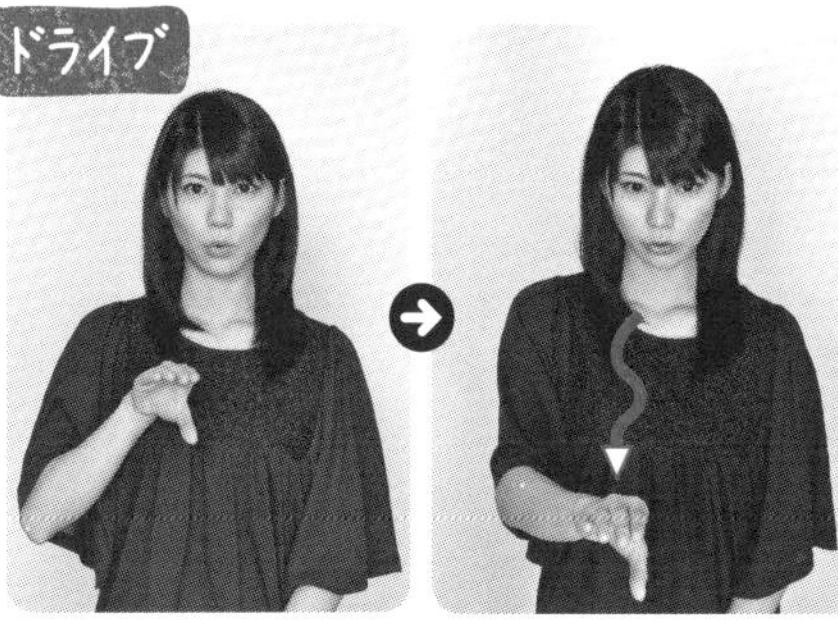

甲を上にし、親指と4指を平行に伸ばし、S字を描きながら前に出す。

インターネット

左のこぶしに右手の小指を立ててのせ、前方へ一周させる。

散歩

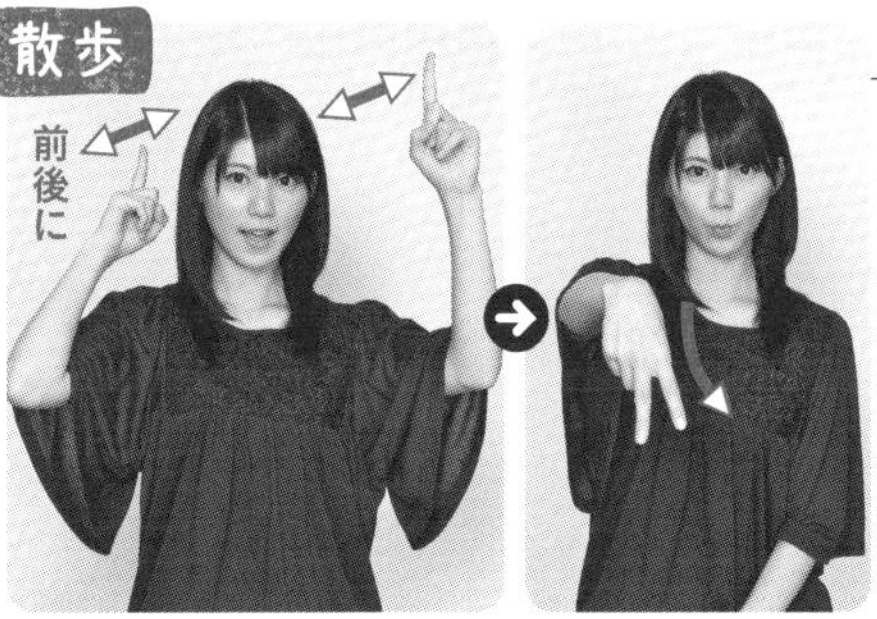

①両手の人差指を頭の横で交互に前後に動かし、②右手の人差指と中指を下に向けて歩かせながら前に出す。

ヨガ

手の平を左右から合わせ、上に上げる。

ブログ

立てた左手の人差指に、右手の3指をつけ（指文字B）、前へ振り出し、少し下げて繰り返す。

プリクラ

好きなポーズをとり、右手5指を開いて顔に向け、すばやく右手を閉じながら前に出す。

Tokugi-ni-tsuite-Hanasou

特技について話そう

私は水泳が得意です

私

①自分を人差指で指し、

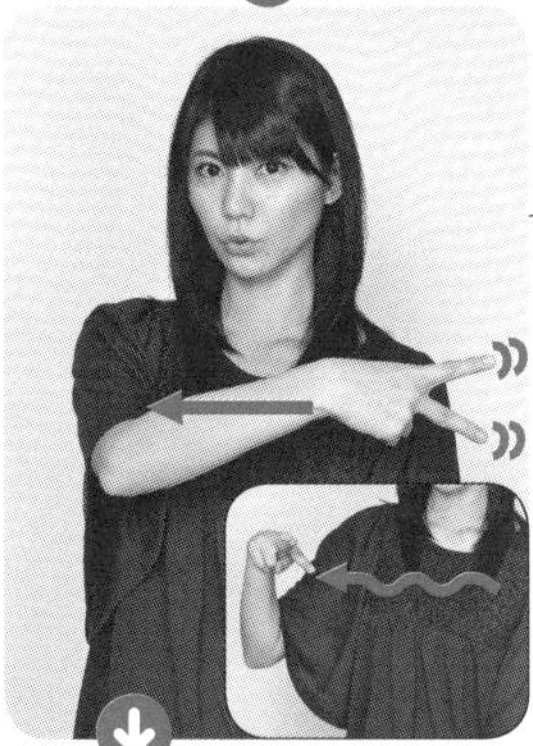

水泳

②右手の人差指、中指を横に出し、バタ脚をするように指を動かしながら、左から右に移動させ、

得意

③右手の親指、小指を立て、親指を鼻につけ、

④斜め上に出す。

毎日練習しています

練習

①左手の甲に、手の平を斜め上向きにした右手の指先を2回あて、

毎日

②両手の親指、人差指を直角に伸ばして向かい合わせ、後ろから前に2回回す。

私はテニスが苦手です

私

①自分を人差指で指し、

テニス

②右手を握り、左右へ振り（ラケットを振るしぐさ）、

苦手

③右手の指先で鼻をおさえる。

でも、見るのは好きです

でも

①手の平を前に向け立てた右手を返し、

見る

②右手の人差指を目元から前へ出し、

好き

③のどに向けて開いた右手の親指と人差指を、斜め前に出しながら閉じる。

色について話そう

Iro-ni-tsuite-Hanasou

あなたの好きな色は？

あなた

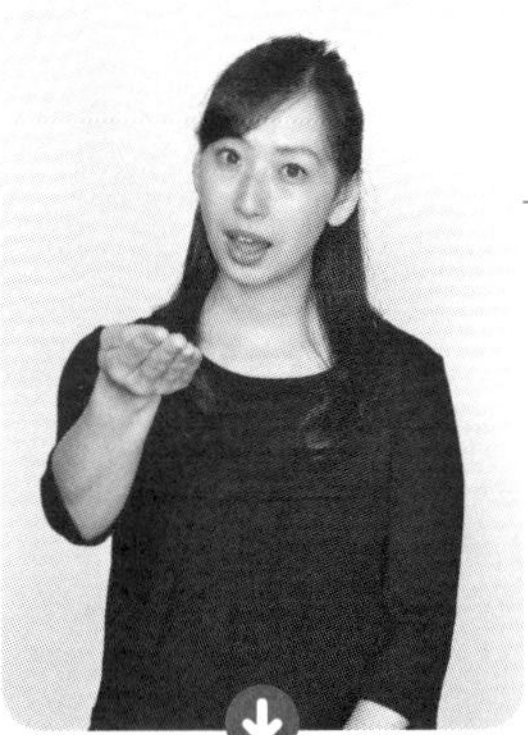

①右の手の平で相手を指し、

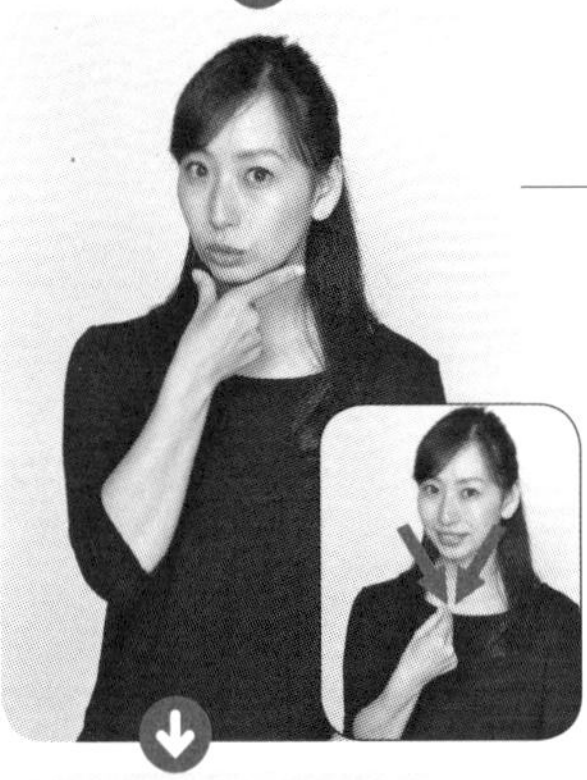

②のどに向けて開いた右手の親指と人差指を、斜め前に出しながら閉じ、

色

③つまんだ両手5指の指先同士をつけ、それぞれを逆方向にひねり、

何？

④人差指を2回左右に振り、顔を傾ける。

赤が好きです

赤

①右手の人差指を口元にあて、左から右へ引き、

②のどに向けて開いた右手の親指と人差指を、斜め前に出しながら閉じる。

でも、よく白色の服を着ます

でも

①手の平を前に向けて立てた右手を返し、

服

②両手で服をつまみ、

白

③右手の人差指を口元にあて、右から左へ引き、

いつも

④親指、人差指を直角に伸ばして向かい合わせ、後ろから前に2回回す。

COLUMN

買い物のときにお手伝い「手話アシスタント」

買い物などふだんの暮らしのなかでも、手話によるサポートが整備されるようになってきています。スーパーや百貨店のなかには、「手話アシスタント」を配置しているところがあります。

手話アシスタントの仕事は、店内を案内して手話による商品説明などを行い、ショッピングの手助けをすることです。これにより、安心して買い物を楽しむことができるわけです。

色に関する単語集

色

つまんだ両手5指の指先をつけ、それぞれ逆方向にひねる。

赤

右手の人差指を口元にあて、左から右へ引く。

黄

直角に開いた右手の親指と人差指の親指を額につけ、人差指を左下に倒す。

青

右手の指先で頬をなでるように後ろにはねる。

ピンク

軽く湾曲させた両手を合わせる。

緑

伸ばした左手に、指を上に向けた右手の甲をあて、右へ動かす。

水色

①手の平を上に、指先を左に向けた右手を、斜め右下に引き、②つまんだ両手5指の指先をつけ、それぞれ逆方向にひねる。

紫

右手の親指と人差指を直角に伸ばし、人差指を口元にあてて、左から右へ引く。

茶

右のこぶしであごをこするように2回下ろす。

金

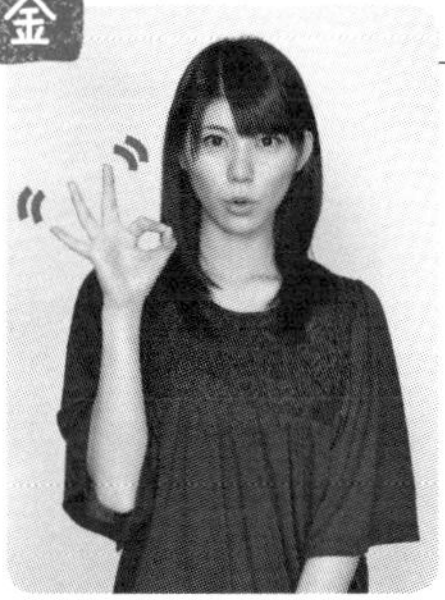

右手の親指と人差指で輪を作り、左右に回すように振る。

銀

①右手の人差指を口元にあて、右から左へ振り、
②右手の親指と人差指で輪を作り、左右に回すように振る。

虹色

①右手の親指、人差指、中指を伸ばし、弧を描くように左から右へ移動させ、
②つまんだ両手5指の指先をつけ、それぞれ逆方向にひねる。

黒

右の手の平を頭につけ、なで下ろす。

白

右手の人差指を口元にあて、右から左へ引く。

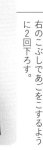

Oshare-ni-tsuite-Hanasou

オシャレについて話そう

その服かわいいですね

それ

①右手の人差指で相手を指し、

服

②両手で服をつまみ、

かわいい

③右手を伏せ、なでるように回す。

オレンジ色の袖が気に入っています

ここ

①右手の人差指で袖を指し、

オレンジ

②右手の指を軽く曲げて輪を作り、左右に2回振り、

お気に入り

③右手の人差指で自分を指し、

どこ？

③右手の人差指を左右に2回振る。

原宿です

原宿

①左手を伏せて水平に円を描き、

②両手の指先を斜めに突き合わせ、前に出し、

場所を示す

③人差指で指す。

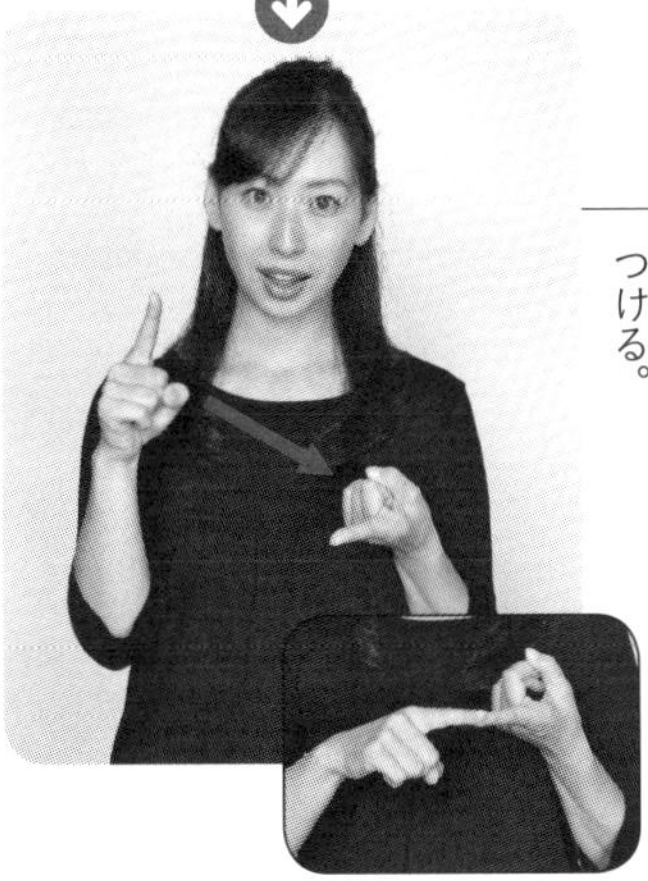

④右手の人差指を上から下ろして左手の人差指につける。

買ったお店はどこ？

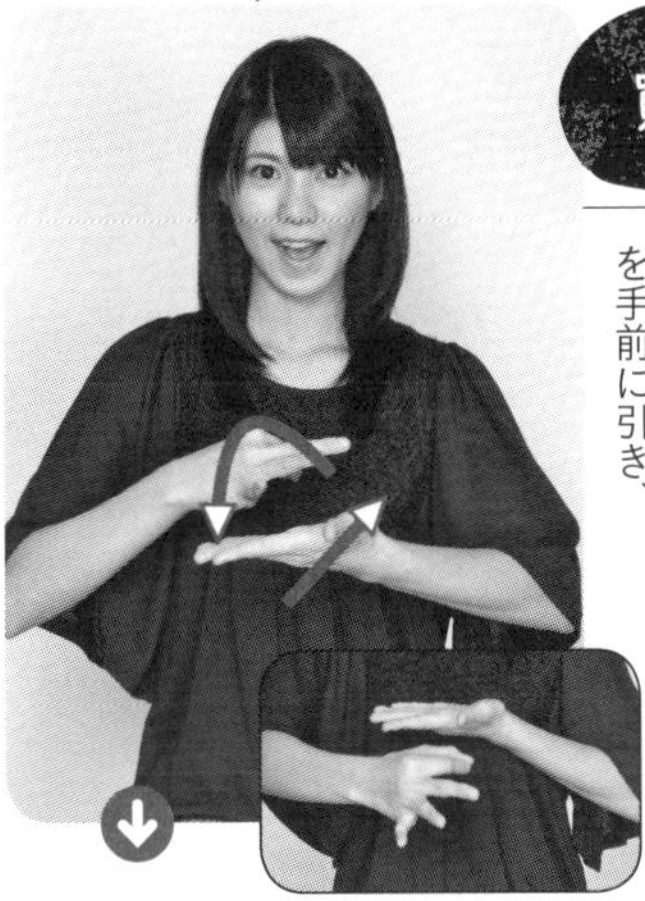

買う

①右手の親指と人差指の輪を、前に出すと同時に、左の手の平を手前に引き、

店

②両方の手の平を上に向けて並べ、左右に引き離し、

ネイルをチェック柄にしました

チェック

①指を広げた左の手の平を、指を広げた右手で垂直になで下ろし、

②左の手の平に右手の指の背をあて、右手を右に引き、

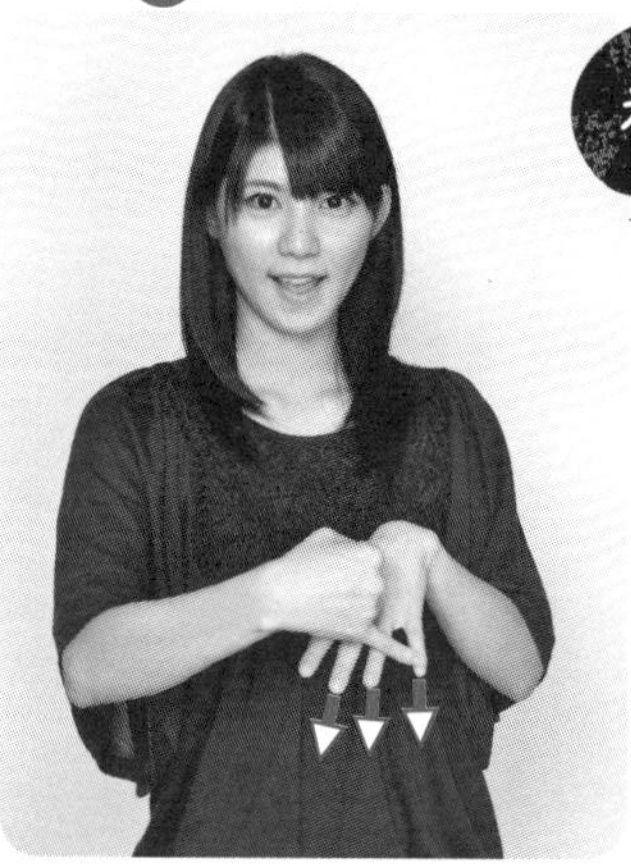

ネイル

③右手の小指の指先で左手の爪を小指から順になで、

見て

④左手を前方に出し、相手に見せる。

よく似合っています

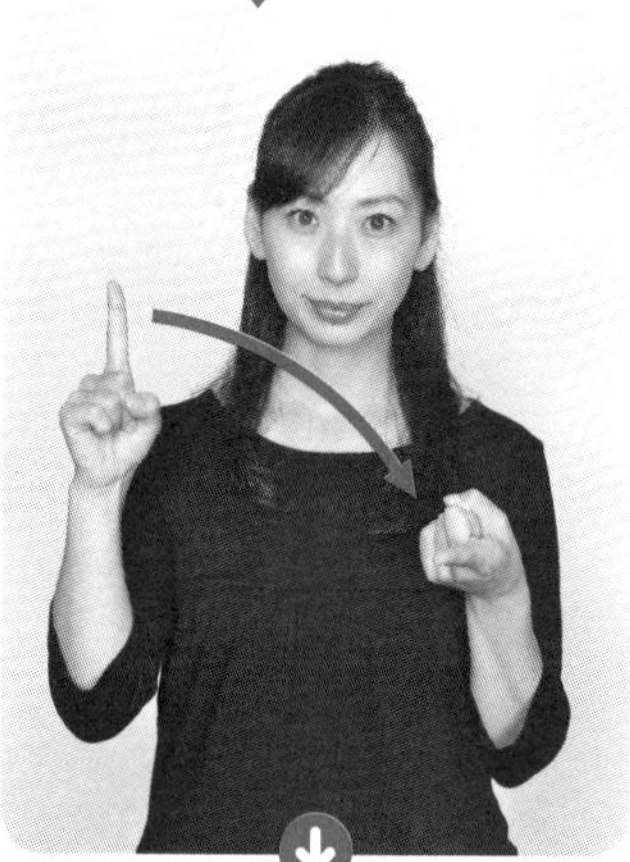

左手の人差指の指先に右手の人差指の指先を上からつけ合わせる。

今度パーマをかけてみたいです

今度

①顔の横で手の平を前に向けて腕を立て、前に出し、

パーマ

②両手の人差指、中指を立て、髪にそってひねりながら上に上げ、

したい

③のどに向けて開いた右手の親指と人差指を、斜め前に出しながら閉じる。

ONE POINT

美容院の表現

美容院

「美容院」は「パーマ」と表した後、「場所」と表す。

オシャレに関する単語集

口紅（リップ）

つまんだ右手の親指、人差指で唇を左から右へなでる。

まつげ

目元で両手4指を折り、パッとはね上げる。

カラーコンタクト（カラコン）

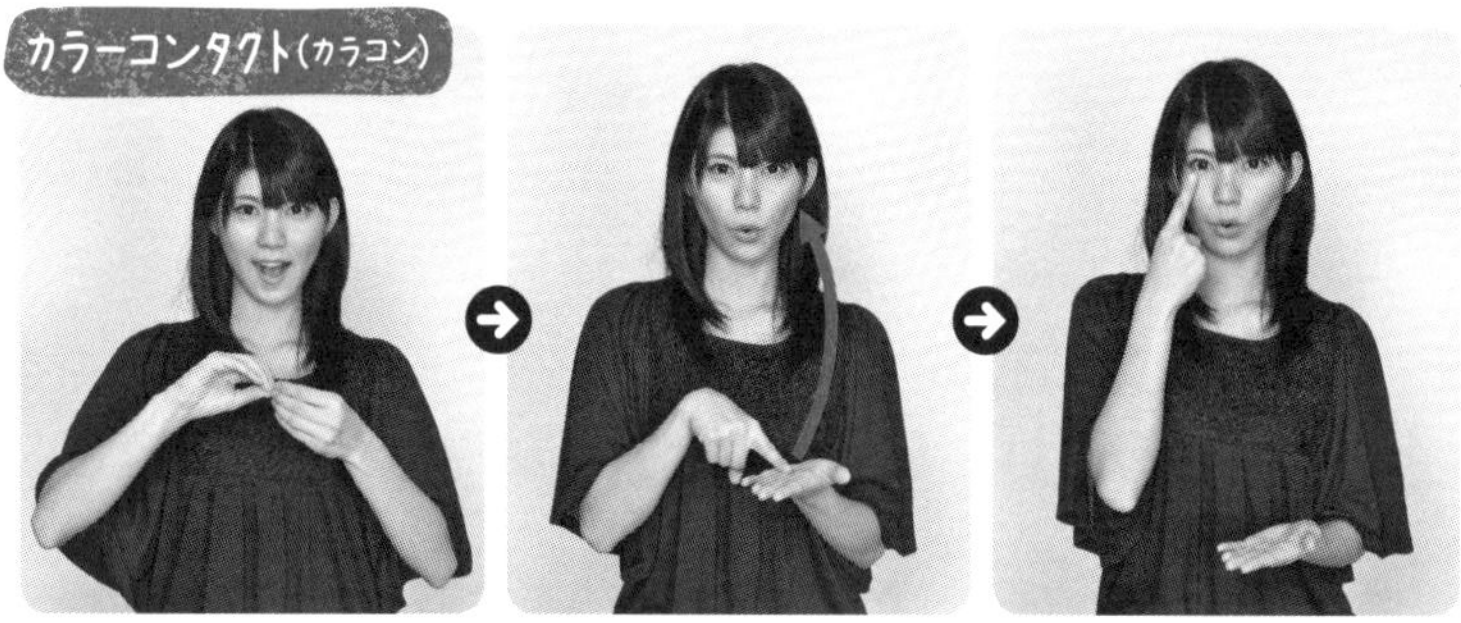

①つまんだ両手5指の指先をつけ、それぞれ逆方向にひねり、②左の手の平に、右手の人差指をつけ、すくい上げて目元につけるようなしぐさをする。

ノースリーブ

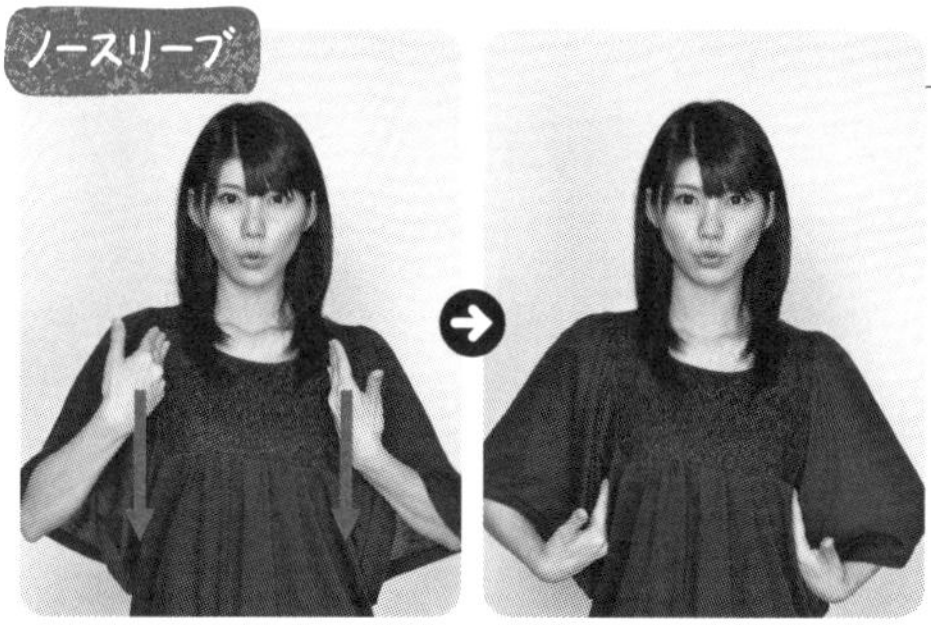

両方の指先を肩先につけ、脇の下まで下ろす。

ジャケット

両手を軽く握り、肩から弧を描いて下ろし、はおるしぐさをする。

ブーツ

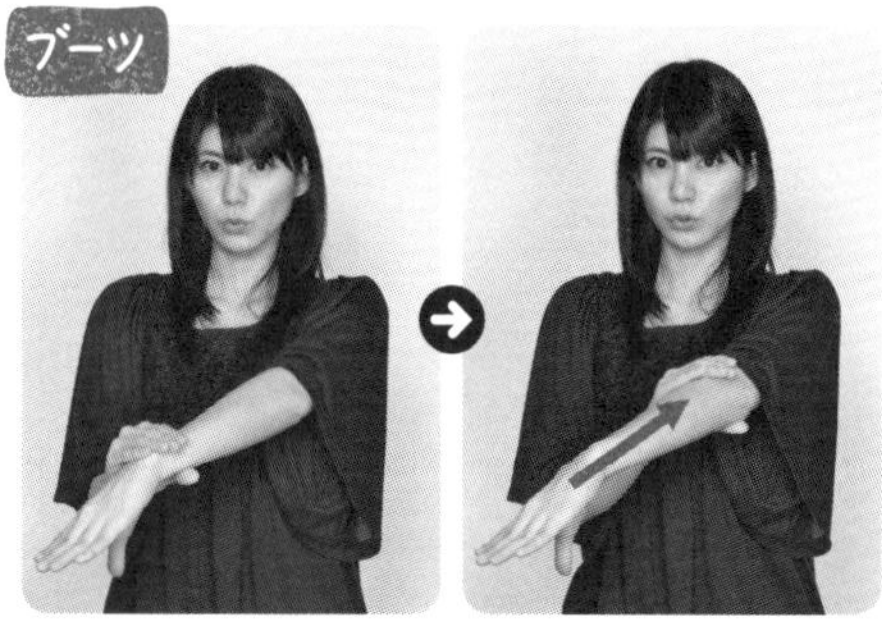

指先を揃え、親指を斜めに伸ばした左手の手首に右手をあて、上腕に向かって引き上げる。

ハイヒール

左の手の平に、揃えた右手4指の指先と親指の先をつける。

指輪

甲を前に向けて立てた左手の薬指に、右手の親指と人差指で作った輪を通す。

腕時計

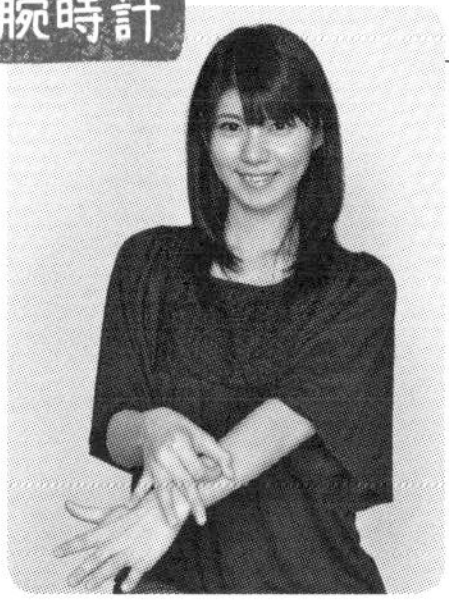

右手の親指と人差指で作った輪を左手の手首にあてる。

エステ

両方の手の平で頬を同時に2回なで上げる。

マッサージ

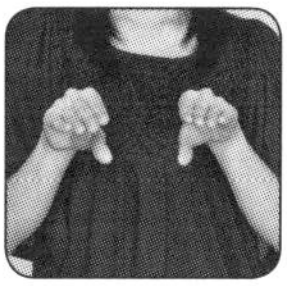

4指と親指を向かい合わせにした両手を前に出し、軽く開閉させて揉むようなしぐさをする。

パック

両方の手の平を頬にあてる。

ブラシ

髪にブラシをあてるしぐさをする。

ヘアカラー

①つまんだ両手5指の指先をつけ、それぞれ逆方向にひねり、②右の手の平で髪を2回なで下ろす。

服

両手で服をつまむ。

＼ もっと知りたい！ 手話のこと ／

手話で話すときに大切なポイント

コミュニケーションでもっとも大切なのは、意図を伝えることです。正しい手話表現を用いて、わかりやすく伝えるのが基本です。とくに初心者の場合は、習い覚えた手話をゆっくりと丁寧に表すとよいでしょう。また、相手の表情を見ながら、きちんと伝わっているかどうかを常に確認するのもポイントです。

聞こえない人同士が手話でコミュニケーションを取り合っているのを傍から見ると、一つひとつの動作が速く、また習った表現と違う場合も多々あり、びっくりする人も多いことでしょう。ですが、これを「本に載っているのと違うから正しい手話ではない」と思うのは間違いです。手話にもそれぞれの個性があるからです。

時と場合、相手などによっても表現方法は異なります。動作をゆっくり行えば丁寧になりますし、片手で素早く行えばカジュアルな感じになります。オフィシャルな場であったり、目上の人に対する場合は、丁寧な表現を使います。これを間違えると、「常識がない」「失礼な人だ」と誤解されてしまうので気をつけましょう。

昔は手話を学ぶ機会は、地域の手話講習会ぐらいしかありませんでした。みんな、そうしたなかで聞こえない人と接し、学んできたのです。それに比べて現在は、手話関連の書籍も増え、インターネットで手話の動画を見ることも簡単にできます。手話を学びやすい環境が整ってきたといえるでしょう。ただし逆に、聞こえない人に接することなく、独学だけで手話を覚えてしまうという弊害もあるかもしれません。

手話は、自分の言いたいことを表現し、相手の思いを理解する手段のひとつです。やはり、実際のコミュニケーションのなかで育ち、深まっていくものです。ぜひ、積極的に聞こえない人と接し、会話してほしいと思います。本書がそのきっかけになることを願っています。

第4章

お出かけしよう

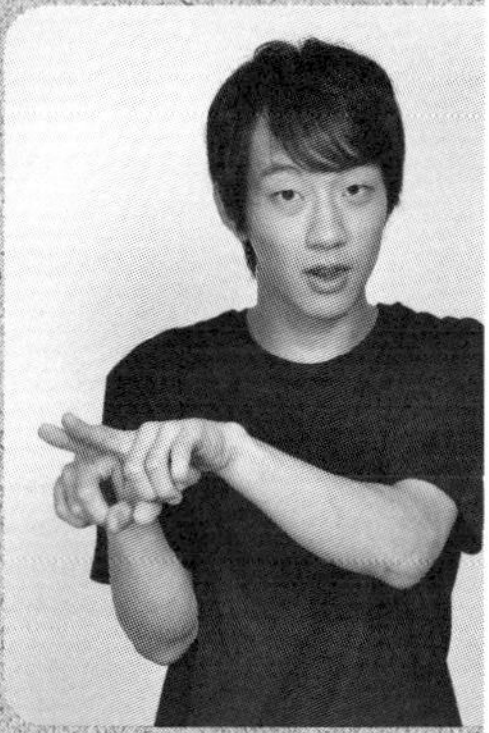

手話を使って街に出てみましょう。
食事や買い物、デートなど、身近な
シチュエーションでの会話を楽しみましょう。

Odekake-ni-Sasoou

お出かけに誘おう（誘われる）

今度、映画に行きませんか？

今度

①顔の横で手の平を前に向けて腕を立て、前に出し、

映画

②両手5指を開き、甲を前に向けて交互に上下させ、

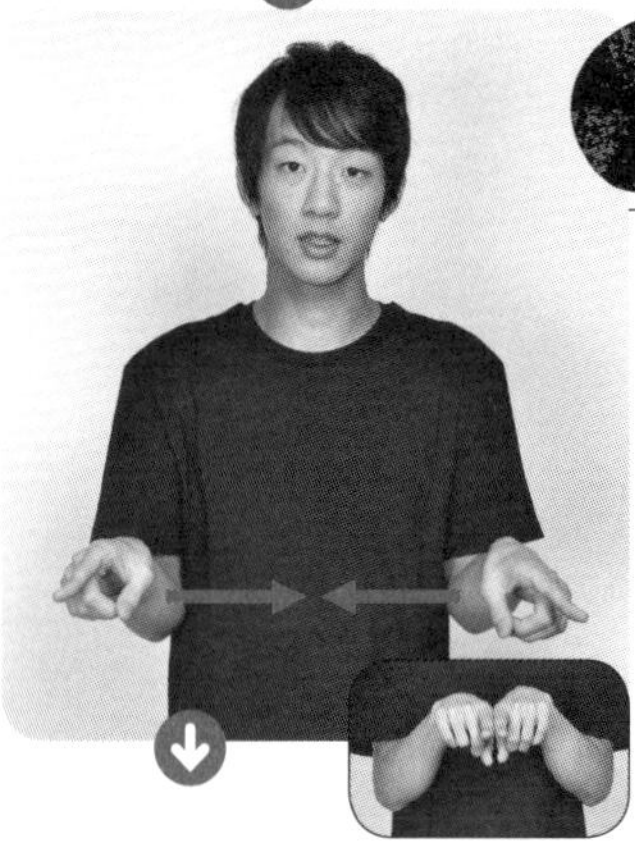

一緒

③人差指を伸ばした両手を左右から近づけ、

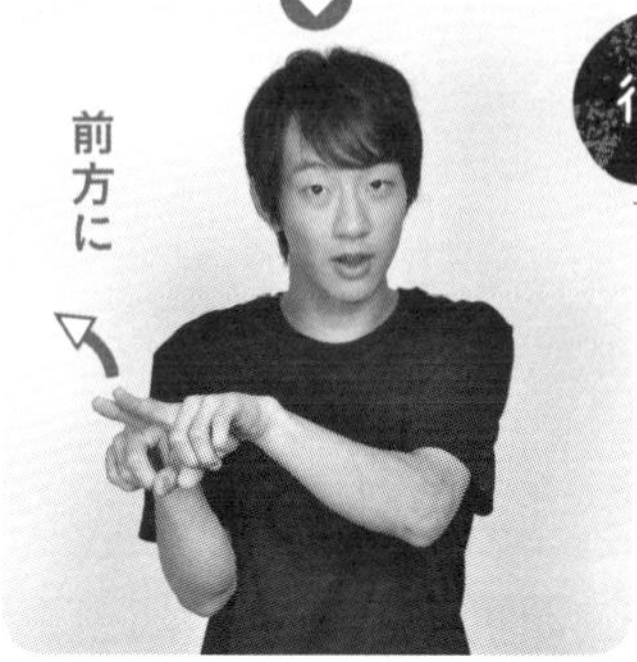

行こう

④前方に出す。

いいですよ

小指をあごにつける。

COLUMN

聞こえない人も運転ができるように

以前、聞こえない人には運転免許が認められていませんでしたが、全日本ろうあ連盟が40年以上かけて運動をした結果、一定の条件を満たせば運転ができるようになりました。聞こえない人の雇用、社会参加を大きく前進させる快挙でした。

石川さんも一緒でいいですか？

石川さん

①右手の指を軽く曲げ、左の手の平につけ、

②立てた3指で「川」の字を書き、

③甲を前に向け、右手の小指を立て、

一緒

④人差指を伸ばした両手を、左右から近づけ、

いい？

⑤右手の小指をあごにあて、顔を傾ける。

約束しましょう

①両手の小指を曲げて上下に絡ませ、

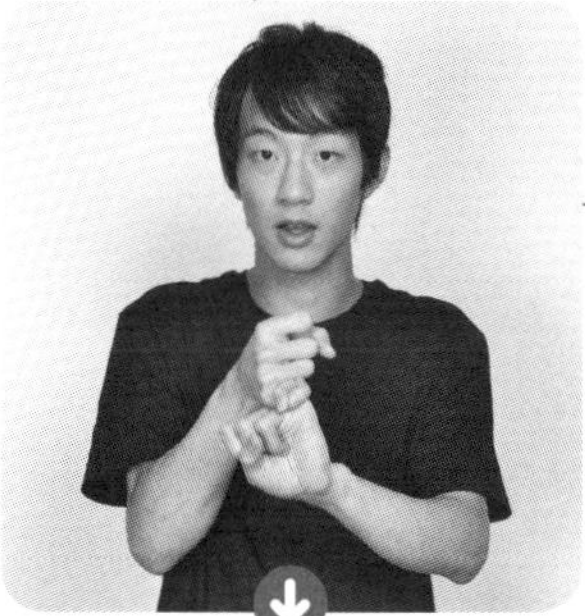

②下に下ろす。

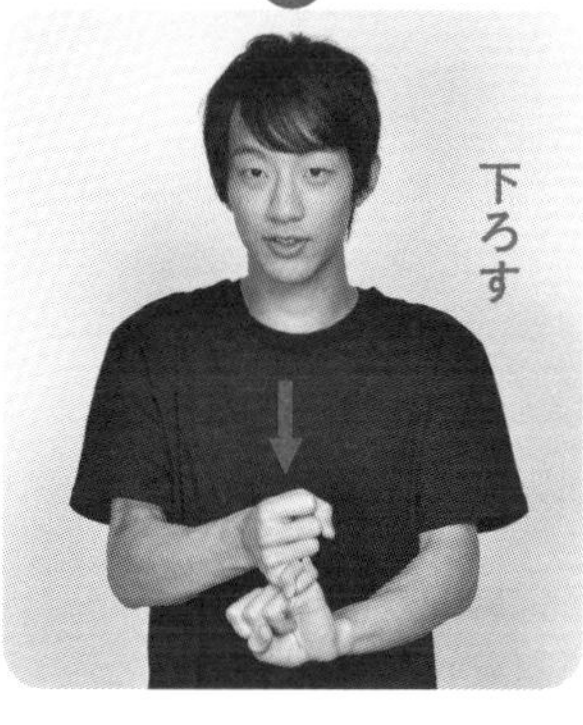

Yotei-wo-Kimeyou

予定を決めよう

いつがいいですか？

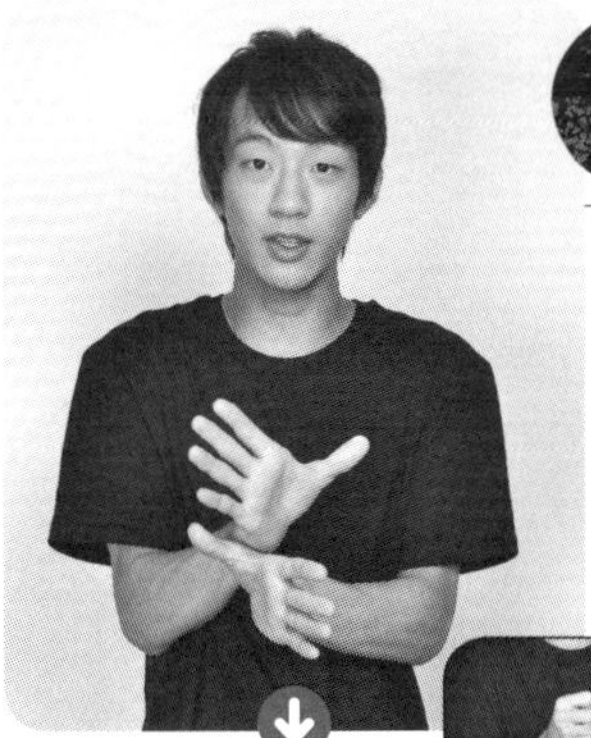

いつ

①手の平を上下に重ね、甲を前に向け、親指から順に折って握り、

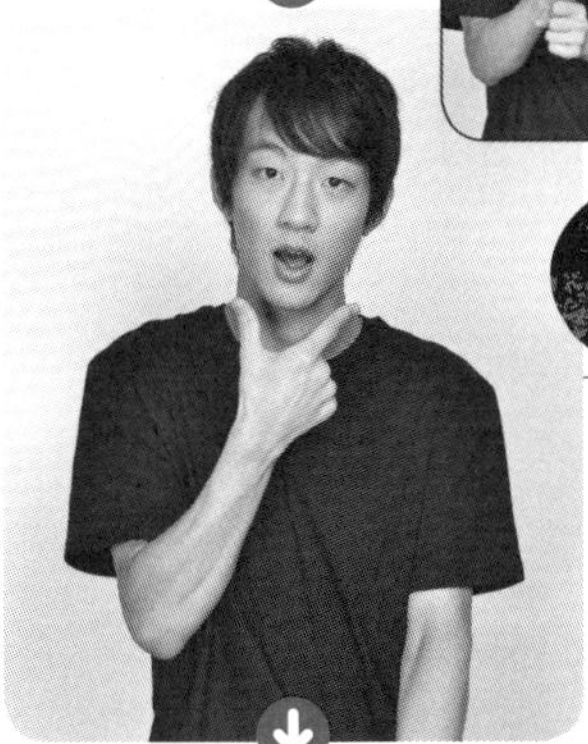

いい？

②のどに向けて開いた右手の親指と人差指を斜め下に出しながら閉じ、頭を傾ける。

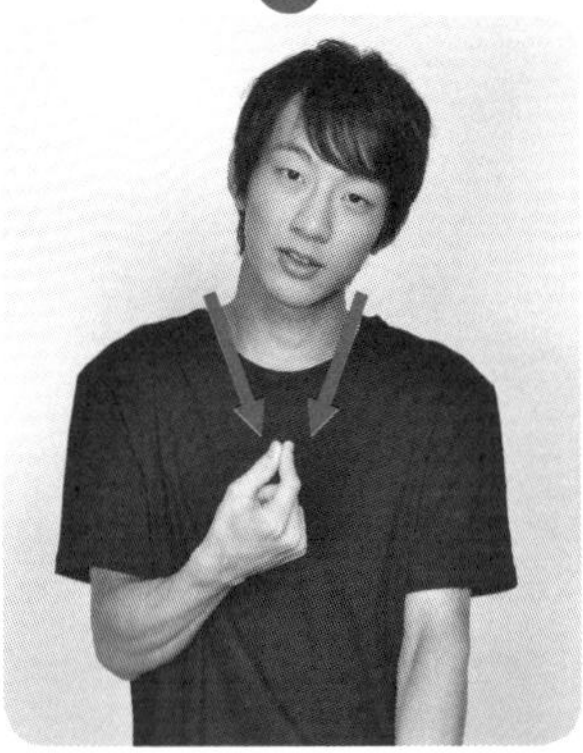

明日はどうですか？

明日

①立てた右手の人差指を前に出し、

大丈夫？

②右手を軽く湾曲させ、指先を左胸につけ、弧を描いて右胸につけ、頭を傾ける。

来週の日曜日がよいです

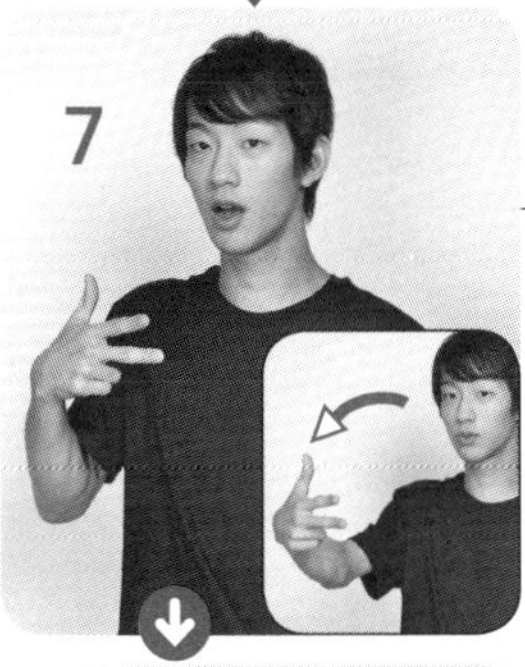

来週

①右手の親指、人差指、中指を伸ばし（指文字7）、弧を描きながら前に出し、

日曜日

②右手の人差指を口元にあて、左から右へ引き、

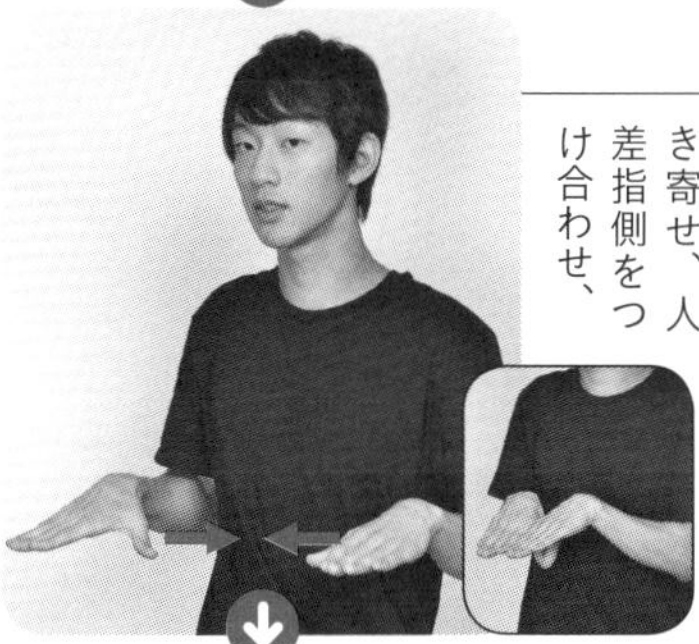

③両手を伏せ、左右から引き寄せ、人差指側をつけ合わせ、

よい

④のどに向けて開いた右手の親指と人差指を斜め下に出しながら閉じる。

待ち合わせはどこにしますか？

待ち合わせ

①右手4指の背をあごにあて、

②両手の小指を曲げて上下で絡ませ、

どこ？

③5指を折り曲げ、下に向けて軽く下ろし、

④人差指を顔の横で2回振り、顔を傾ける。

改札口の前にしましょう

改札

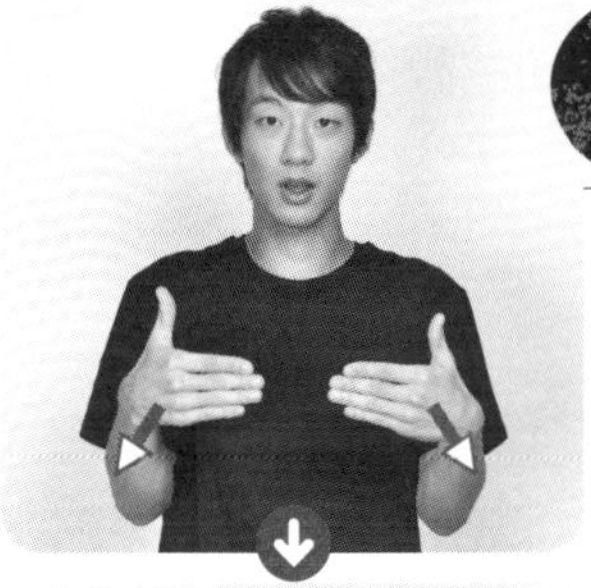

①両手4指を揃え、甲を前に向けて指先を向かい合わせ、

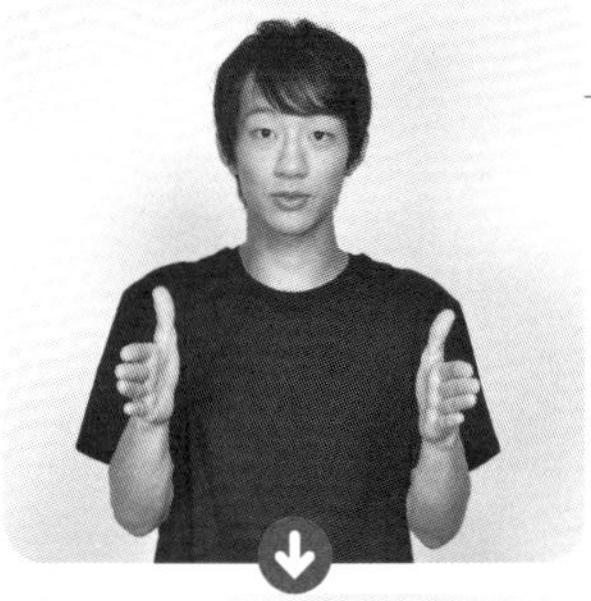

②指先を同時に前に振り出し、

ここ

③左手を戻し、その前の位置を右手の人差指で指す。

何時がよいですか

何時

①こぶしを軽く握った左手首を右手の人差指で指し、

②右の手の平を上に向け、親指から順に折って握る。

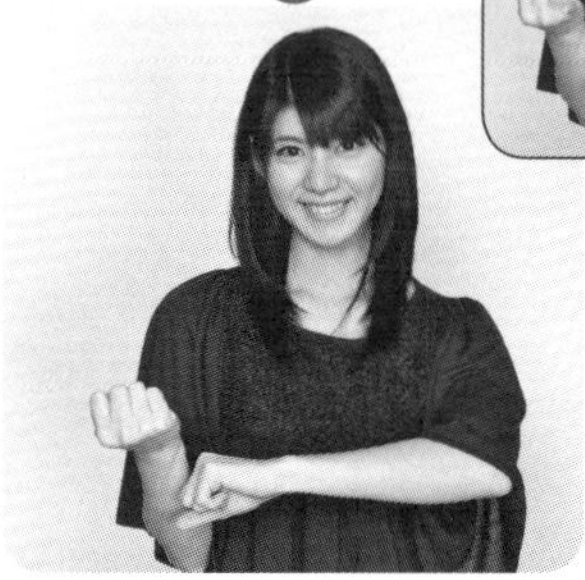

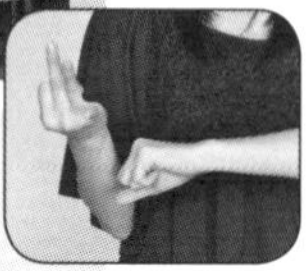

午後1時でお願いします

午後

①右手の人差指、中指を伸ばし、額の中央にあて、左下に回し落とし、

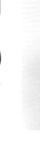

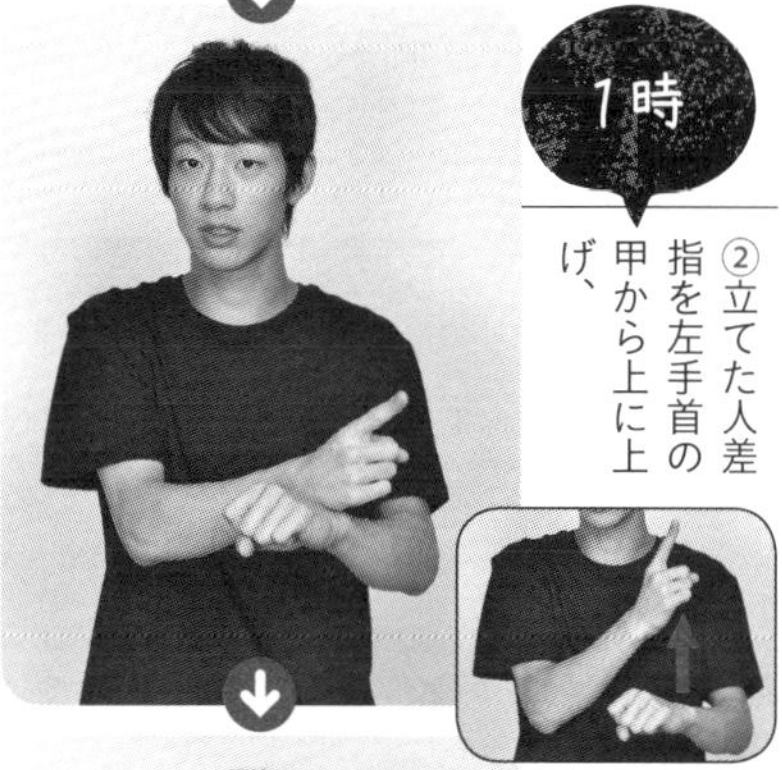

1時

②立てた人差指を左手首の甲から上に上げ、

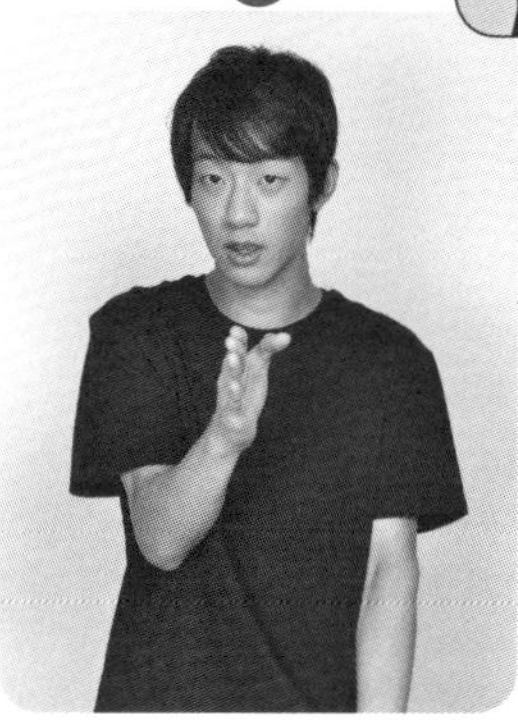

お願い

③顔の正面で右手を斜めに構え、前に出す。

楽しみです

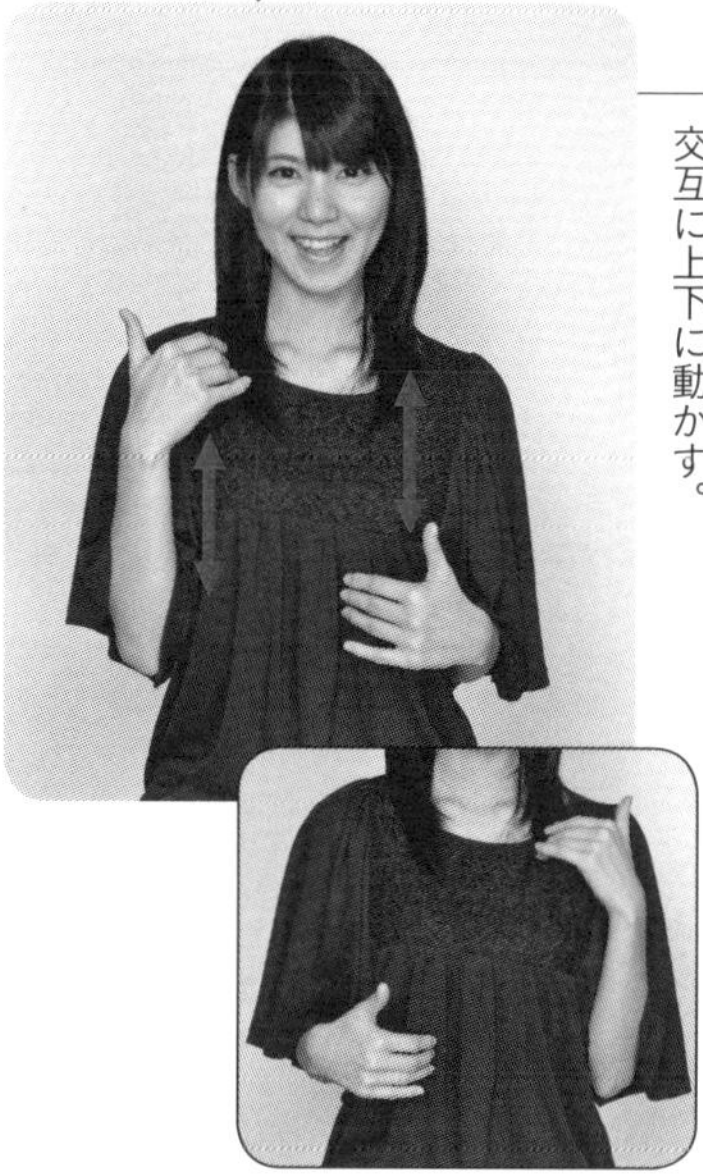

湾曲した両手の指先を胸につけ、交互に上下に動かす。

ONE POINT

5時半の場合は?

「○時半」という真ん中の時間の手話を覚えましょう。

①こぶしを軽く握った左手首を右手の人差指で指し、

②右手の親指を横に伸ばし(指文字5)、

③右の指先を前に向けて揃え、下に下ろす。

日時に関する単語集

1日

右手の人差指を左側で立て、弧を描いて右に引く。

1週間

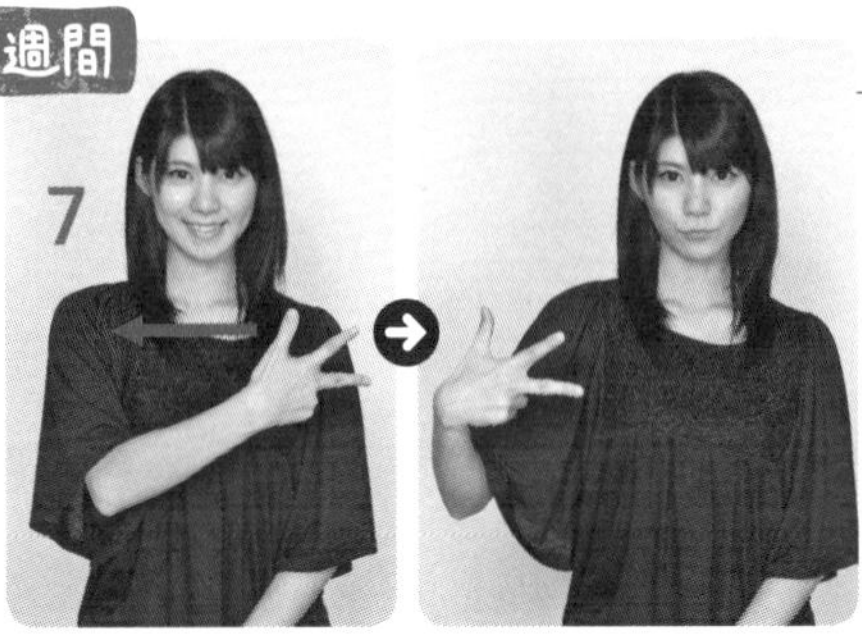

右手の親指、人差指、中指を伸ばし（指文字7）、右に引く。

1カ月

つまんだ右手の親指、人差指を頬にあて、人差指を前に向かってはじく。

1年間

①左のこぶしの上を右手の人差指で一周し、②4指を前に向け、向かい合わせた両手を同時に下ろす。

今日

両方の手の平を下に向け、軽く押さえるように2回下ろす。

明日

立てた右手の人差指を前に出す。

明後日

立てた右手の人差指、中指を前に出す。

昨日

甲を前にして立てた右手の人差指を、後ろに引く。

一昨日

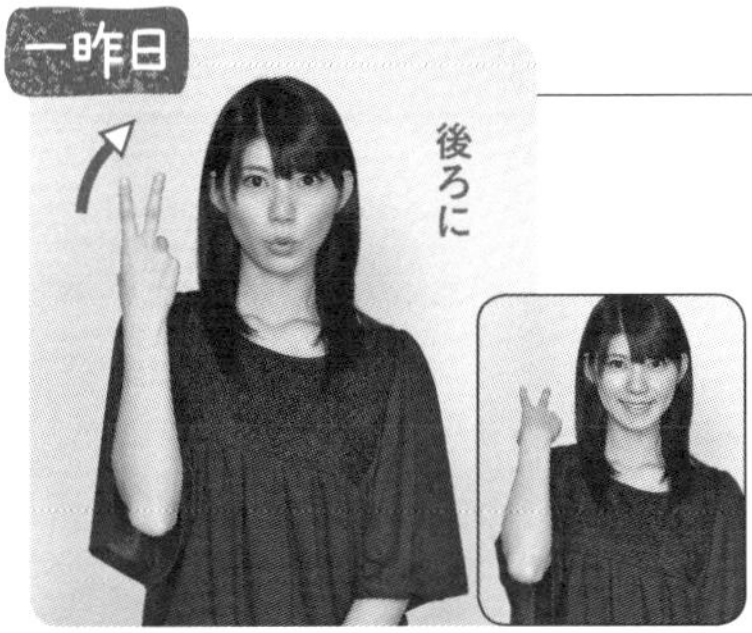

甲を前にして立てた右手の人差指、中指を、後ろに引く。

毎日

両手の親指、人差指を直角に伸ばして向かい合わせ、後ろ回りに2回回す。

来週

右手の親指、人差指、中指を伸ばし、弧を描きながら前に出す。

先週

右手の親指、人差指、中指を伸ばし、弧を描きながら後ろに引く。

毎週

両手3指の指先を向かい合わせ、後ろから前に2回回す。

今週

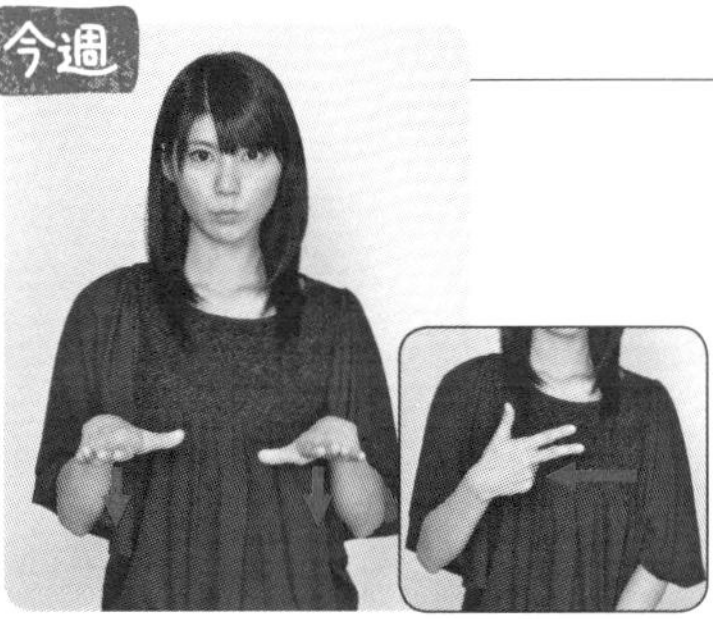

①伏せた両手を軽く下ろし、②右手の親指、人差指、中指を伸ばし（指文字7）、右に引く。

月（曜日）

つまんだ右手の親指、人差指で「三日月」の形を描く。

火（曜日）

甲を前にして立てた右手の親指と小指を、揺らしながら上げる。

水（曜日）

手の平を上に向けた右手を左から斜め右下へ引く。

日時に関する単語集

木(曜日)

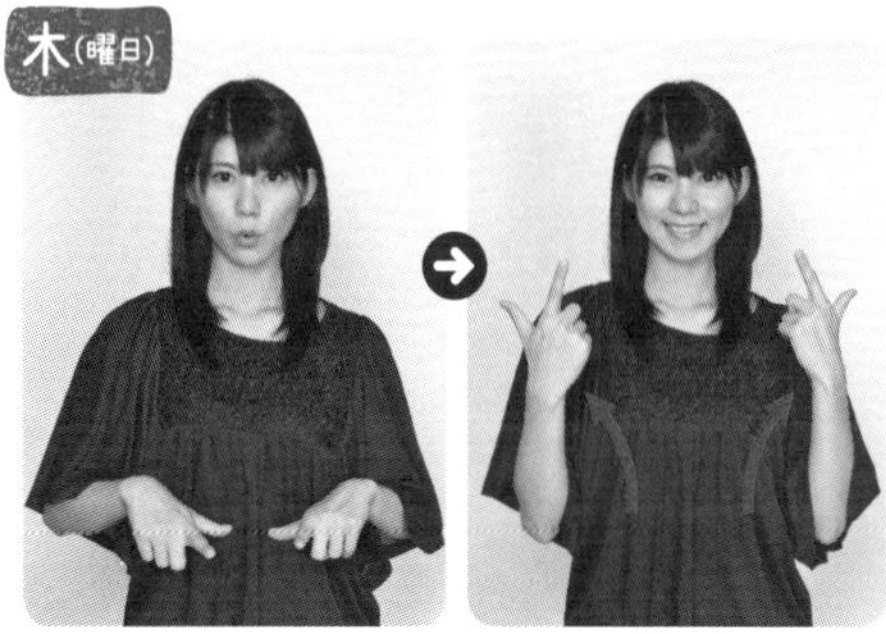

親指、人差指を伸ばした両手を伏せて向かい合わせ、それぞれ左右斜め上に上げる。

金(曜日)

右手の親指と人差指で輪を作り、左右に回すように振る。

土(曜日)

つまんだ右手3指を下に向け、指同士をすりあわせる。

日(曜日) 1

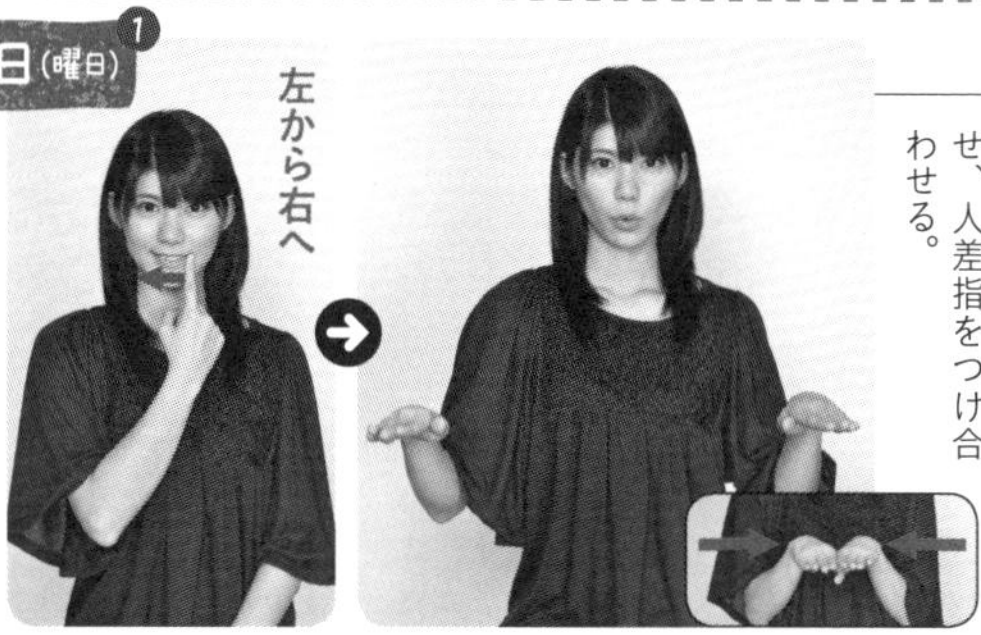

①右手の人差指を口元にあて、左から右へ引き、②両手を伏せ、左右から引き寄せ、人差指をつけ合わせる。

日(曜日) 2

①右手の人差指を口元にあて、左から右へ引き、②左の手の平に右のこぶしをのせる。

午前

人差指、中指を伸ばした右手を顔の右から額の中央にあてる。

午後

人差指と中指を伸ばした右手を、額の中央から顔の左下へ倒す。

朝

こめかみにあてた右のこぶしを、引き下ろす。

昼

人差指、中指を立て、前方から額の中央にあてる。

夕方

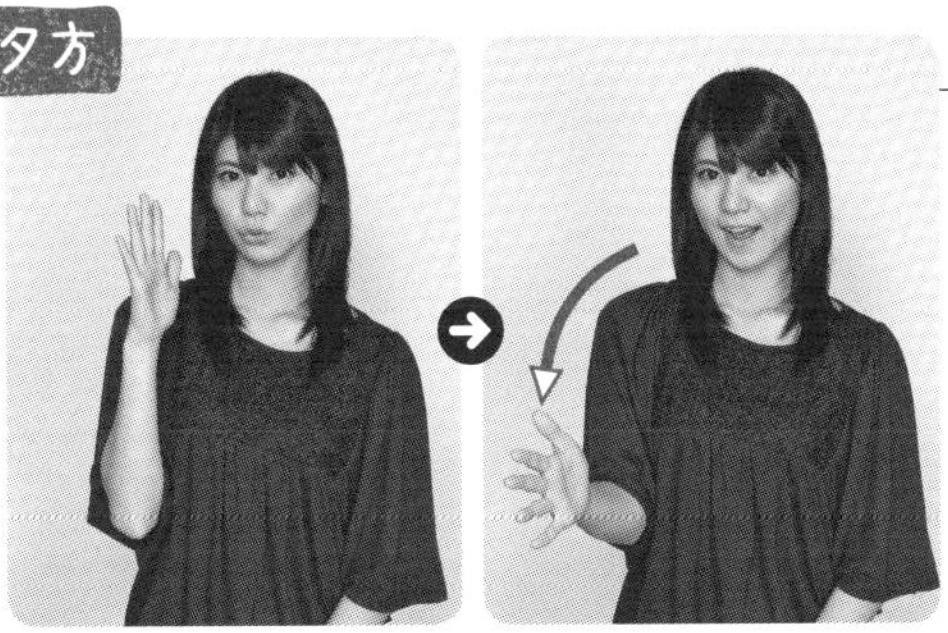

指を広げ、指先を斜め上に向けた右手を前に倒す。

夜

両方の手の平を前方に向け立て、左右から引き寄せ、目の前で交差させる。

深夜

両方の手の平を前に向けて立て、「夜遅い」という気持ちを表情に込めながら、手の平を交差させる。

1分

①右手の人差指を立て（指文字ー）、②右手の人差指で右上から左下へ「，」の記号を描く。

1秒

①右手の人差指を立て指文字ー）、②右手の人差指と中指で「〃」の記号を描く。

1時間

右手の人差指を左手首の上で回す。

日時に関する単語集

～前

軽く湾曲させ、手の平を後ろに向けた右手を少し後ろに引く。

～中

左手の親指と4指を平行に伸ばし、中央に右手の小指側をあてる。

～後

手の平を前に向け立てた右手を前に出す。

まだ

指先を前に向けた左の手の平に、右の指先を向け、手首の回転で下に2回振る。

いつか

①手の平を前に向けて立てた右手を前に出し、②両方の甲を前に向け、手の平を上下に重ね、親指から順に折って握る。

COLUMN

なぜ日曜日は２種類あるの？

本書では、曜日を表す単語のうち、「日曜日」を 2 種類紹介しています。

関東では「赤」＋「両方の手の平を下にして中央で合わせる」なのに対し、関西では、「赤」＋「手の平にこぶしをのせる」という動作を使うことが多いためです。なぜ日曜日に違いがあるのか、定かではありませんが、表現にはその土地ごとの文化や伝統が表れるものです。こうした違いから、それぞれの文化を学んでいくのも面白いのではないでしょうか。

イベントに関する単語集 Vocabulary_Event

正月

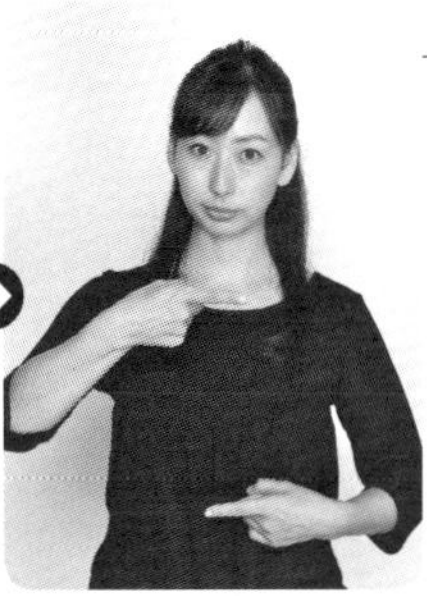

両手の人差指を左右から引き寄せ、上下に配置する。

節分

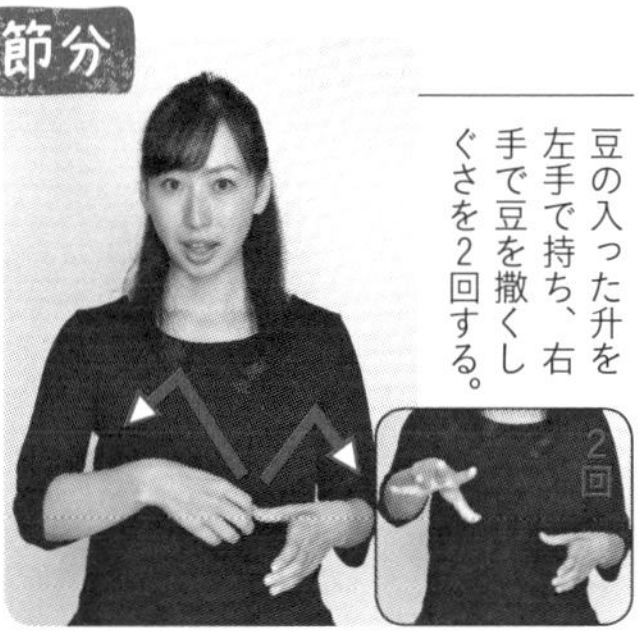

豆の入った升を左手で持ち、右手で豆を撒くしぐさを2回する。

卒業式

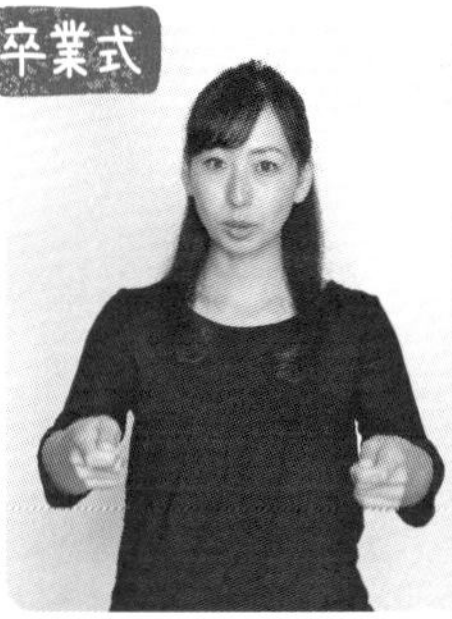

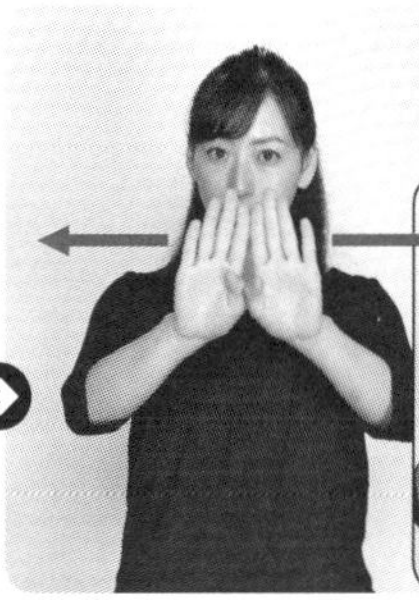
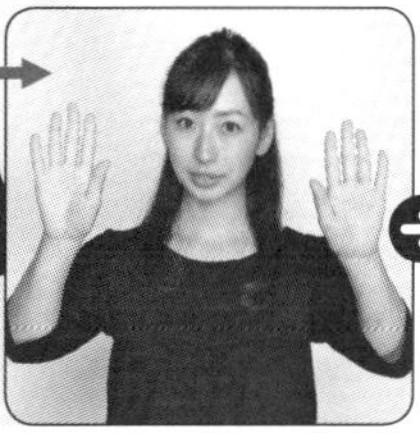
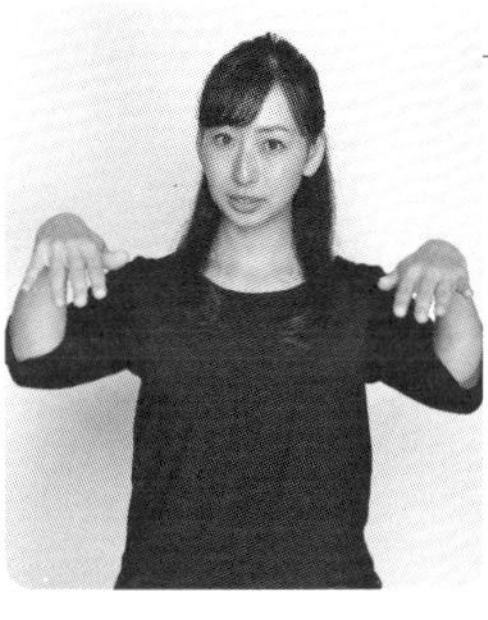

①親指を人差指にのせた両手のこぶしを、捧げ持つように上げ、②両方の手の平を前に向け、左右に引き離し、③5指を前に倒す。

> **COLUMN**
>
> **伝わりやすい手話と伝わりにくい手話**
>
> 大事なのは、相手の目を見ながら、意図が伝わっているかどうかを確認しながら話すことです。必要なら指文字を加えます。ハッキリと口を動かしながら、表情豊かに伝えるのも大切。相手を見ずに、ボソボソと「独り言」のような手話だと伝わりにくくなります。

花見

①指を広げた両方の手の平を斜めに合わせ、手の平を返しながら手の位置を入れ替え、左から右へ移動させ、②右手の親指と人差指の輪を目の前から前へ出す。

イベントに関する単語集

ゴールデンウィーク

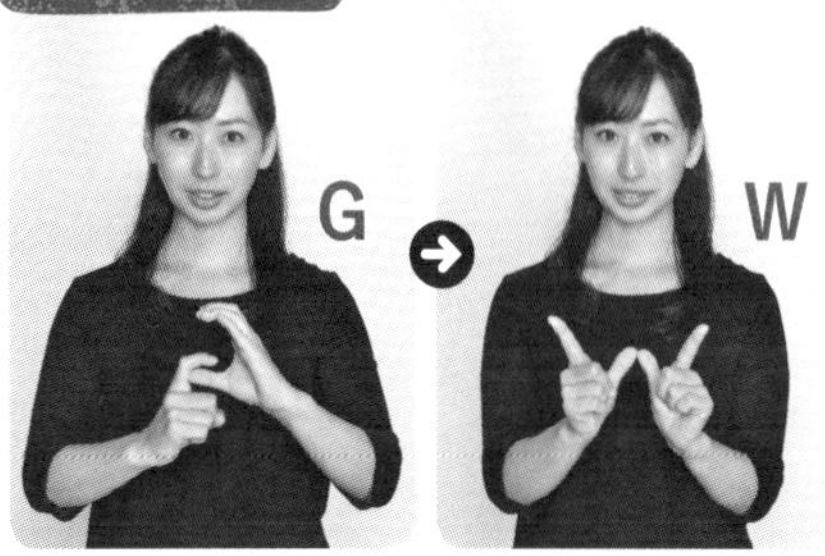

①丸めた左手の親指に、曲げた人差指の腹をつけ（指文字G）、②立てた両手の親指、人差指を並べる（指文字W）。

七夕

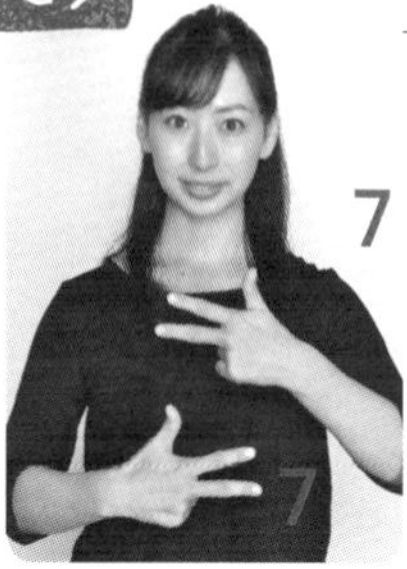

親指、人差指、中指を伸ばした両手を上下に置く（指文字7）。

夏休み

①親指に人差指をのせて握ったこぶしで、うちわを使うように首筋をあおぎ、②両手の人差指側をつける動作を、右へ移動しながら3回繰り返す。

運動会

①立てた両手の親指を交互に前後させ、②両手の指先を斜めに突き合わせ、同時に斜め下に引く。

パーティ

杯を持つように丸めた両手の親指、人差指を交互に前後させる。

クリスマス

両手の人差指を交差させ、同時に斜め下に引く。

大晦日

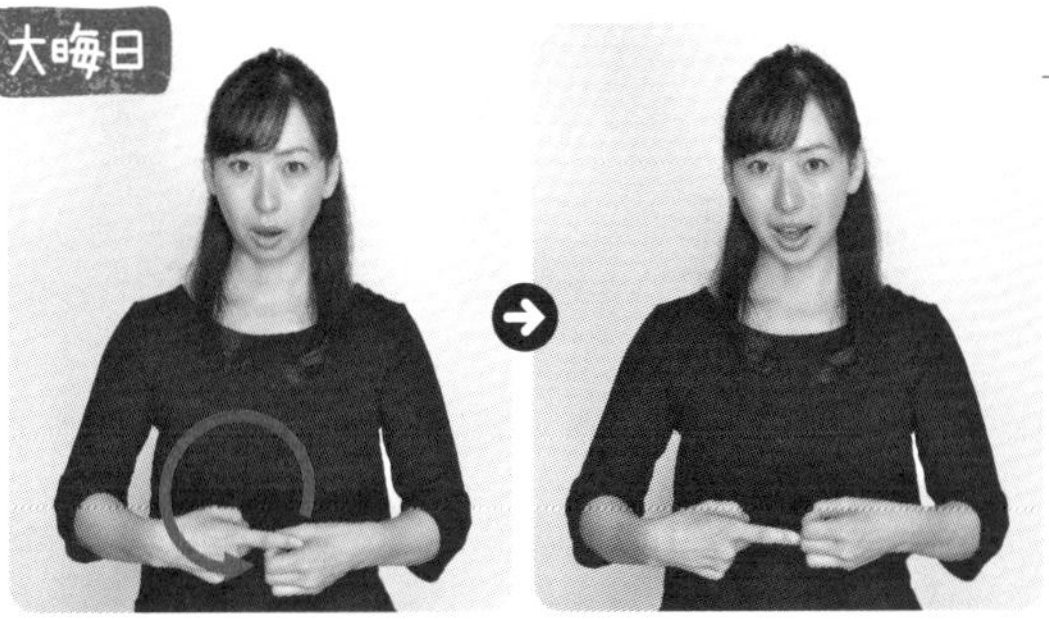

左のこぶしに置いた右手の人差指で右回りで円を描き、左手の中指にあてる。

女子会

①両手の小指同士をつけ、それぞれ半円を描いて引き寄せ、手前で親指側をつけ、②両手の指先を斜めに突き合わせ、同時に斜め下に引く。

COLUMN

デフリンピックって？

デフリンピックとは、聞こえない人のためのスポーツの4年に1度の国際的な大会です。ルールは、スタートの合図などを視覚的に行うこと以外、オリンピックとほぼ同じ。参加者が国際手話によるコミュニケーションをとるところが大きな特徴です。夏季は1924年にフランスで、冬季は1949年にオーストリアで初めて行われました。世界109カ国が加盟しており、最近では、2017年にトルコ、2019年にイタリアで開催されています。さまざまな国の選手が「スポーツによる平等」を目指し、競技技術を高め合うために集っています。

場所・方角に関する単語集

東

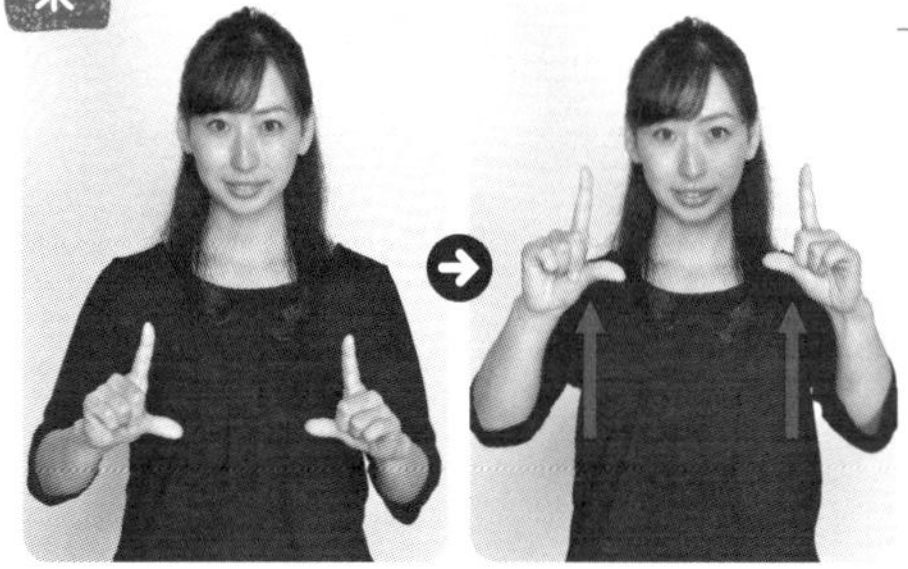

両手の親指と人差指を直角に伸ばし、人差指を上にして向かい合わせ、両手を同時に上げる。

北

両手の親指、人差指、中指を伸ばし甲を前に向け、手首で交差し、「北」の字形を作る。

西

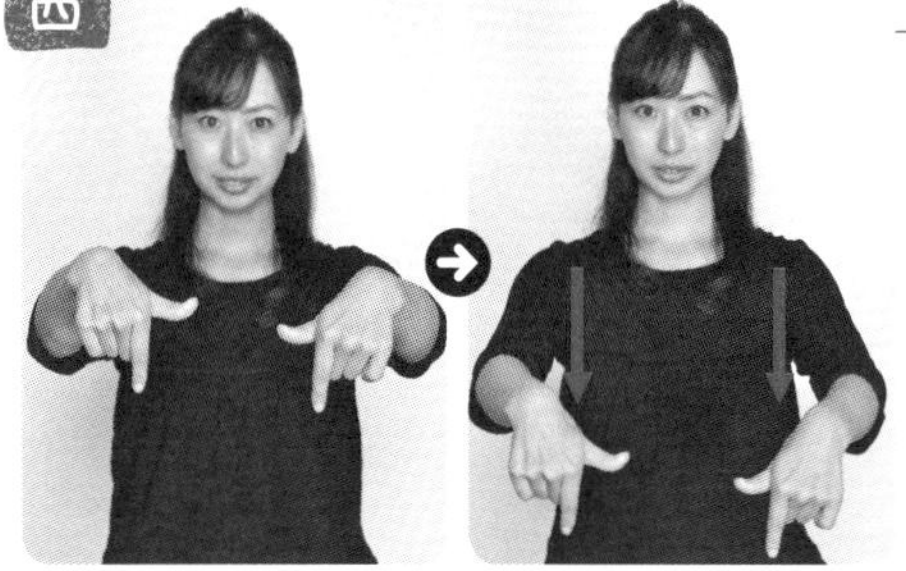

両手の親指と人差指を直角に伸ばし、人差指を下にして向かい合わせ、両手を同時に下げる。

南

親指を人差指にのせて握ったこぶしで、うちわを使うように、首筋をあおぐ。

右

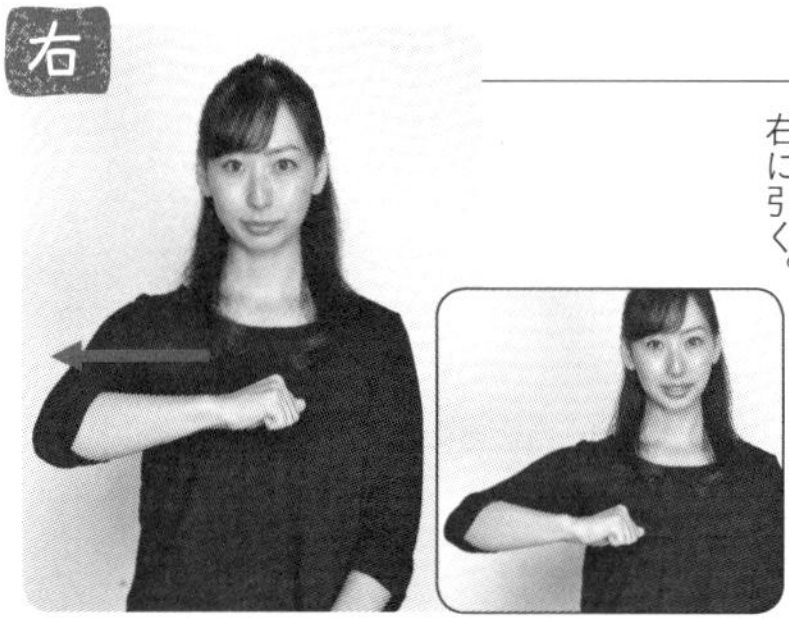

右手を握って腕を水平に構え、右に引く。

左

左手を握って腕を水平に構え、左に引く。

映画館

①両手5指を開き、甲を前に向けて交互に上下させ、②両手で下から上へ、四角い建物の形を描く。

ONE POINT

字幕を表す手話

指先を右へ向けた左手の甲に、右手の親指と人差指をつける。

カフェ

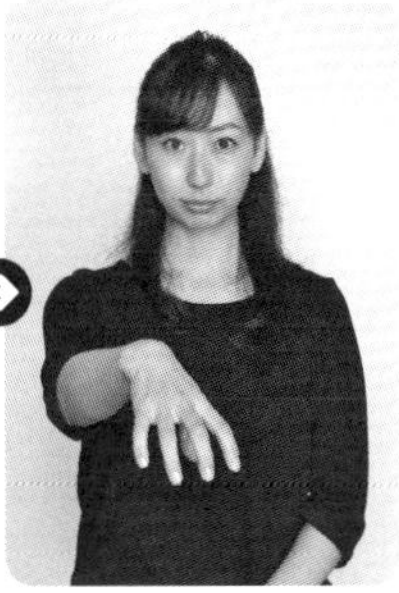

①左手でカップを持ち、右手でかき混ぜるしぐさをし、
②右手5指を下に向け、下ろす。

遊園地

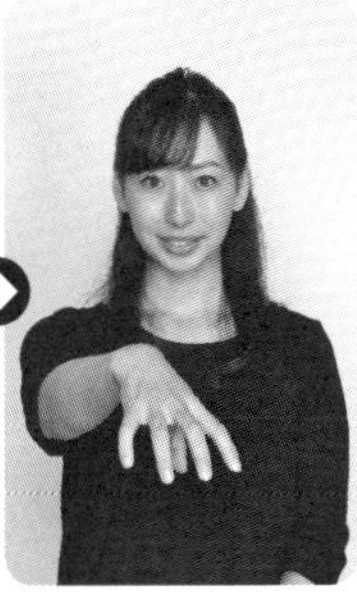

①立てた両手の人差指を顔の両脇で交互に前後に動かし、
②5指を折り曲げ、下に向けて軽く下ろす。

公園

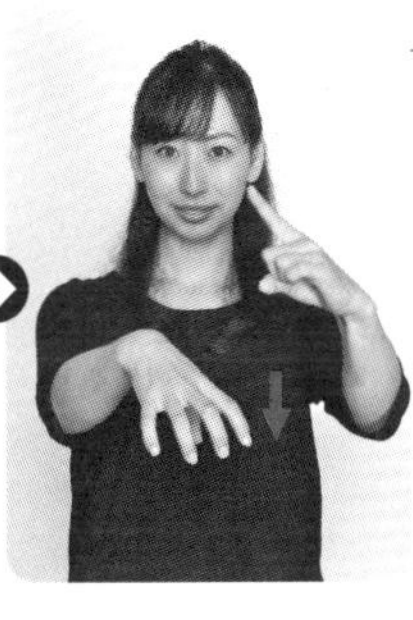

①左手の人差指を斜め上に向け、
②左手を残し、右手5指を折り曲げ、下に向けて軽く下ろす。

本屋

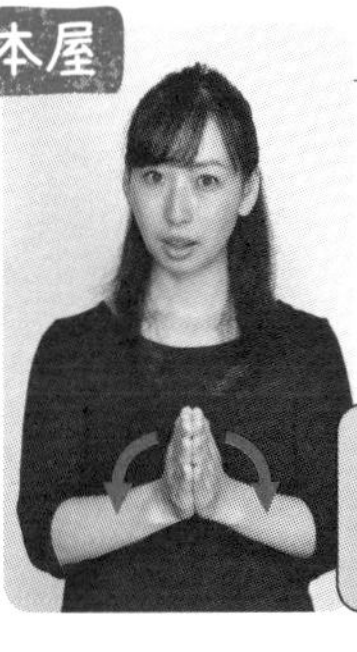

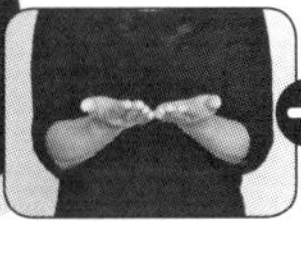

①胸の前で両手を合わせ、本を開くように小指側をつけたまま両手を開き、

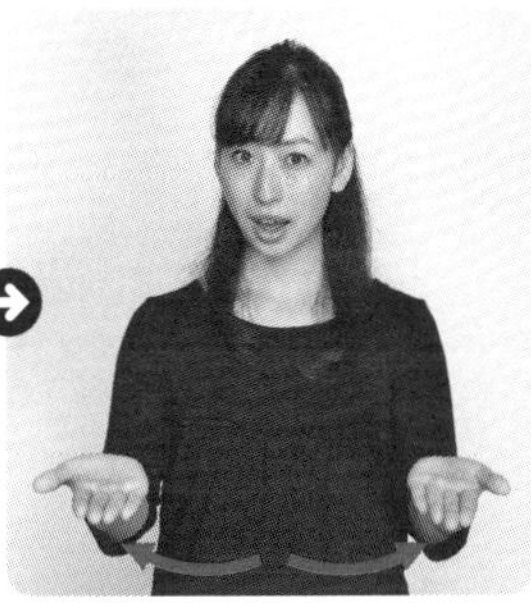

②両方の手の平を上に向けて並べ、左右に離す。

神社

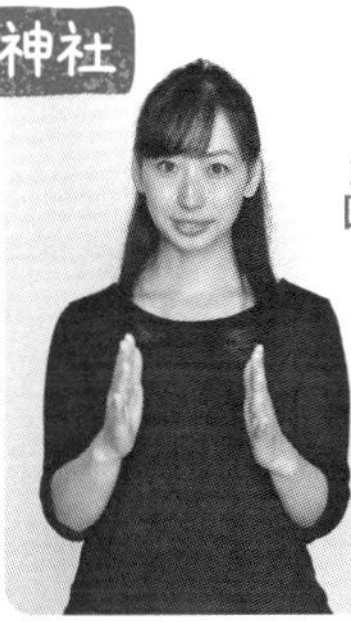

2回

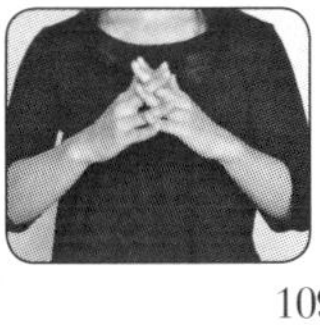

①手を2回打ち合わせ、
②両手の指を伸ばして斜めに組み合わせる。

Chikoku-Shita-tokiwa

遅刻したときは

今、何時ですか？

今

①両方の手の平を下に向け、同時に下ろし、

何時？

②こぶしを軽く握った左手首を右手の人差指で指し、

③右の手の平を上に向け、親指から順に折って握り、頭を傾ける。

遅れてすみません

遅れる

①右手の小指側を左手の甲の親指側にのせ、右手を前に出し、

すみません

②つまんだ右手の親指と人差指を眉間にあて、

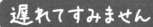

③右手を前に差し出しながら頭を下げる。

大丈夫、私も今来たところです

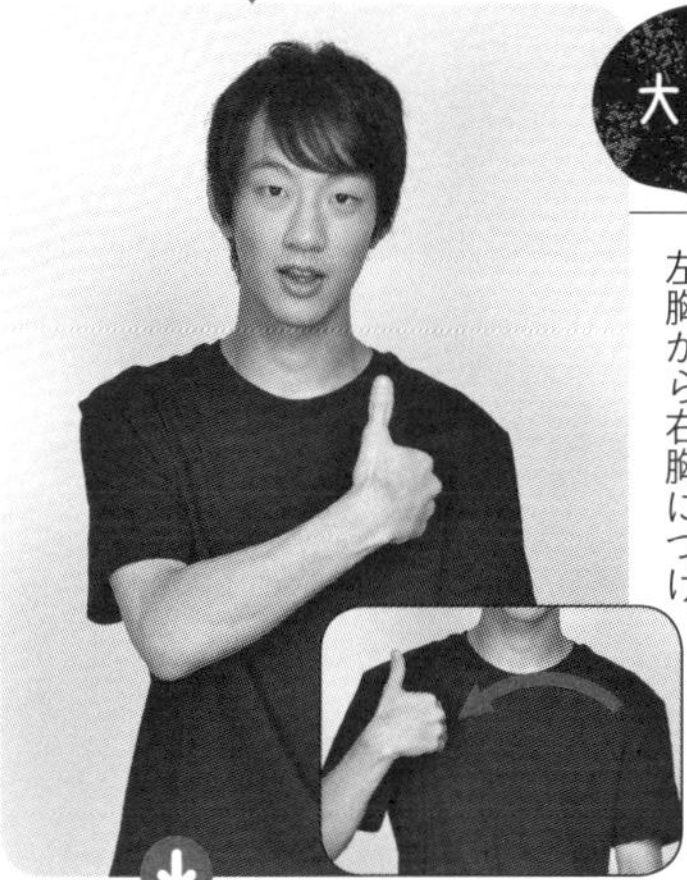

①右手を軽く湾曲させ、指先を左胸から右胸につけ、

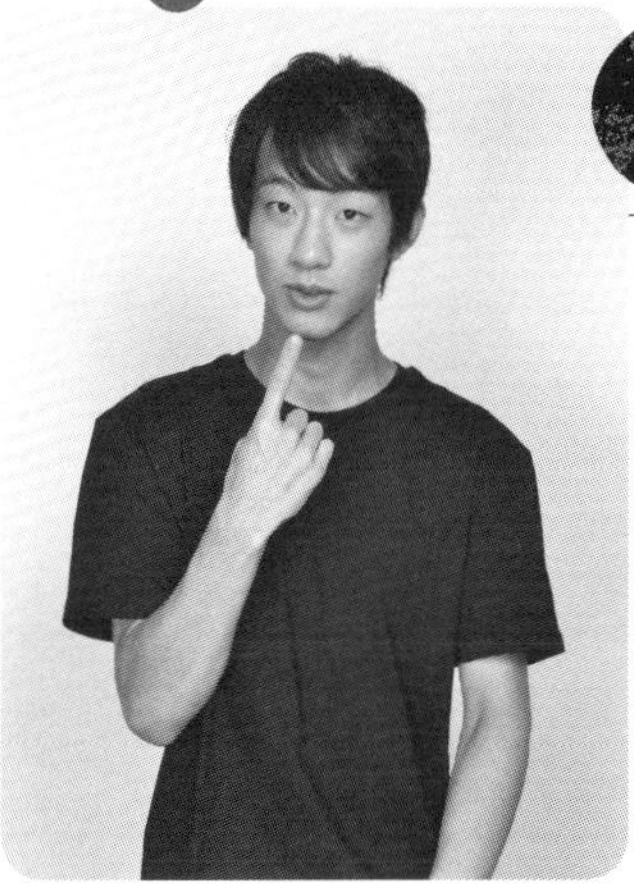

②自分を人差指で指し、

③両方の手の平を下に向け、同時に下ろし、

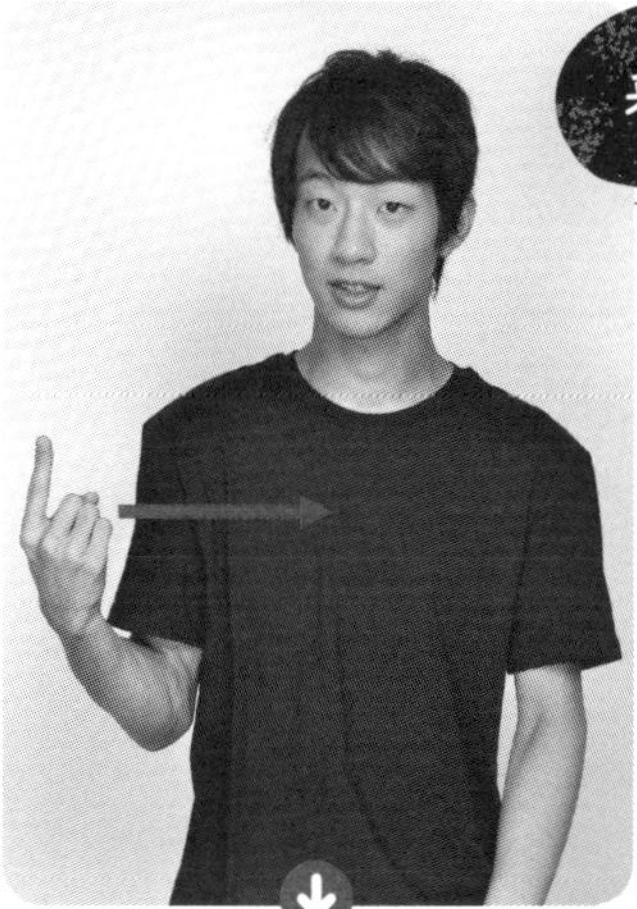

④甲を前に向けて立てた人差指を、右から中心に引き寄せる。

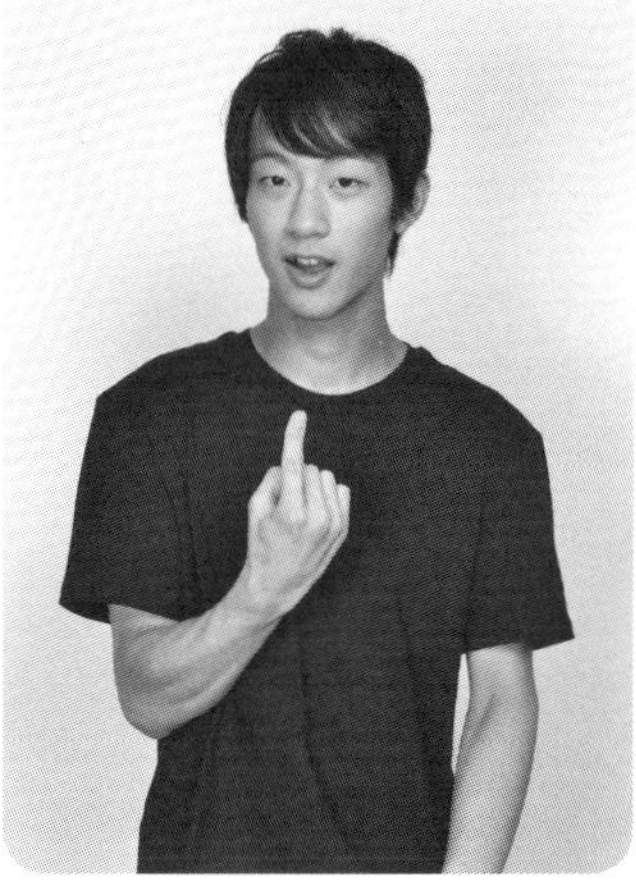

Syokuji-wo-Shiyou

食事をしよう

食事に行きませんか？

食べる

①左の手の平から、伸ばした右手の人差指、中指を口元に向かって上げ、

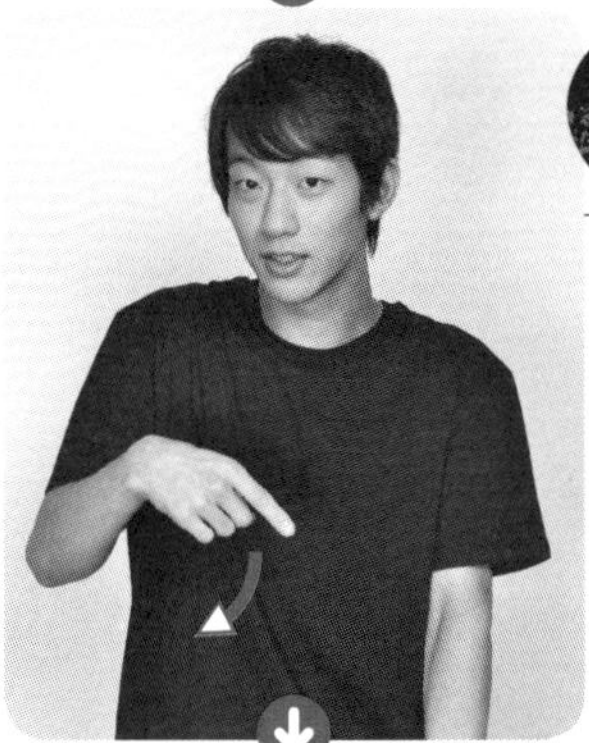

行く

②右手の人差指を胸から前に振り出す。

何が食べたいですか？

食べる

①左の手の平から、伸ばした右手の人差指、中指を口元に向かって上げ、

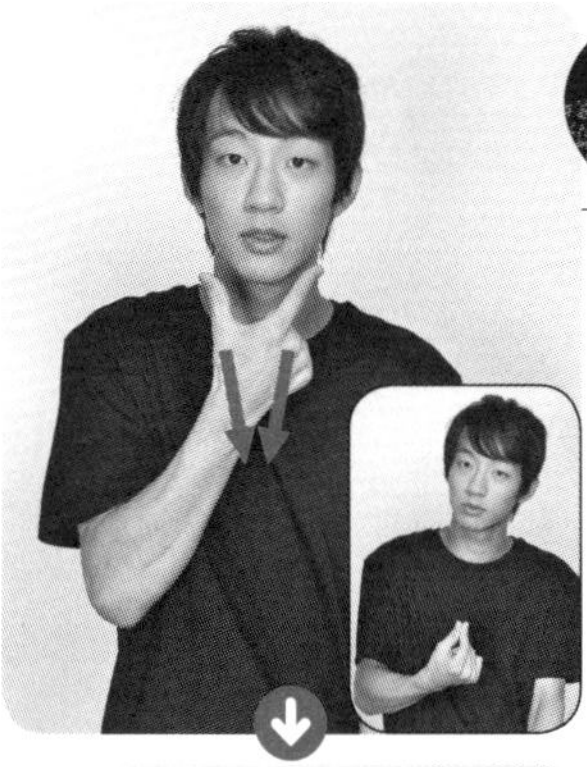

～したい

②のどに向けて開いた右手の親指と人差指を斜め下に出しながら閉じ、

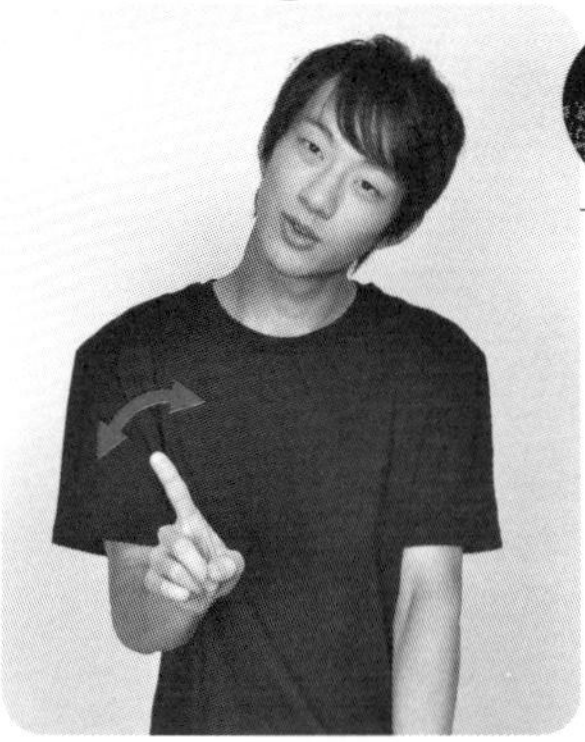

何？

③立てた右手の人差指を左右に振り、頭を傾ける。

お任せします

①右手5指を軽く曲げて肩にのせ、

②前に出す。

和食はどうですか？

和食

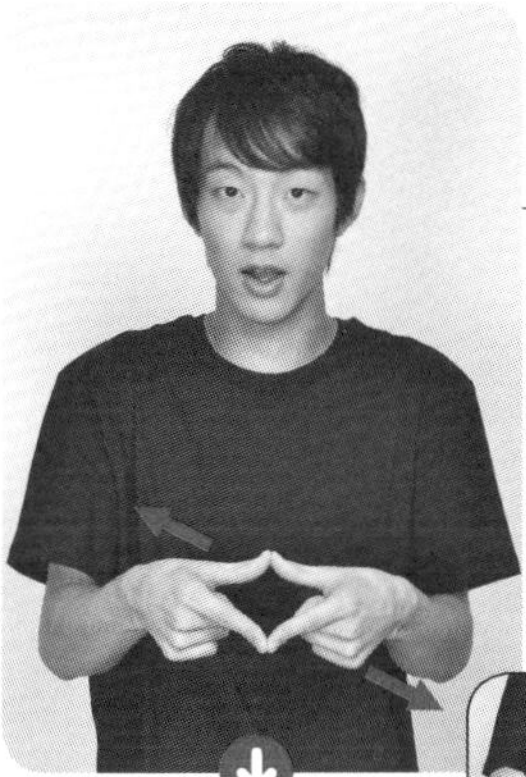

①両手の親指、人差指でひし形を作り、斜め上下に両手を引き離しながら指を閉じ、

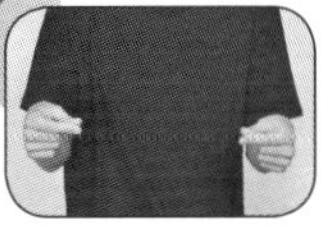

②左の手の平から、伸ばした右手の人差指、中指を口元に向かって上げ、

どう？

③立てた右手の人差指を左右に振り、顔を傾ける。

COLUMN

手話と法律

長い間日本では、手話は「言語」として認められていませんでした。使用が抑圧されるなか、聞こえない人たちは切実な必要性から、綿々と手話を受け継いできたのです。しかし2006年の国連総会で障害者権利条約において「言語」として認められた後、法的整備も少しずつ進んでいます。2011年には改正障害者基本法で「言語（手話を含む）」と記され、日本でも法的に認知されました。

今求められているのが「手話言語法」です。制定されれば、手話教育や手話通訳者養成などの整備が進み、より多くの聞こえない人が社会参加できるようになります。制定を求める動きは全国的に広がり、実現はもう間近なところまで来ています。

今夜、飲みに行く？

今夜

①両方の手の平を下に向け、同時に下ろし、

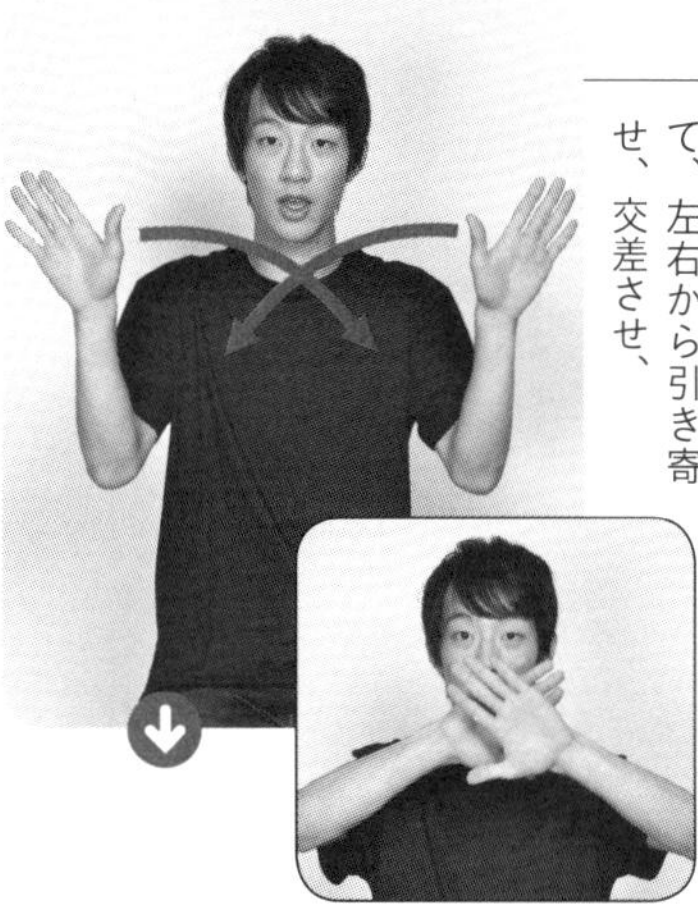

②手の平を前方に向け両手を立て、左右から引き寄せ、交差させ、

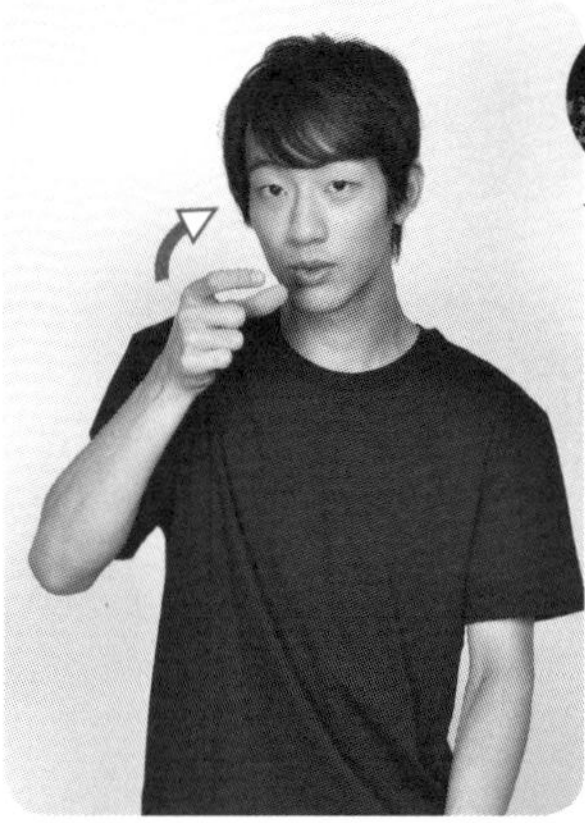

飲む

③右手の親指、人差指を軽く丸めて杯を持つようにし、口元で傾け、

行く

④右手の人差指を胸から前に振り出す。

本当？嬉しい！

本当

①手の平を内側に向けて立てた右手の人差指側をあごにあて、

嬉しい

②湾曲させた両手4指を胸に向け、交互に上下に動かす。

もう一杯どう?

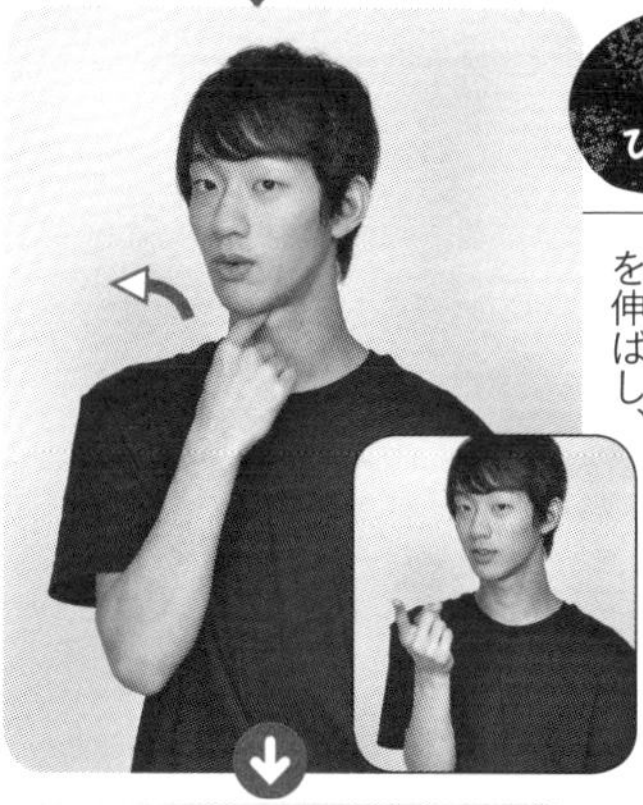

もう ひとつ

①右のこぶしをあごの下から前に出すと同時に人差指を伸ばし、

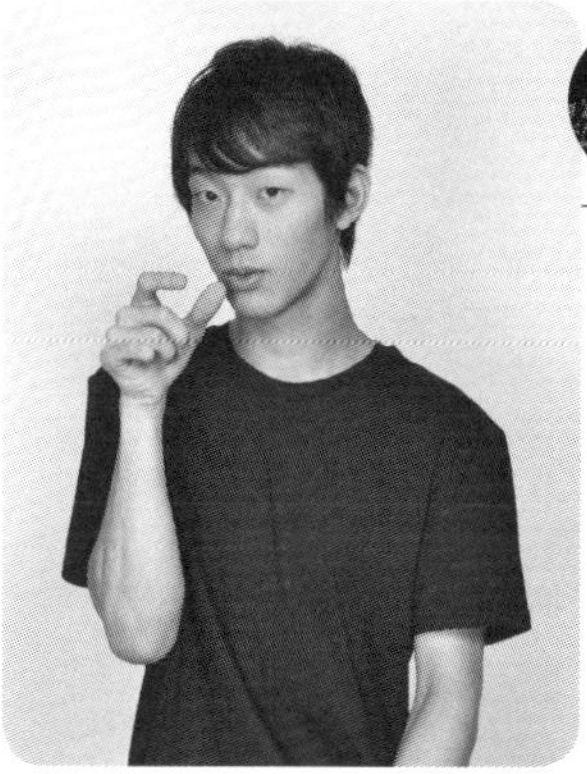

飲む

②右手の親指、人差指を軽く丸めて杯を持つようにし、口元で傾ける。

いいえ、もうお腹がいっぱいです

いいえ

①手の平を前に向けて振り、

満腹

②お腹に当てた右手の甲を、お腹の前に置いた左の手の平に当てる。

ごちそうさま

左手の甲に右手を垂直にのせ、右手を上げながら頭を下げる。

ONE POINT

食後のごちそうさま

食べ終わったときのあいさつ。

中心で両手を合わせる。

食事に関する単語集

朝食

①こめかみにあてたこぶしを引き下ろし、②手の平を上に向けた左手から右手の人差指、中指を口に運ぶ。

昼食

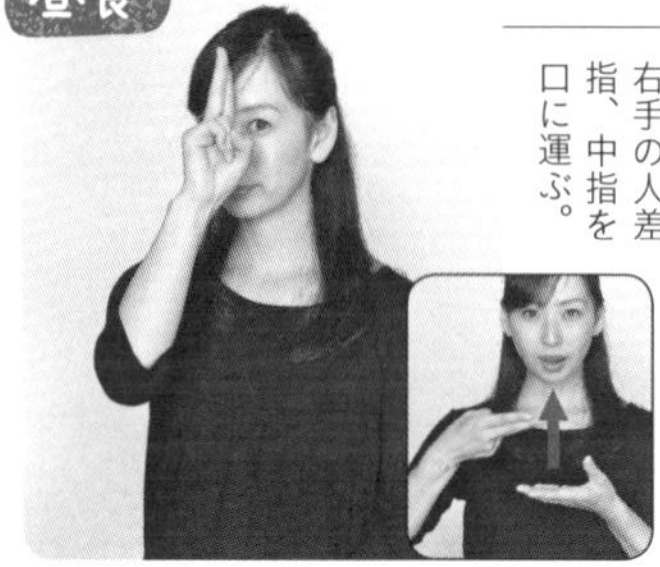

①人差指、中指を立て、前方から額の中央にあて、②手の平を上に向けた左手から右手の人差指、中指を口に運ぶ。

夕食

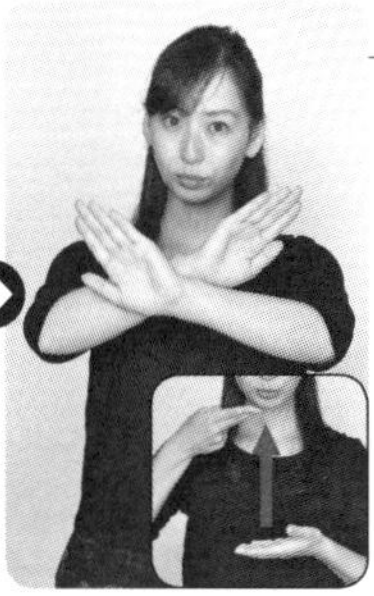

①手の平を前に向けて両手を立てて交差させ、②手の平を上に向けた左手から右手の人差指、中指を口に運ぶ。

弁当

左手の親指と4指で箱形を作り、右手でご飯を詰めるしぐさをする。

おやつ

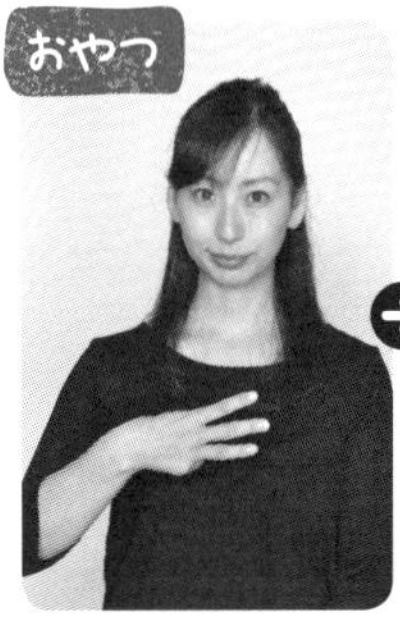

2回

①右手3指の甲を前にして横に伸ばし（数詞三）、②右手の親指、人差指を軽く曲げて口に2回近づける。

寿司

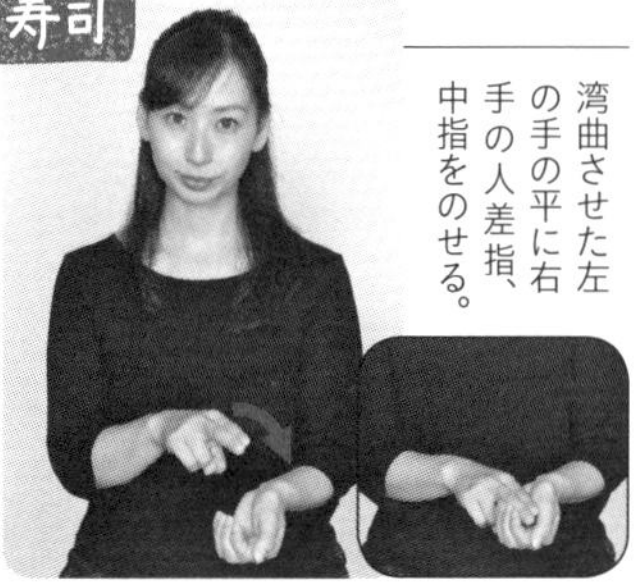

湾曲させた左の手の平に右手の人差指、中指をのせる。

定食

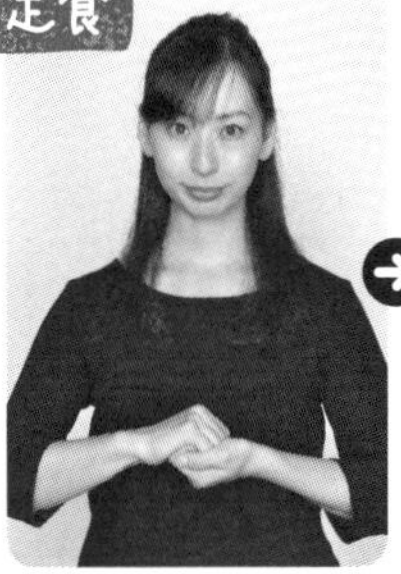

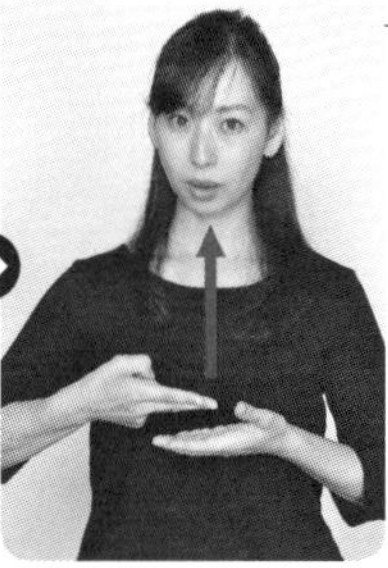

①両手4指を曲げて上下に組み合わせ、②手の平を上に向けた左手から右手の人差指、中指を口に運ぶ。

ハンバーガー

両手を口元に近づけ、ハンバーガーを食べるしぐさをする。

パスタ

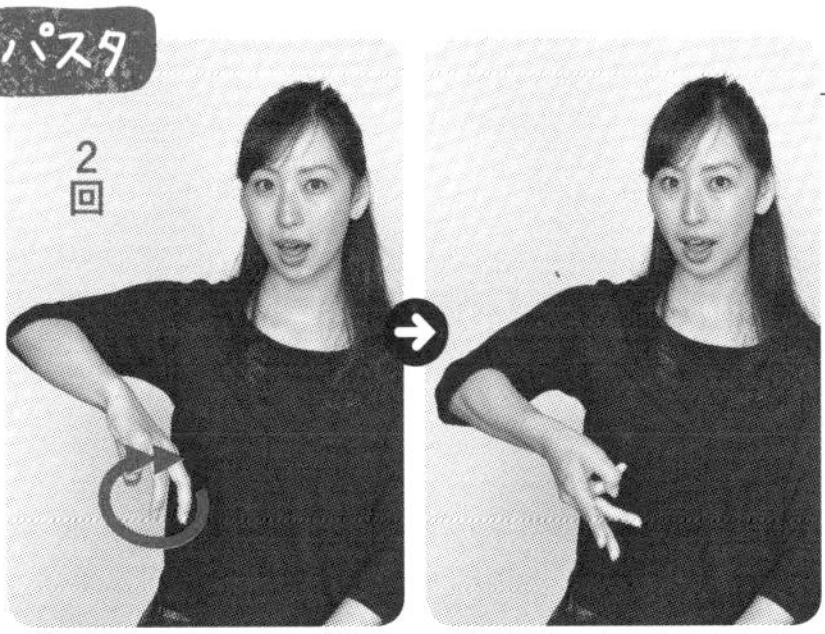

右手の人差指、中指、薬指を伸ばして下に向けて2回、半回転する。

焼肉

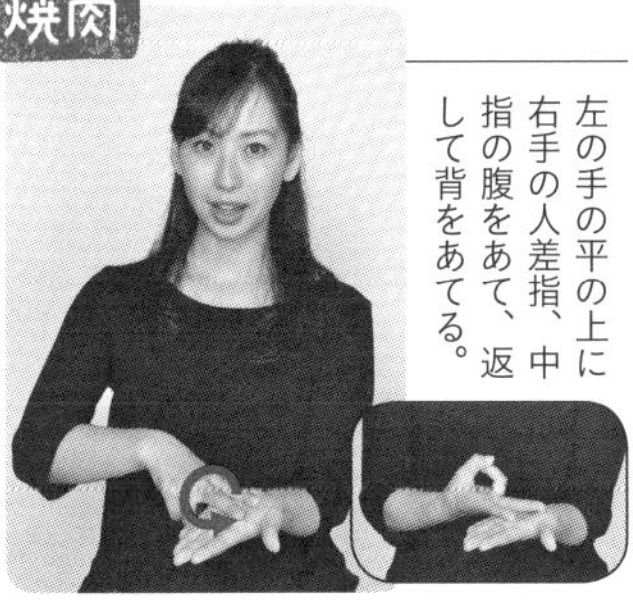

左の手の平の上に右手の人差指、中指の腹をあて、返して背をあてる。

カレーライス

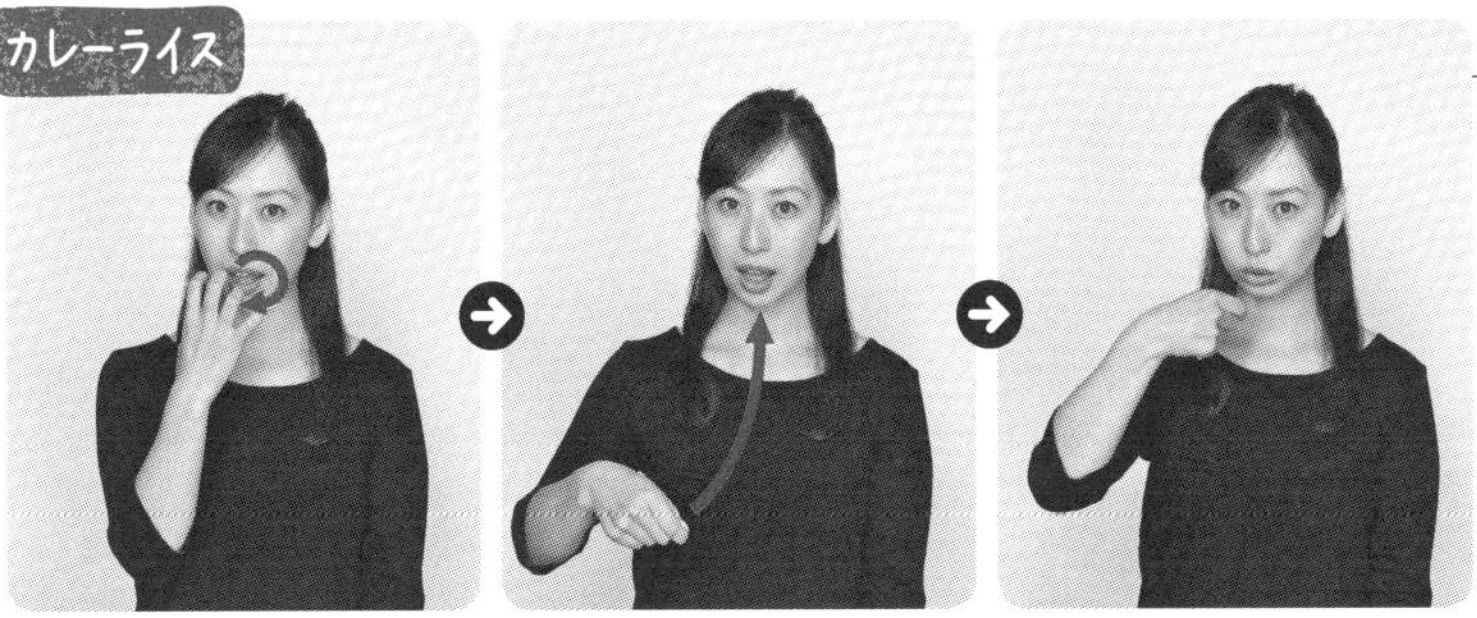

①軽く曲げた右手5指を口のまわりを一周させ、②スプーンを口に運ぶしぐさをする。

パン

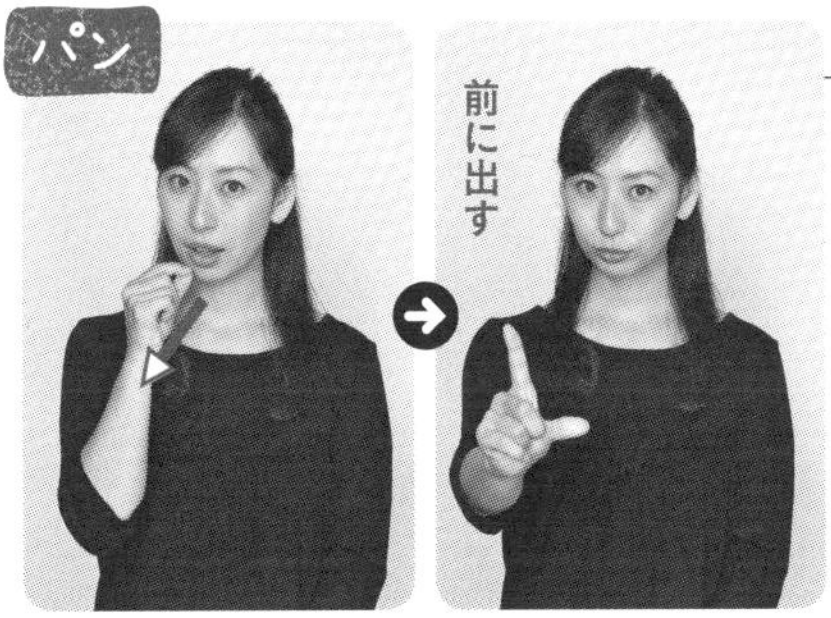

つまんだ右手の親指、人差指を口元にあて、直角に開きながら前に出す。

サンドイッチ

左手で右手4指を挟み、サンドイッチを食べるしぐさをする。

味噌汁

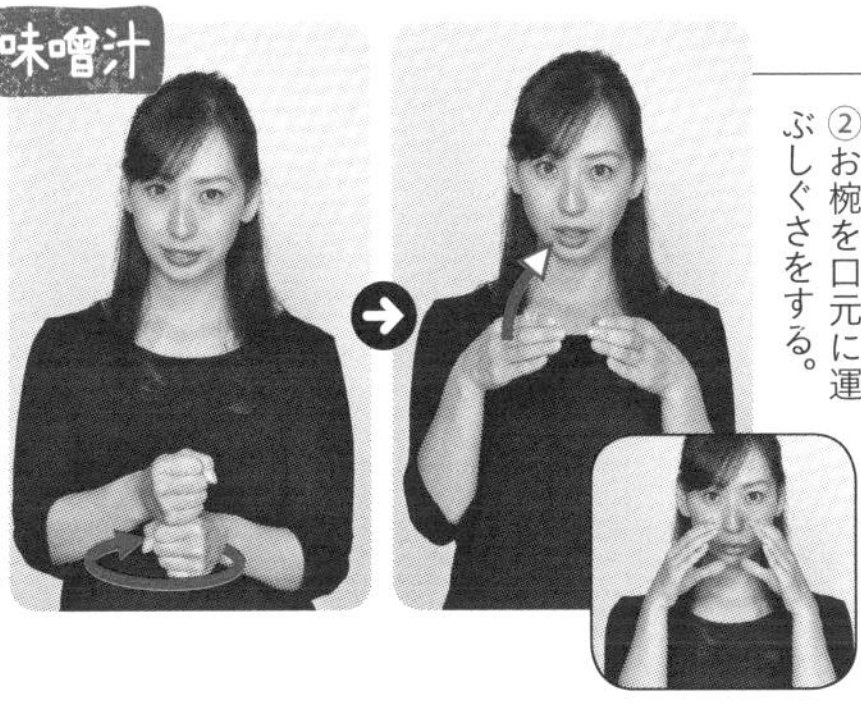

①両方のこぶしを上下に重ね、同時に水平に回し、②お椀を口元に運ぶしぐさをする。

デザート

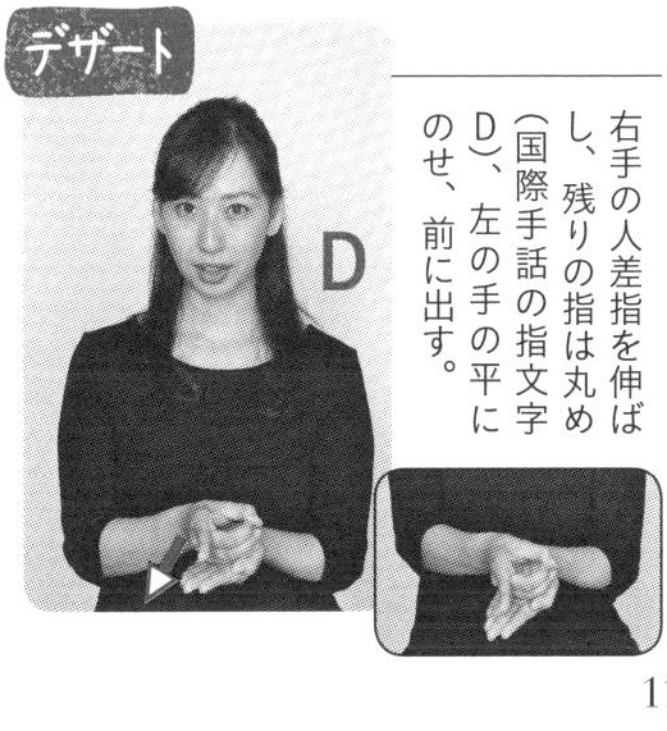

右手の人差指を伸ばし、残りの指は丸め(国際手話の指文字D)、左の手の平にのせ、前に出す。

食事に関する単語集

パフェ

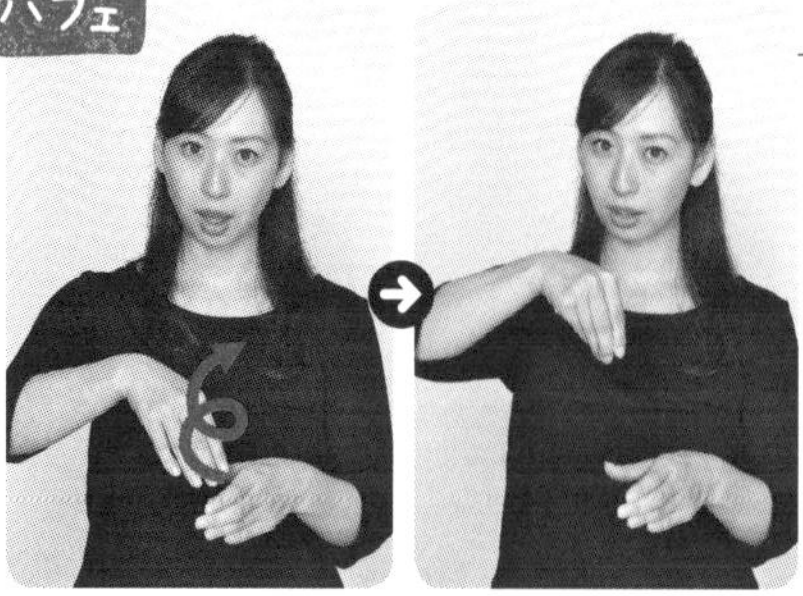

丸めた左手から、指先を下に向けた右手をひねり上げる。

チーズ

両方の手の平を上下に合わせ、逆方向に手首をひねってすり動かす。

おにぎり

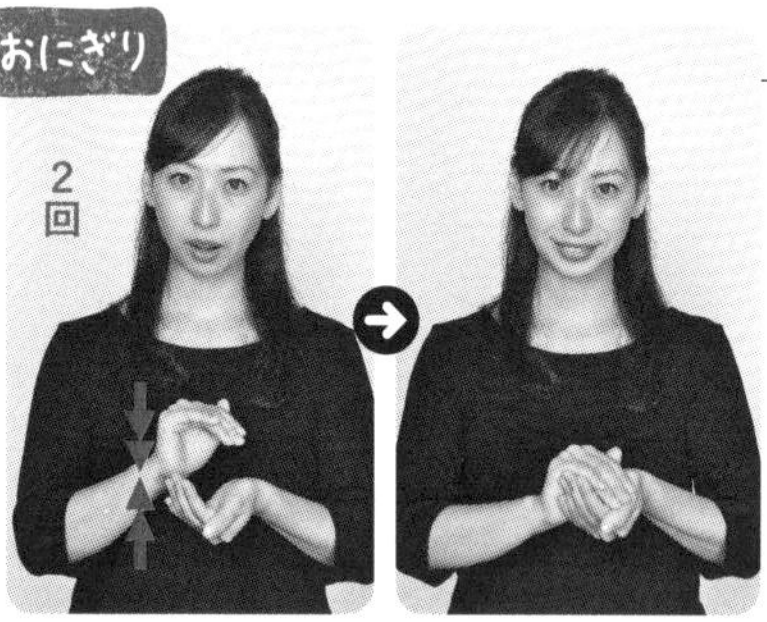

湾曲させた両方の手の平を近づけ、おにぎりを握るしぐさをする。

ケーキ

左の手の平に、指先を左に向けた右手を上からあて、指先を前に向けてもう一度あてる。

納豆

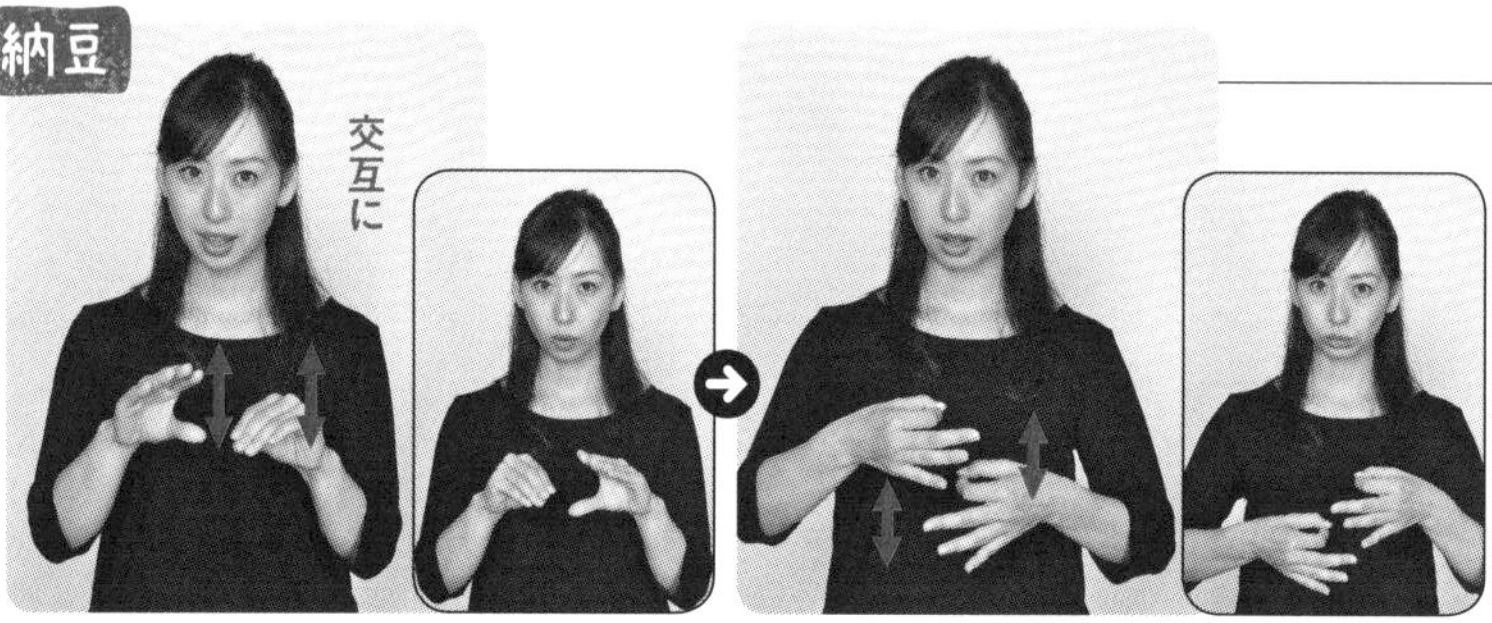

①親指と4指を前に向けた両手を交互に開閉し、②両手の親指と人差指で輪を作り、交互に上下する。

サラダ

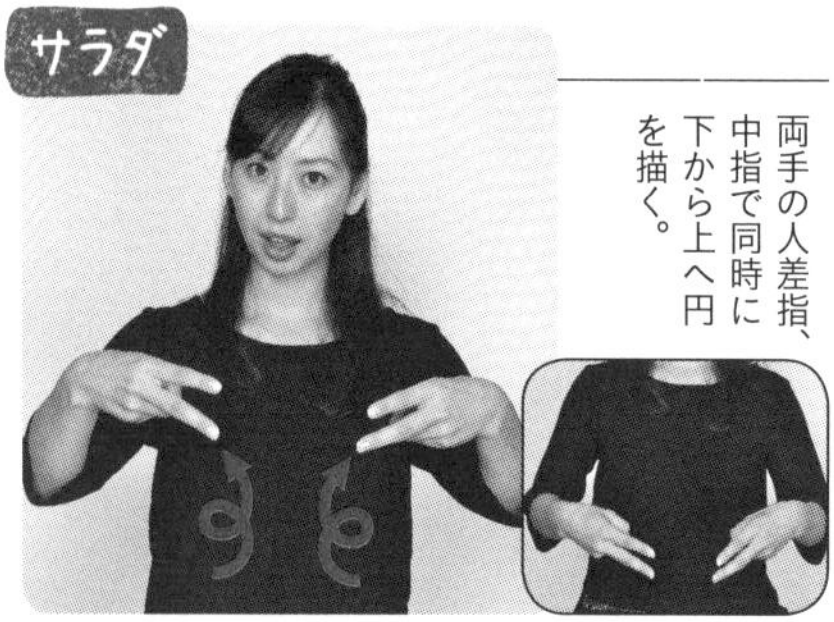

両手の人差指、中指で同時に下から上へ円を描く。

スープ

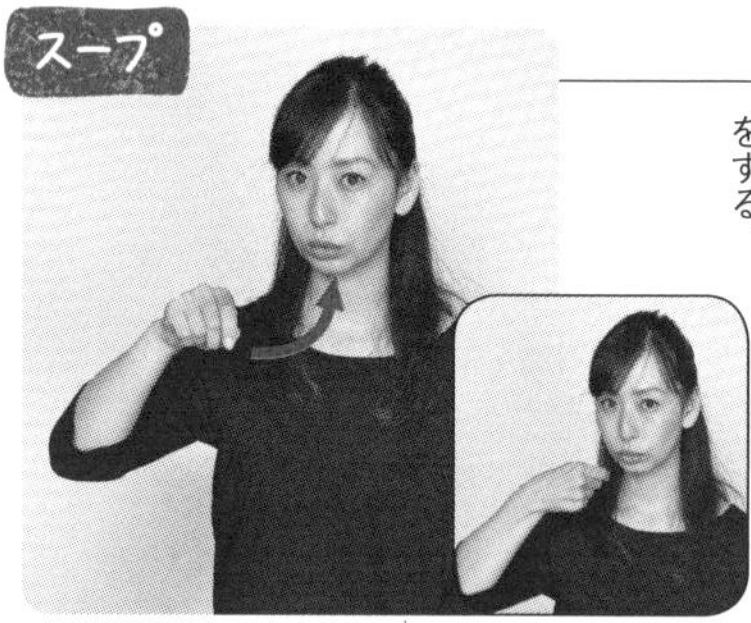

スプーンでスープを飲むしぐさをする。

水①

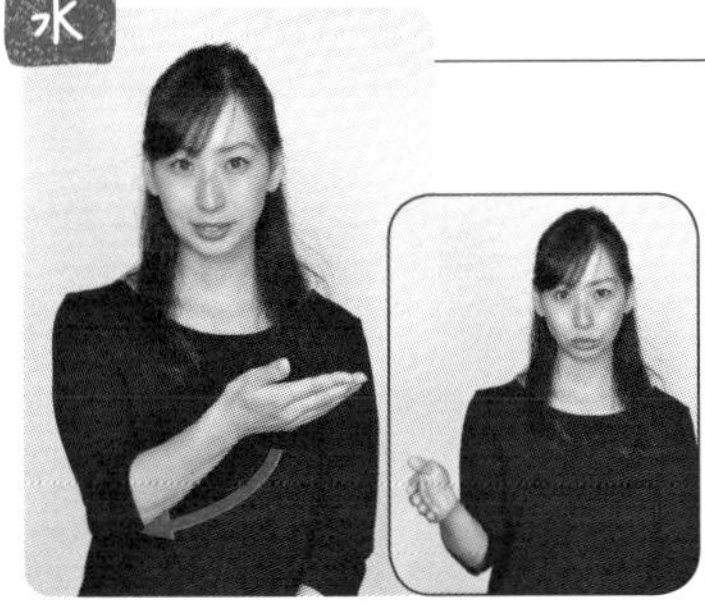

手の平を上に向けた右手を斜め右下へ引く。

水②

湾曲させた右の手の平を口元にあて、回し上げる。

コーヒー

左手でカップを作り、右手でかき混ぜるしぐさをする。

紅茶

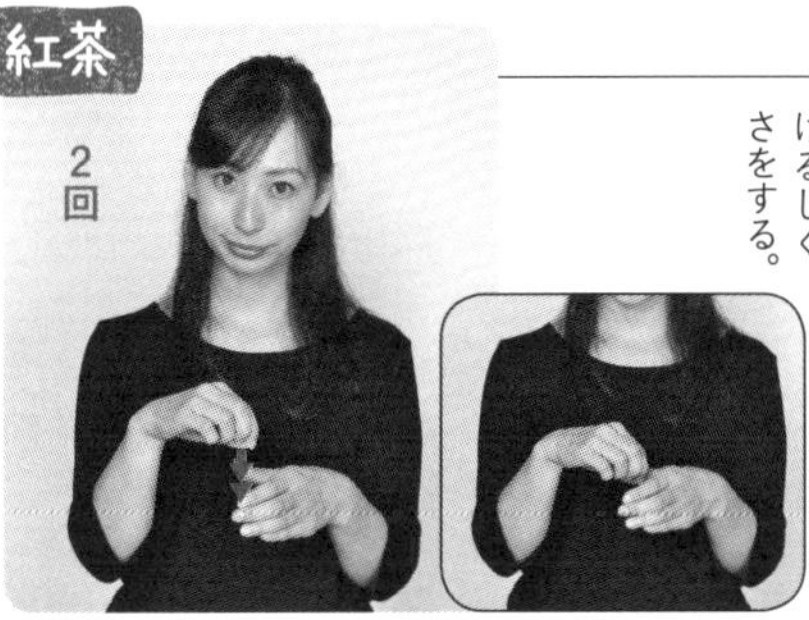

左手で作ったカップの上で右手を上下させてティーバッグをつけるしぐさをする。

アイスコーヒー

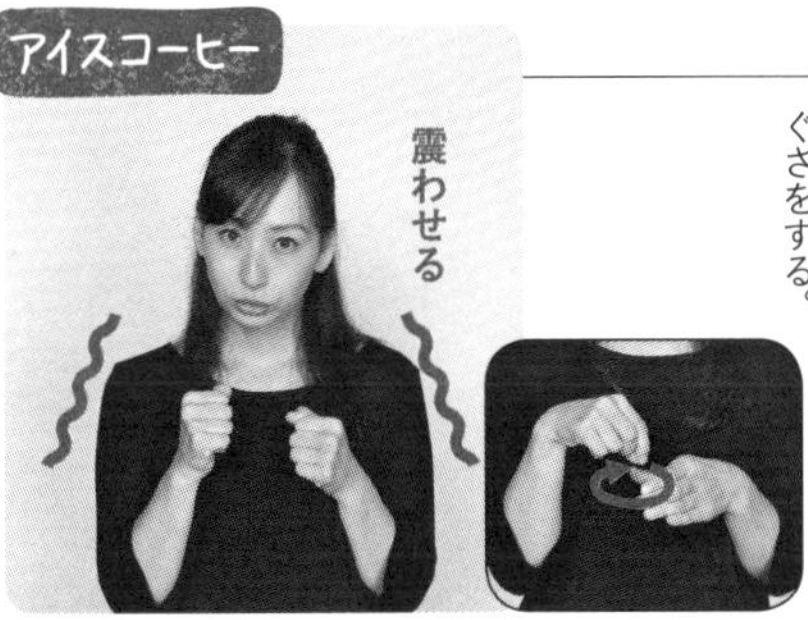

①両方のこぶしを向かい合わせ、左右に震わせ、②カップを作り、かき混ぜるしぐさをする。

日本茶

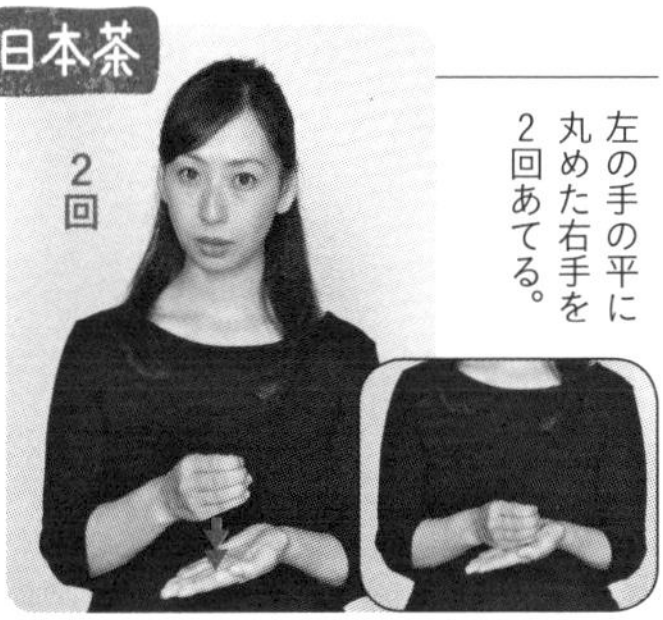

左の手の平に丸めた右手を2回あてる。

ジュース

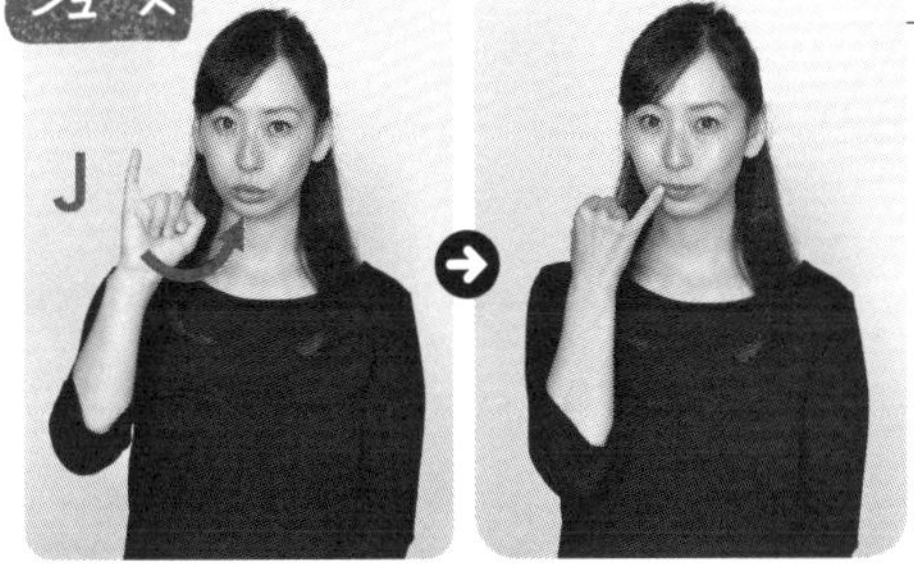

右手の小指を立てて手首を倒しながら返し（指文字J）、口元にあてる。

ミルク

右のこぶしの中指を少し盛り上げて口元にあてる。

食事に関する単語集

アイスクリーム

右手を軽く握り、口元で上から下に2回動かす。

ワイン

右手の人差指、中指、薬指を前に向けて立て、水平に回す。

ビール

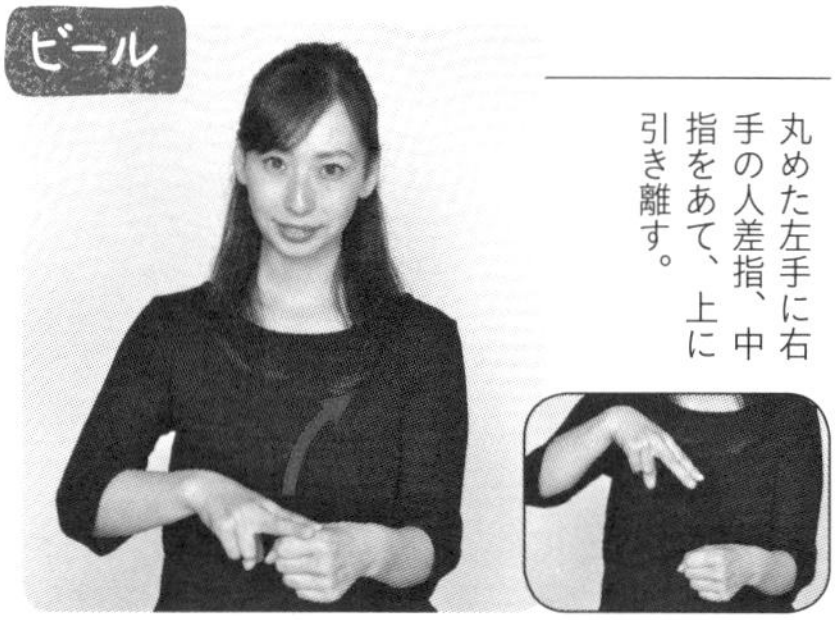

丸めた左手に右手の人差指、中指をあて、上に引き離す。

カクテル

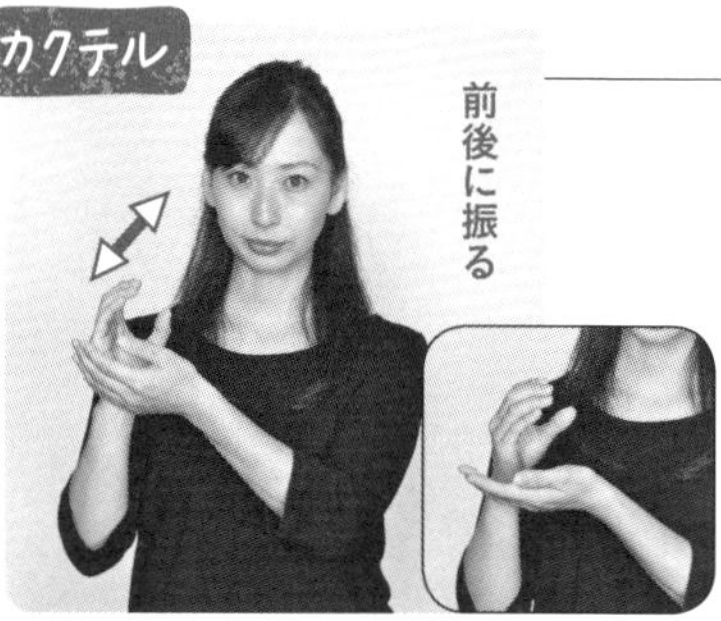

シェイカーを振るしぐさをする。

日本酒

右手の人差指、中指の指先を口元から額にあてる。

ウイスキー

立てた右手の人差指、中指、薬指の人差指側を口元にあてる。

シャンパン

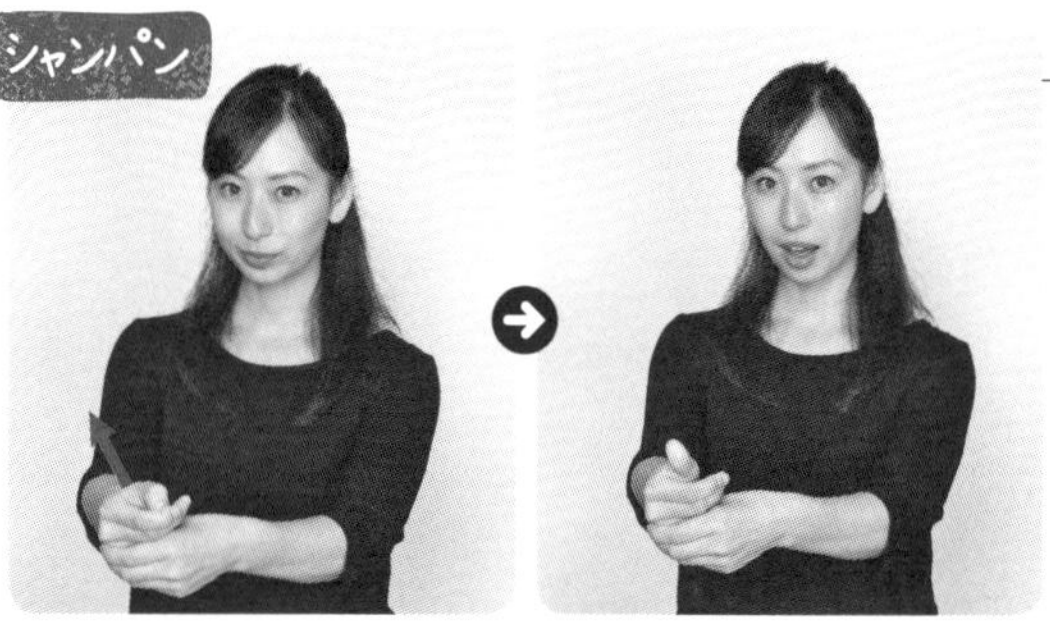

軽く握った右手を左手で包み、右手の親指を弾くように立てる。

ONE POINT

調味料を表現してみよう

料理に欠かせない調味料を手話で表します。

塩

指先を左に向けた右手の人差指を口元にあて、左右に動かす。

砂糖

右の手の平を口に向け、なめるように回す。

味噌

両方のこぶしを上下に重ね、同時に水平に右に回す。

しょうゆ

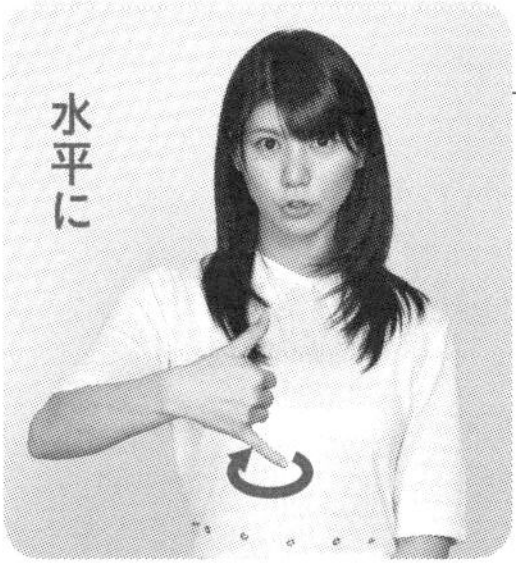

甲を前に向けた右手の親指、小指を伸ばし、水平に右に回す。

マヨネーズ

①右手の人差指を口元にあて、右から左に引き、

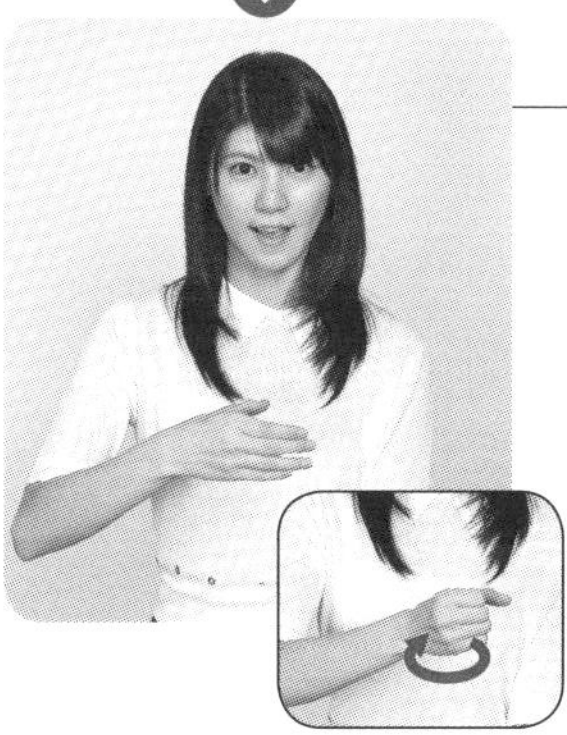

②右手を絞るように握りながら、水平に右に回す。

Kaimono-ni-Ikou

買い物に行こう〈店員編〉

いらっしゃいませ

両方の手の平を上に向け、右上から左下手前に引く。

ありがとうございました

①左の手の甲に、右手を垂直にのせ、右手を上げ、

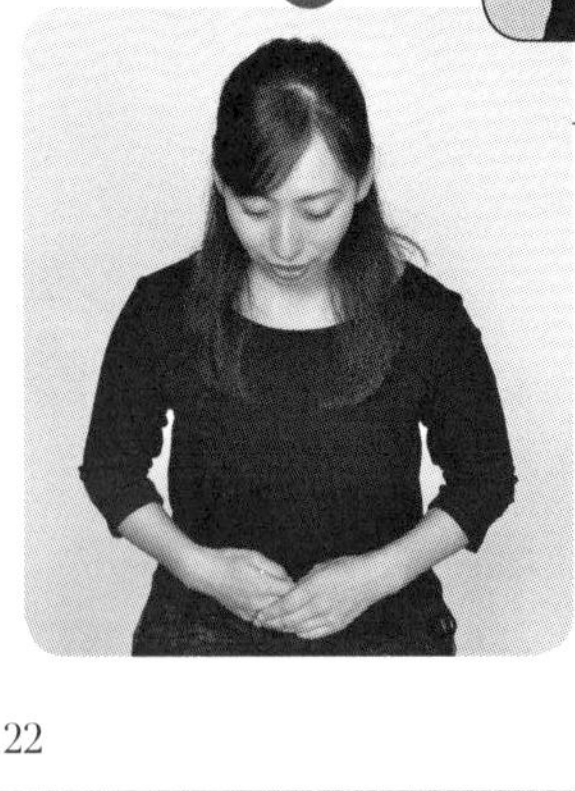

②両手を重ねてお辞儀をする。

少々お待ちください

少々

①手の平を内側に向けた両手を左右に動かして2回クロスさせ、

待つ

②右手4指の背をあごにあて、

お願い

③右手を前に差し出しながら頭を下げる。

お待たせしました

①右手4指の背をあごにあて、

②つまんだ右手の親指、人差指を眉間にあて、

③右手を前に差し出しながら頭を下げる。

またお越しください

また

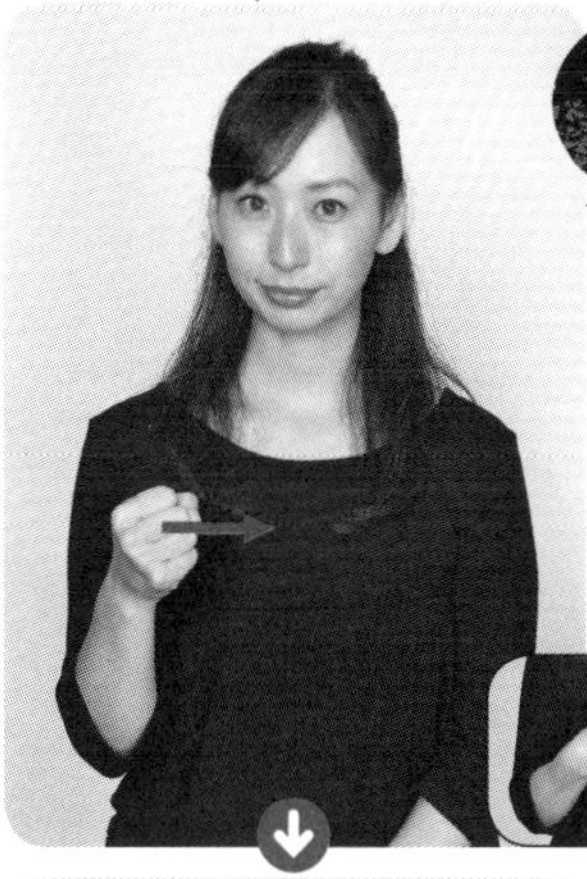

①右のこぶしの手首を返しながら、人差指、中指を左方に伸ばし、

お越しください

②両方の手の平を上に向け、右上から左下手前に引き、

③右手を前に差し出しながら頭を下げる。

買い物に関する単語集

スカート

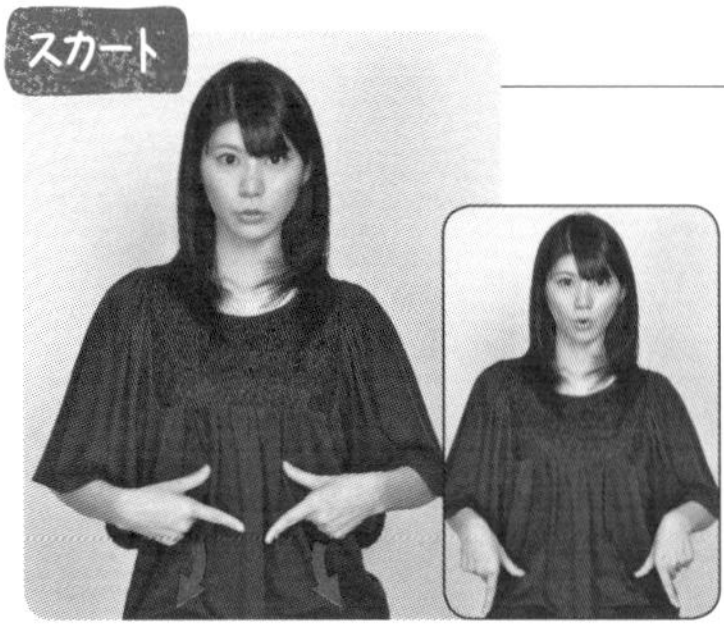

広げた両手の親指と人差指を腰から斜め下へ下ろす。

ズボン

両手の親指、人差指を向かい合わせ、腰から右足に下ろし、腰から左足に下ろす。

ミニスカート

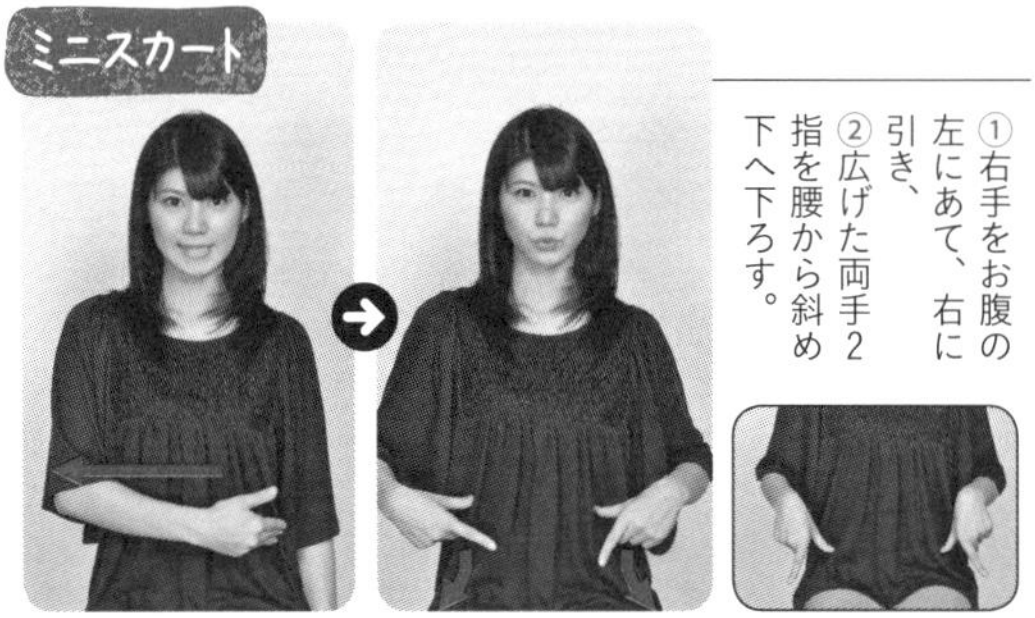

①右手をお腹の左にあて、右に引き、②広げた両手2指を腰から斜め下へ下ろす。

帽子

頭の横で両手4指と親指を向かい合わせにし、下に下ろしながら閉じる（帽子の形）。

セーター

①両手の人差指をクロスさせて細かく動かし、毛糸を編むしぐさをし、②広げた両手で体をなで下ろす。

ワンピース

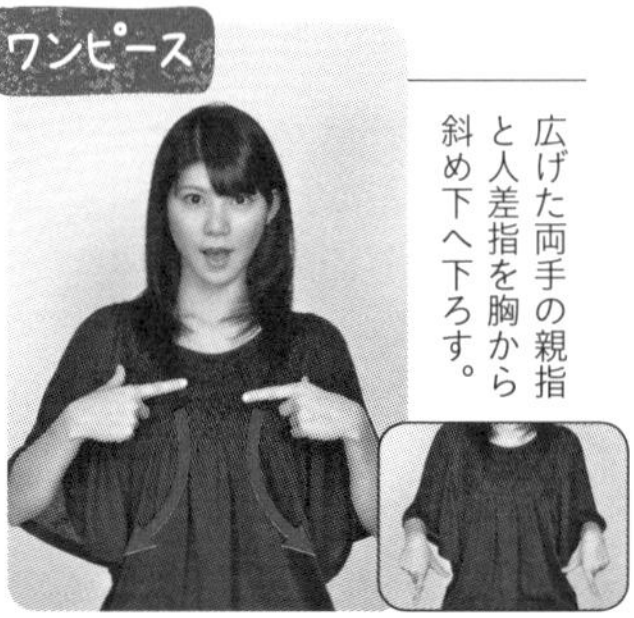

広げた両手の親指と人差指を胸から斜め下へ下ろす。

Tシャツ

①両手の人差指で「T」の字を示し、②広げた両手で体をなで下ろす。

バッグ

バッグの取っ手を持つように、右のこぶしを軽く握る。

靴

左の手の平のつけ根の下に、つまんだ右手の親指、人差指をあて、右手を回し上げる。

ピアス

右手の親指、人差指で耳たぶを挟む。

いす

伸ばした左手の人差指、中指に、右手の折り曲げた人差指、中指をのせる。

テーブル

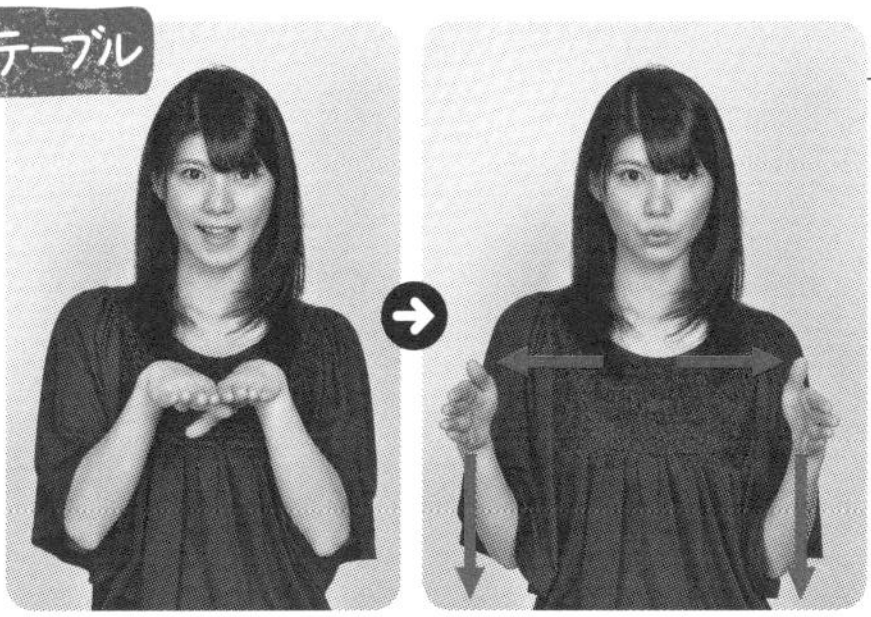

両手を並べ、テーブルの形を描くように左右へ引き離し、直角に下ろす。

メガネ

両手の親指、人差指を軽く丸め、目の横にあてる。

ハンカチ

①手を拭くしぐさをし、②両手の人差指で上から下にハンカチの形を描く。

サイズ

①指先を前に向け、つまんだ両手の親指、人差指をつけ、上下に引き離し、②左右に引き離す。

お金

右手の親指と人差指で輪を作り、左右に回すように振る。

Dēto-wo-Shiyou

デートをしよう

ねぇ、海に行かない？

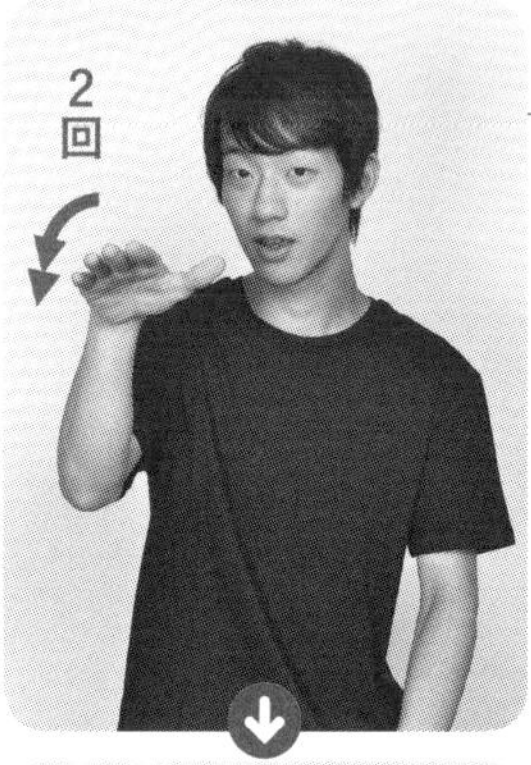

①呼びかけるように、指先を相手に向けて2回手首を上下させ、

海

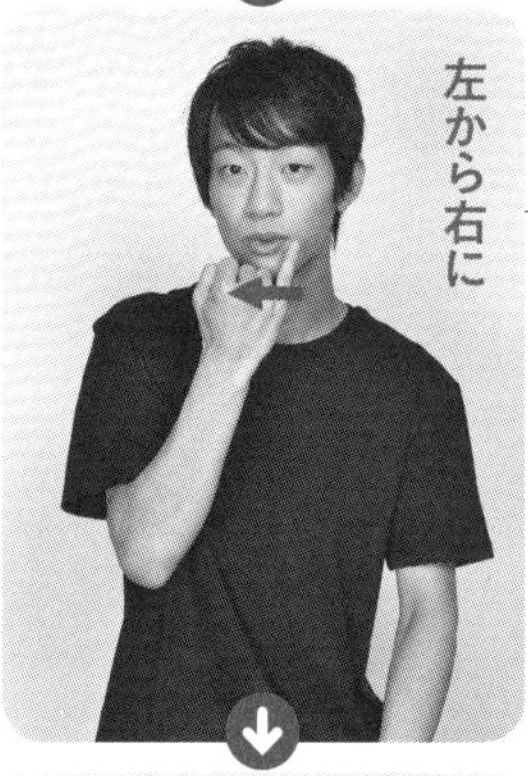

②右手の小指を口元にあて、左から右へ動かし、

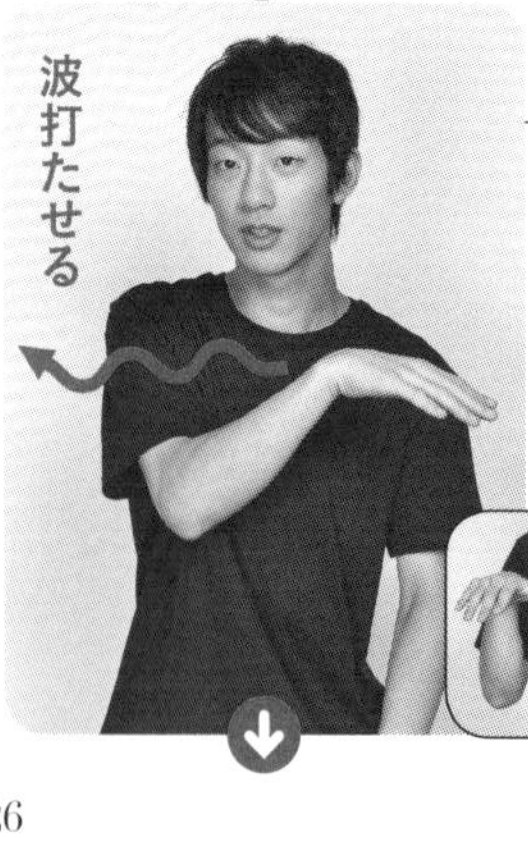

③手の平を下に、指を前に向けた右手を左から右へと波打たせ、

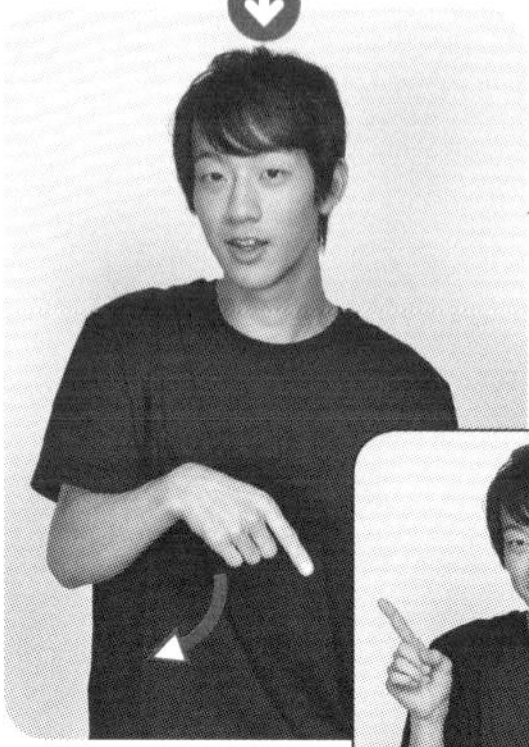

行く

④右手の人差指を胸から前に振り出す。

車を運転するよ

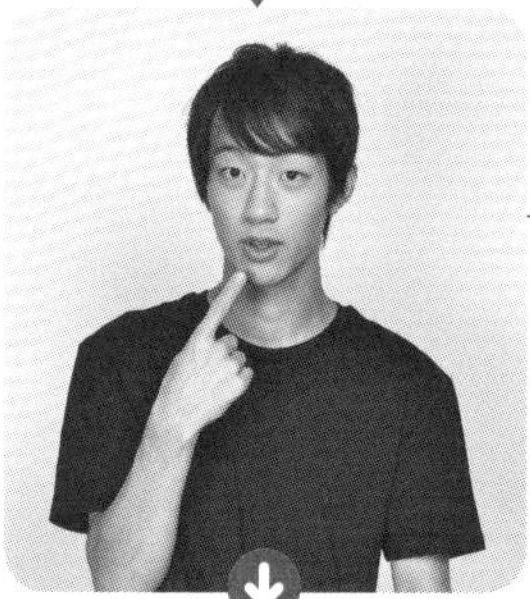

私

①自分を指し、

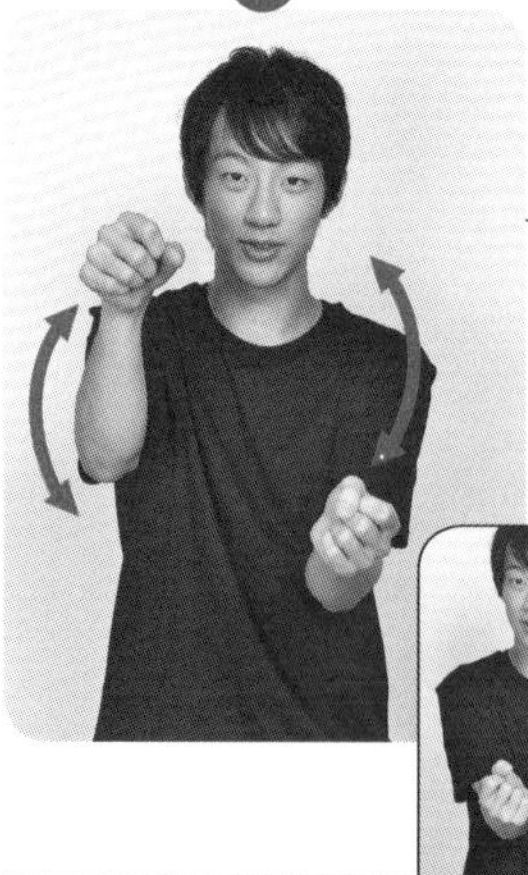

運転

②両手のこぶしを向かい合わせ、ハンドルを回すしぐさをする。

温泉に連れていってほしいな

温泉

①甲を前に向けて立てた右手の3指を左手で挟み、

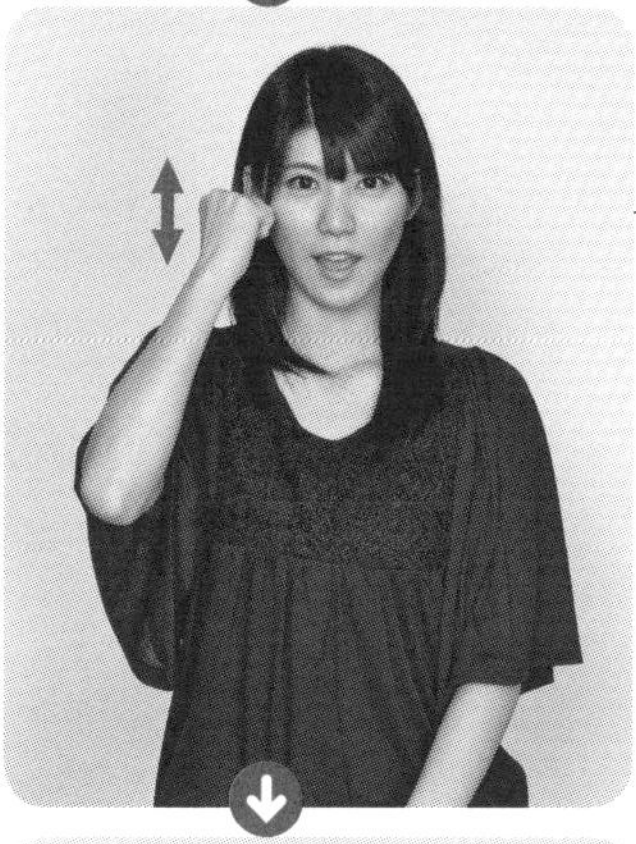

②右のこぶしで頬をこするしぐさをし、

一緒

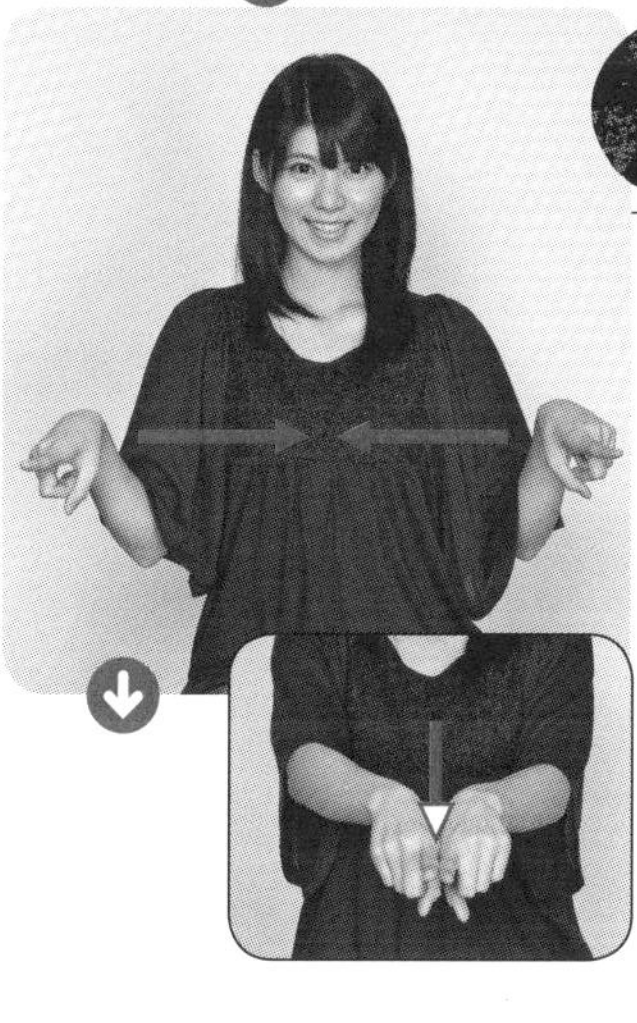

③人差指を伸ばした両手を、左右から近づけ、前に出し、

ほしい

④のどに向けて開いた右手の親指と人差指を斜め下に出しながら閉じる。

今日のデートは楽しかったね

今日

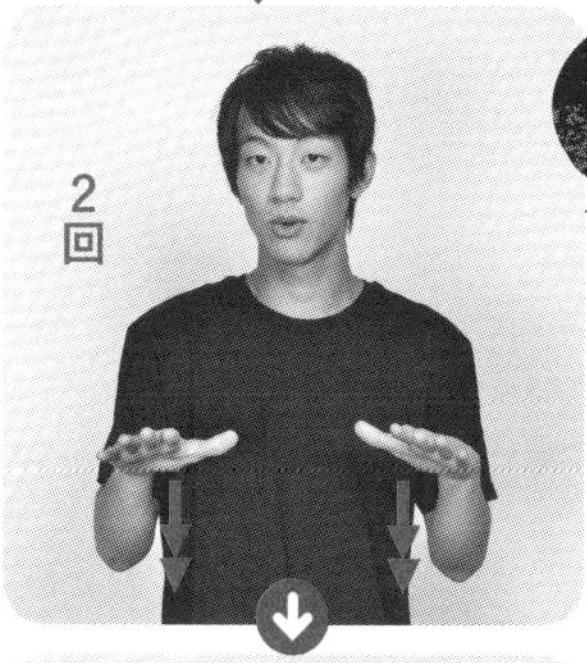

①両方の手の平を下に向け、軽く押さえるように2回下ろし、

デート

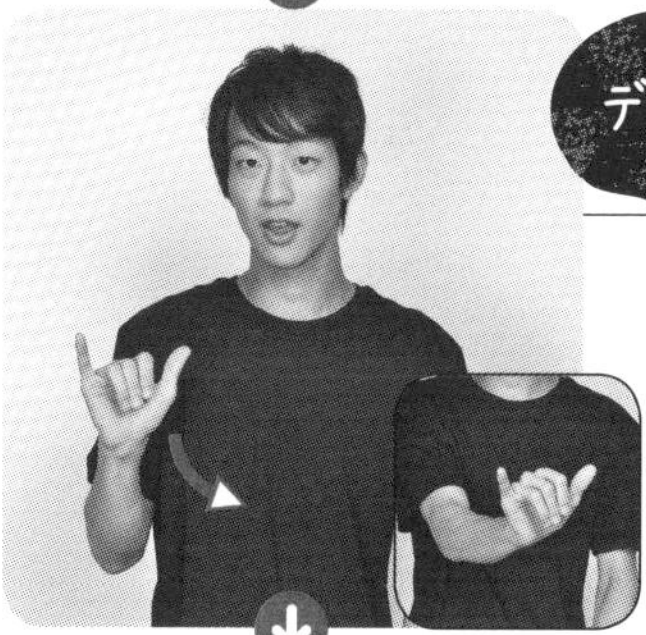

②右手の親指と小指を立て、前に出し、

楽しい

③湾曲させた両手の指先を胸につけ、交互に上下に動かす。

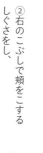

運転お疲れさま。ありがとう

運転

①両方のこぶしを向かい合わせ、ハンドルを回すしぐさをし、

お疲れさま

②右のこぶしで左腕を2回叩き、

ありがとう

③左手の甲に、右手を垂直にのせ、右手を持ち上げながら、頭を下げる。

もう少し一緒にいられる？

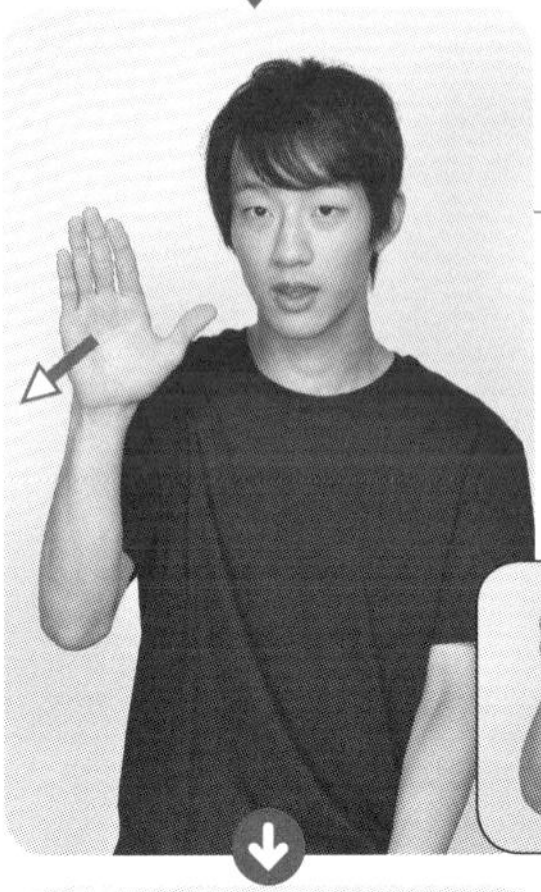

この後

①顔の横で手の平を前に向けて腕を立て、少し倒し、

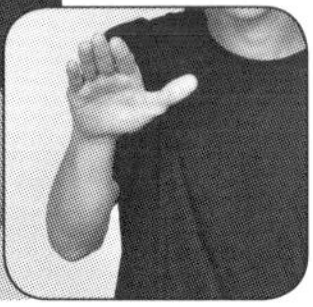

もう少し

②両手の親指、人差指を曲げ、左手の親指の下につけた右手を上に上げ、左手の人差指の先に右手の親指をつけ、

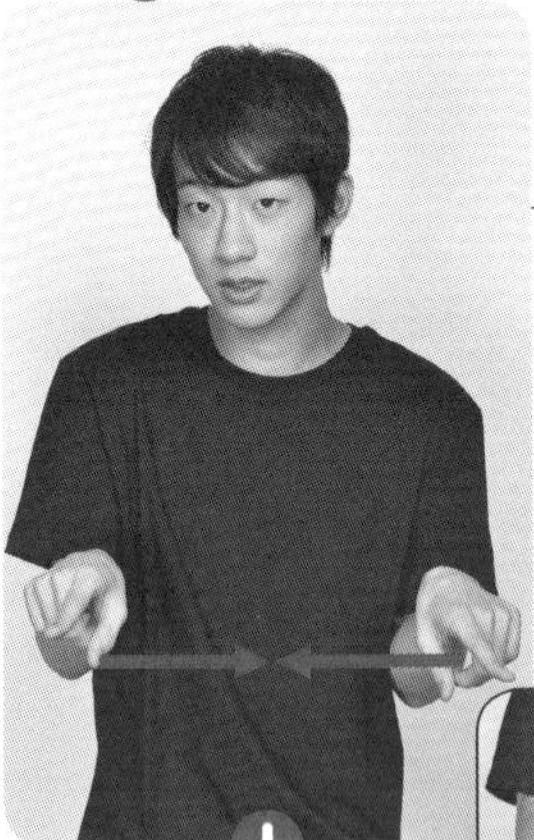

一緒

③人差指を伸ばした両手を、左右から近づけ、

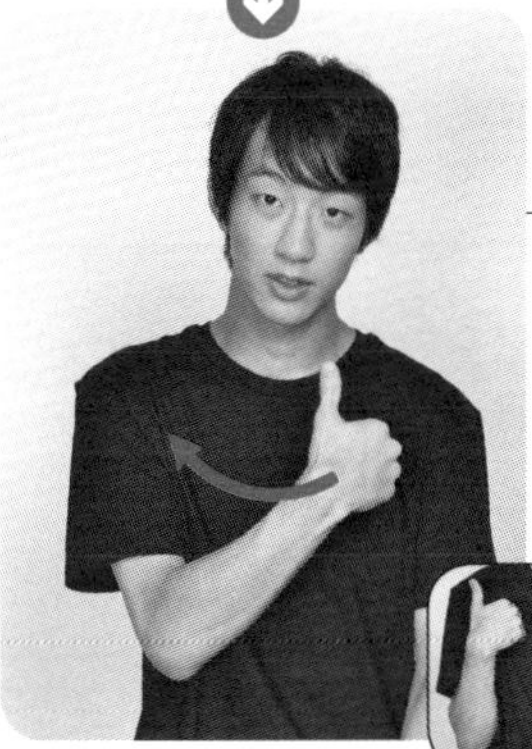

大丈夫?

④右手を軽く湾曲させ、指先を左胸につけ、弧を描いて右胸につける。

気をつけて帰ってね

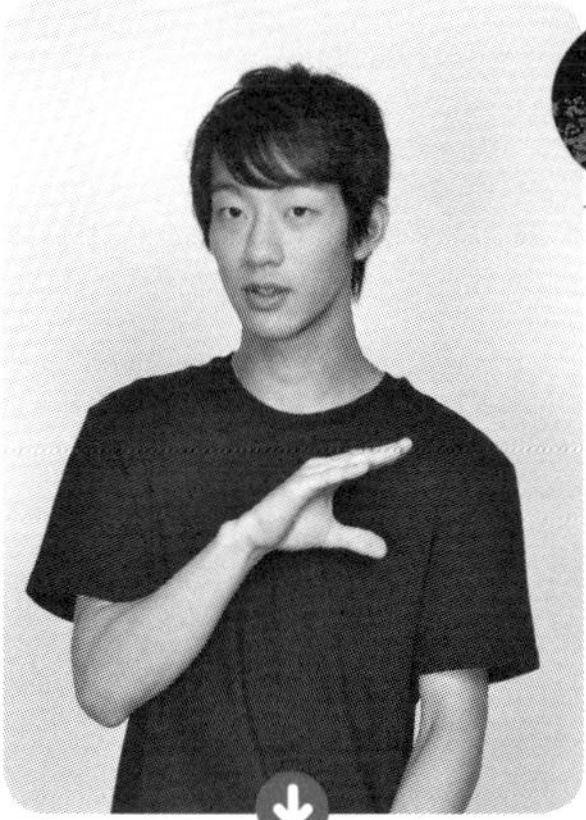

帰る

①右手の親指と4指を向かい合わせ、指先を左に向け、

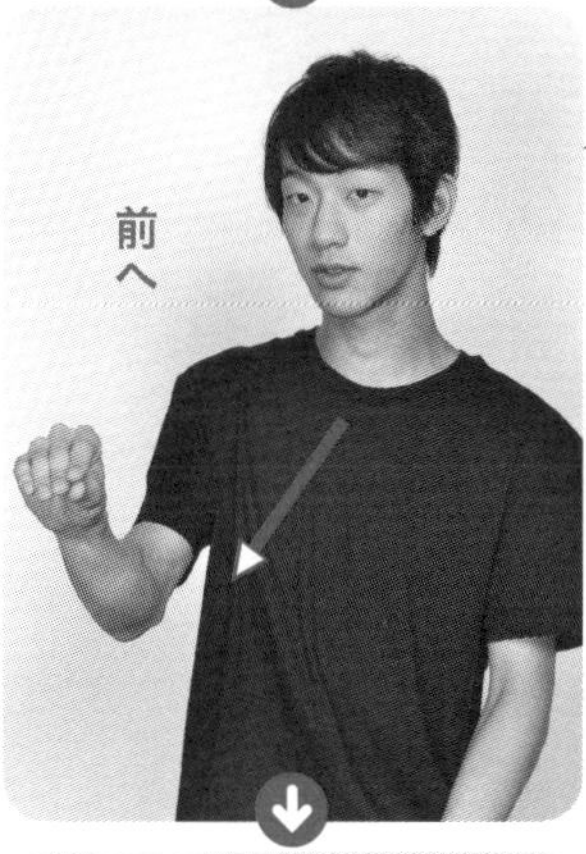

②指を閉じながら右前方へ出し、

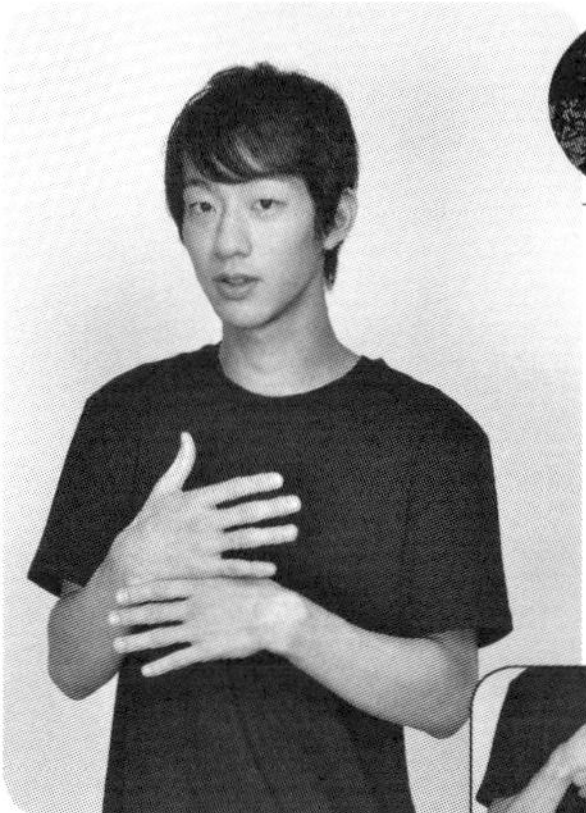

気をつけて

③両手を胸の前に上下に並べ、両手を引きつけてギュッと握る。

帰ったらメールをするね

帰る

①親指と4指を開いた右手を閉じながら斜め前に出し、

メールする

②右手の親指と人差指で輪を作り、前に出す。

Densha(Basu)-ni-Noru

電車(バス)に乗る

改札口はどこですか？

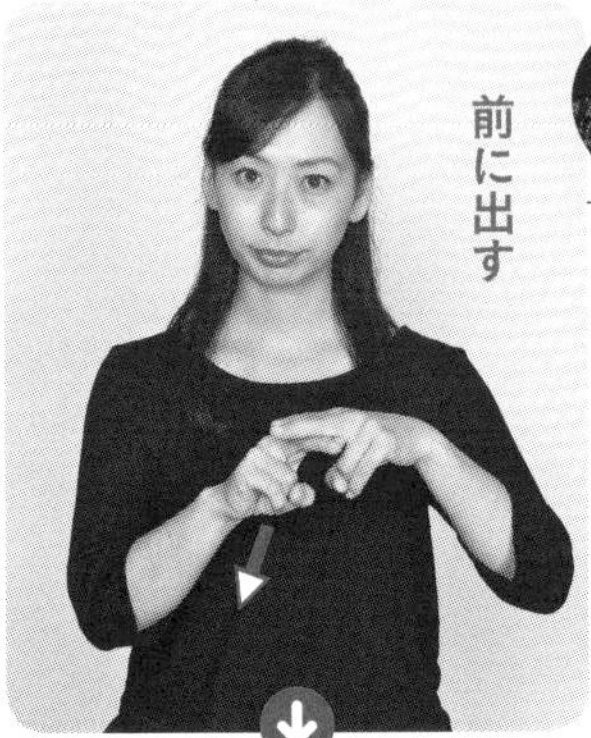

電車

①曲げた右手の人差指、中指を左手の人差指、中指の下につけて前に出し、

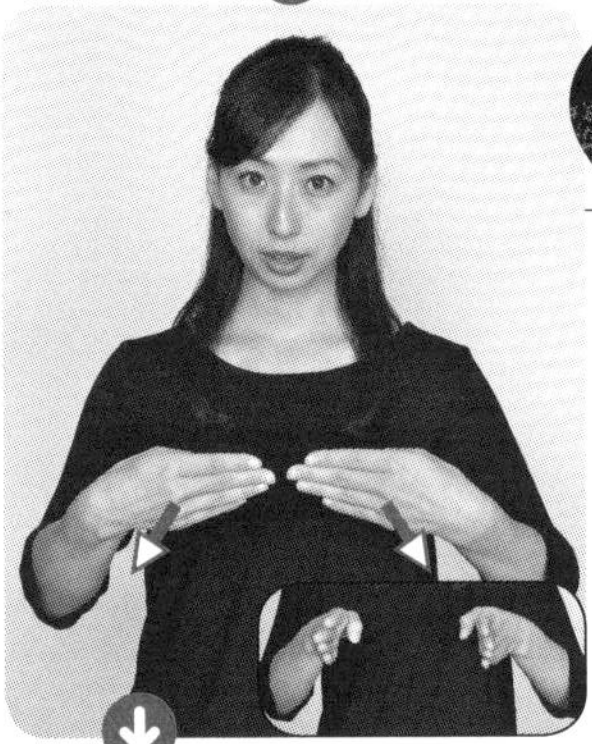

改札

②両手の指を揃え、甲を前に向けて指先を向かい合わせ、指先を同時に振り出し、

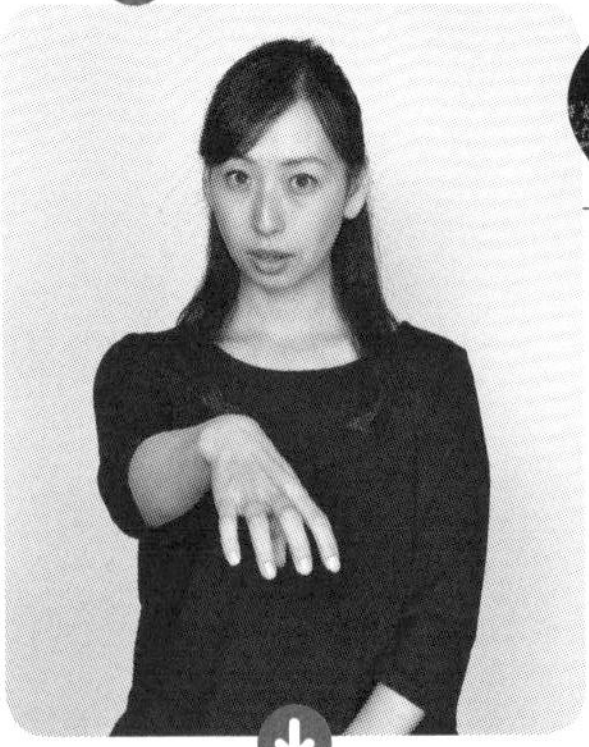

どこ？

③右手5指を折り曲げ、下に向けて軽く下ろし、

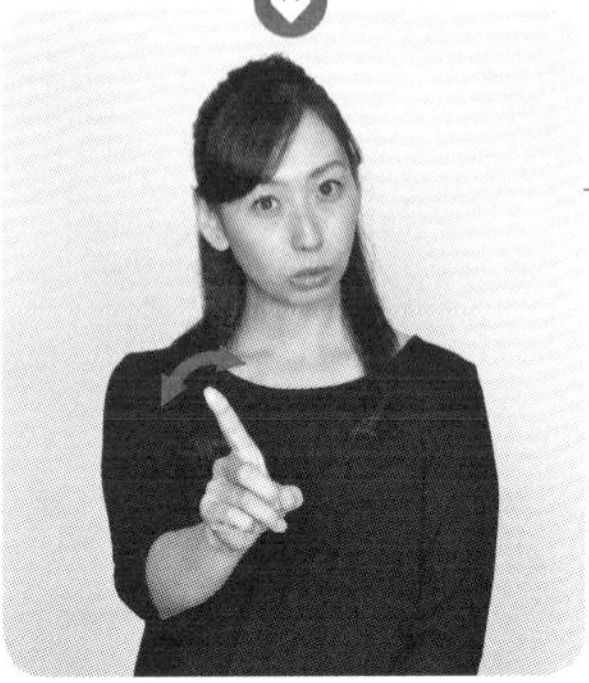

④人差指を顔の横で2回振る。

新幹線で行きます

新幹線

①5指を折り曲げて顔に向けた右手を前に出し、

行く

②右手の人差指を胸から前に振り出す。

両替をしてください

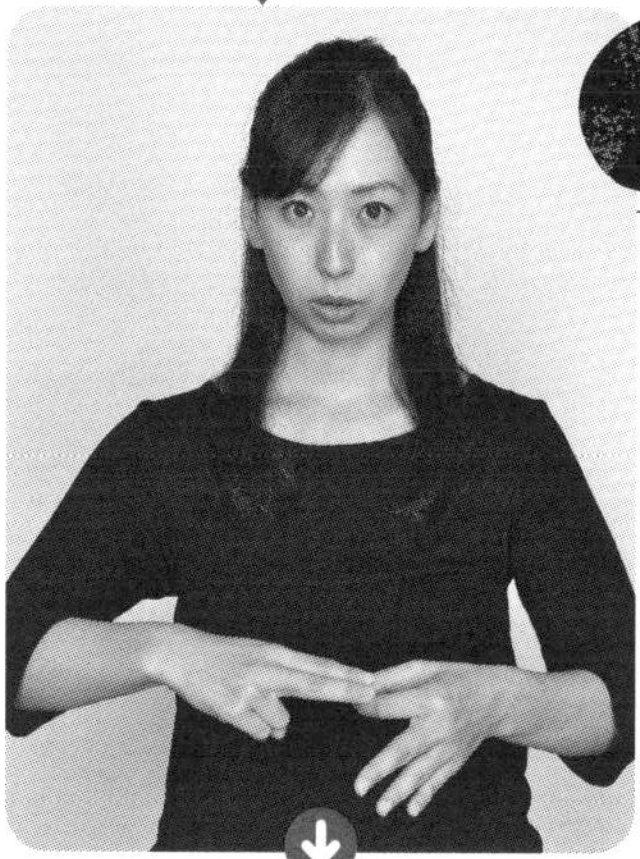

①左手の親指と人差指の輪に右手の人差指、中指をあて、

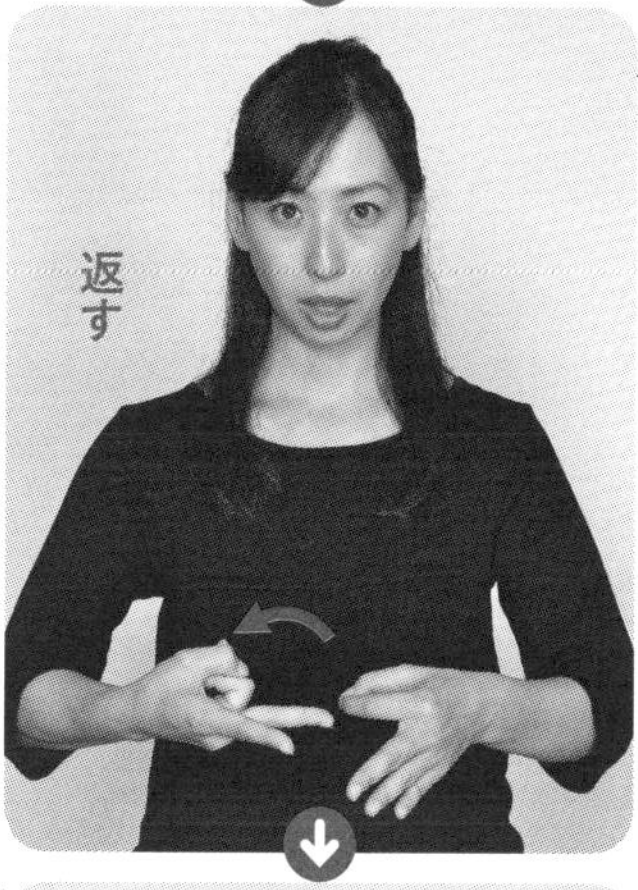

②右手を返して手の平を上に向け、

③右手を前に差し出しながら頭を下げる。

次で降ります

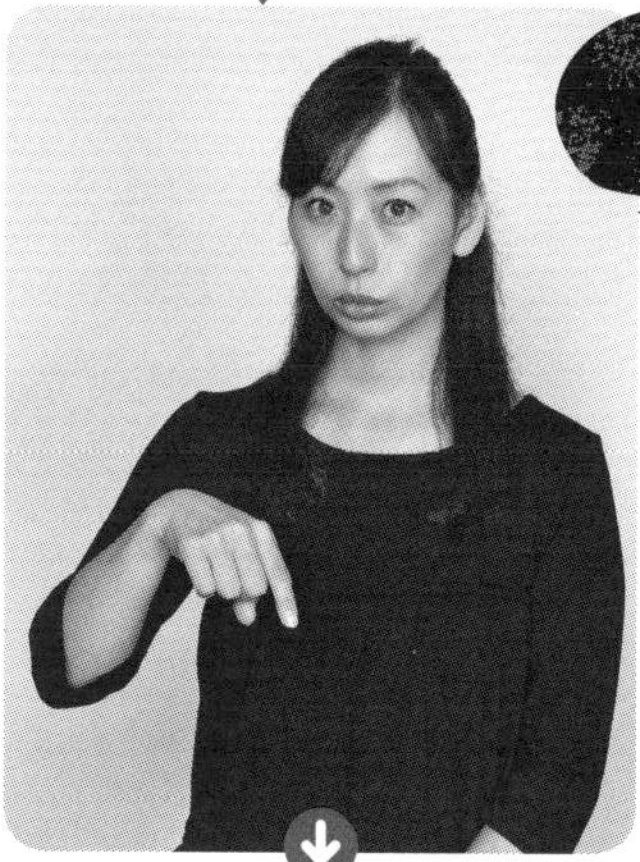

①甲を上にして指を差した右手を、

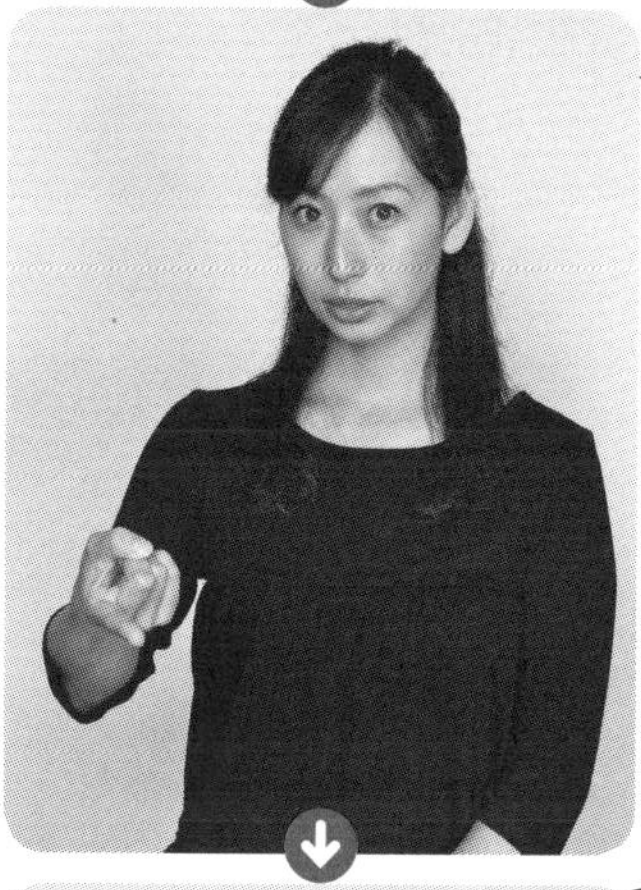

②右に返して手の平を上に向け、

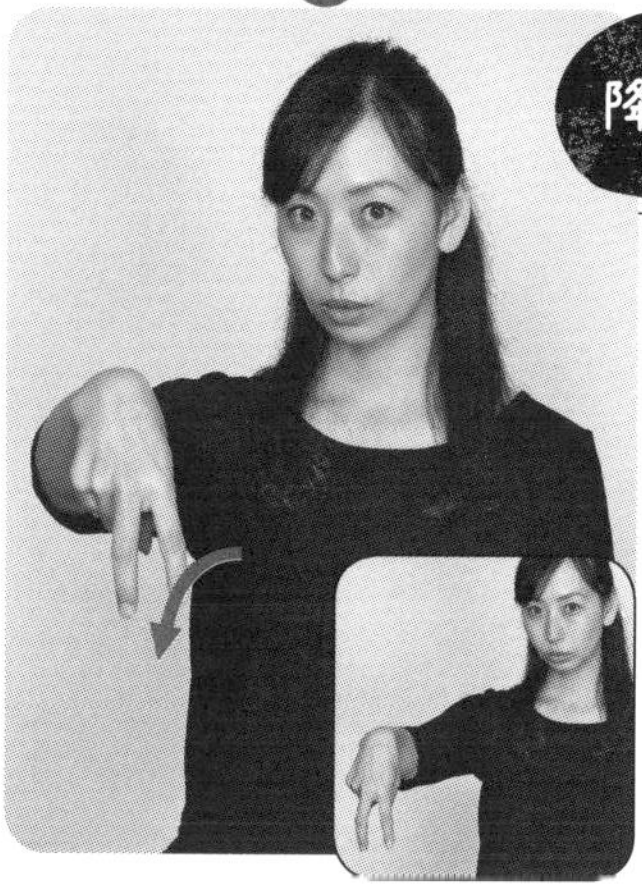

③右手の人差指、中指を下に向け、小さく弧を描いて下ろす。

Yakusho-deno-Taiou

役所での対応

どんなご相談ですか？

相談

①親指を立てた両手を左右から2回つけ合わせ、

内容

②甲を前にした左手の内側で下に向けた右手の人差指を回し、

何？

③人差指を顔の横で2回振り、顔を傾ける。

3階の窓口へ行ってください

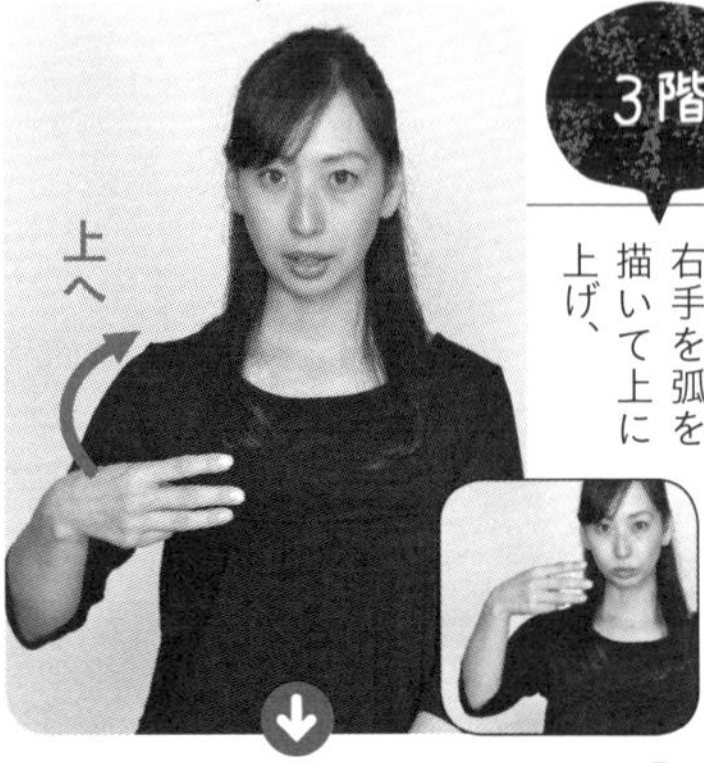

3階

①3指を左方に伸ばした右手を弧を描いて上に上げ、

窓口

②左手の甲に右の手の平をあて、右手4指を折り、

行ってください

③下に向けた右手の人差指を前に出し、右の指先を前方に向け、前に出しながら下げる。

印鑑をお持ちですか？

印鑑

3指を

①つまんだ右手3指を口元に向け、

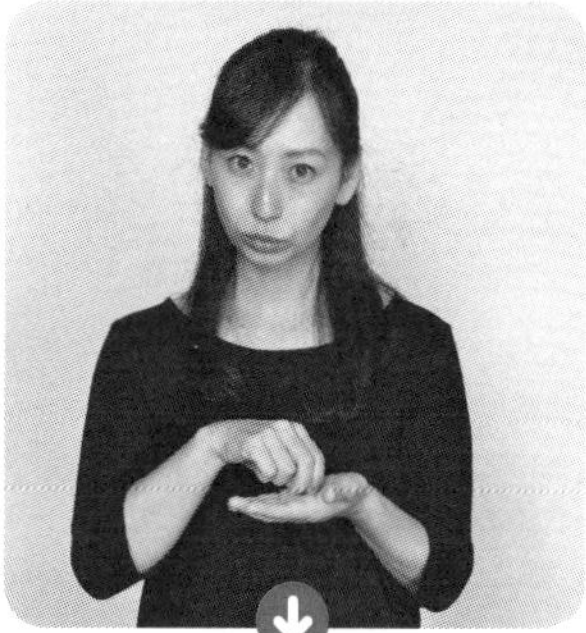

②左の手の平に「印を押す」ようにあて、

持つ

③右の手の平を上に向け、握りながら上げ、

〜ですか？

④手の平を上に向け、相手に差し出す。

こちらの用紙にご記入ください

①用紙を指さし、

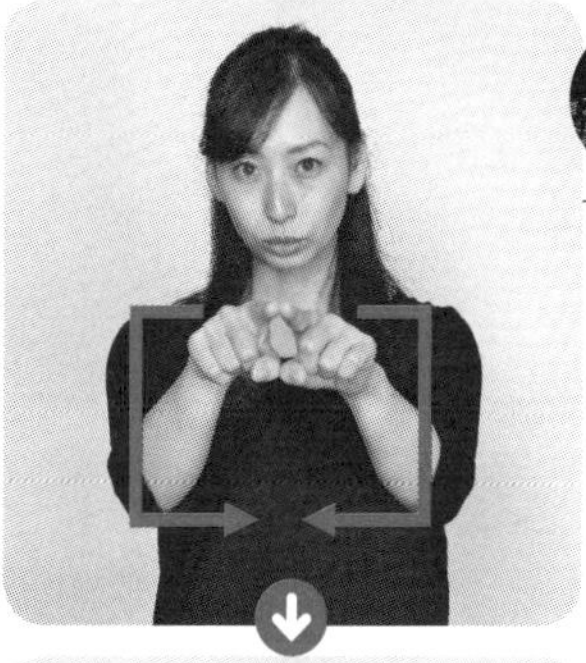

用紙

②両手の人差指で上から下に四角く用紙の形を描き、

記入

手前に引く

③つまんだ右手の親指、人差指を手前に引き、書くしぐさをし、

お願い

④右手を前に差し出しながら頭を下げる。

Toshokan-deno-Taiou

図書館での対応

この本はどこにありますか？

この本

①右手の人差指でメモなどを指し、

②両手を合わせ、小指側をつけたまま開き、

どこ？

③右手5指を下に向けて下げ、

④右手の人差指を振る。

ご案内します

私

①自分を指し、

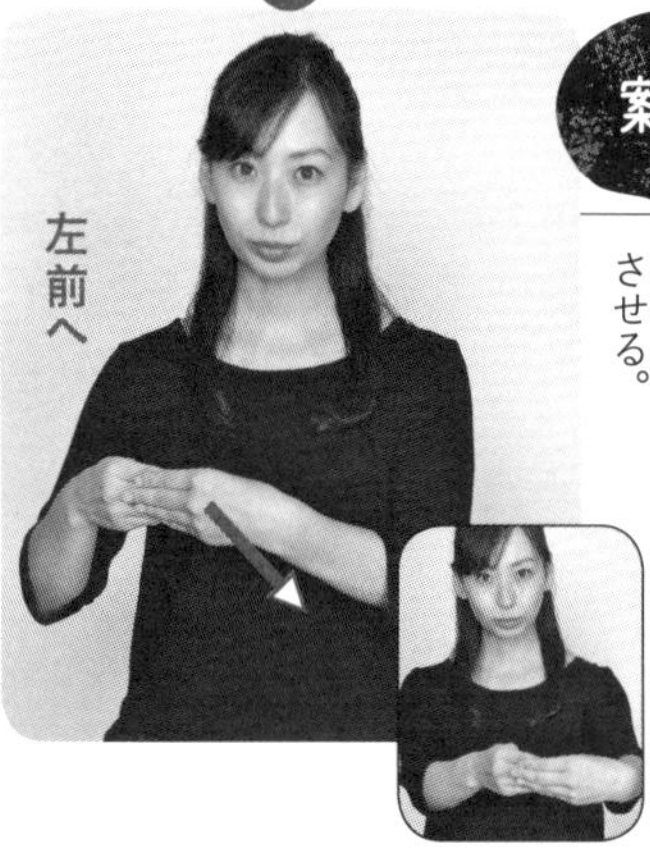

案内

②左手で右の手先をつかみ、左手をそのまま左前に移動させる。

予約しますか？

予約

①両方の小指を上下で絡ませ、

～ですか？

②右の手の平を上に向け、相手に差し出す。

これを貸してください

①貸してもらいたい本を指し、

借りる

②右の手の平を上に向け、指先を閉じながら手前に引き、

お願い

③右手を前に差し出しながら頭を下げる。

郵便局・銀行での対応

Yūbinkyoku-Ginko-deno-Taiou

普通郵便でいいですか？

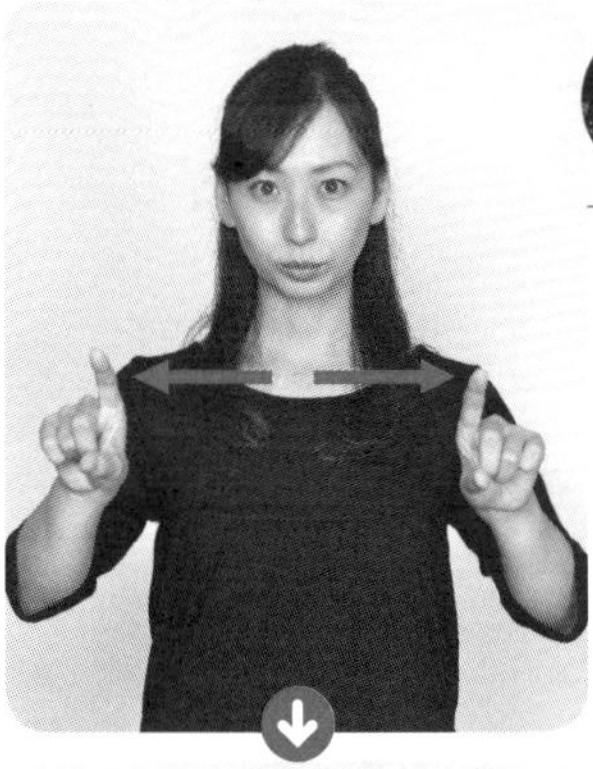

普通

①両手の親指、人差指を前に向けて中心で並べ、左右に引き離し、

郵便

②左手の人差指と中指、右手の人差指で「〒」の形を表し、

いいですか？

③小指をあごにつけ、右手の手の平を上に向け、相手に差し出す。

送料は270円です

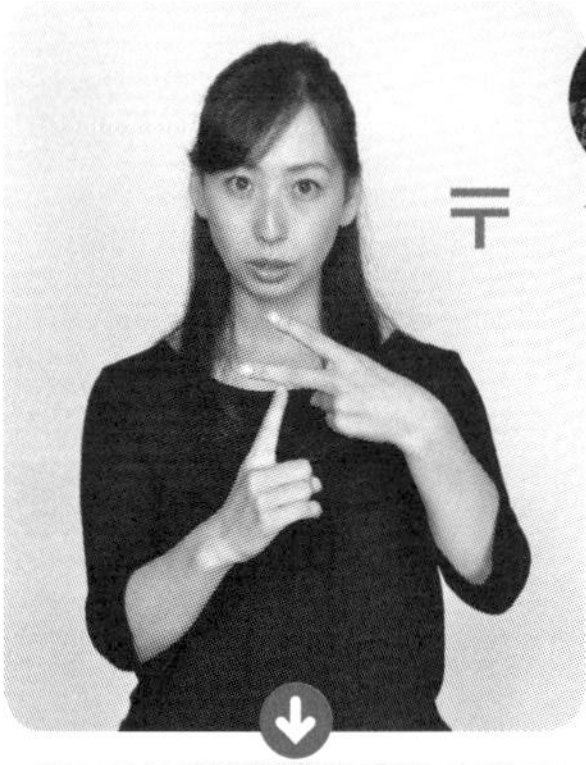

郵便

①左手の人差指と中指、右手の人差指で「〒」の形を表し、

お金

②右手の親指と人差指で輪を作り、左右に回すように振り、

270

③甲を前に右手の人差指、中指を横に伸ばし（指文字2）、振り上げ、

速達にしてください

速達

①右手の人差指を口元にあて、左から右へ引き、

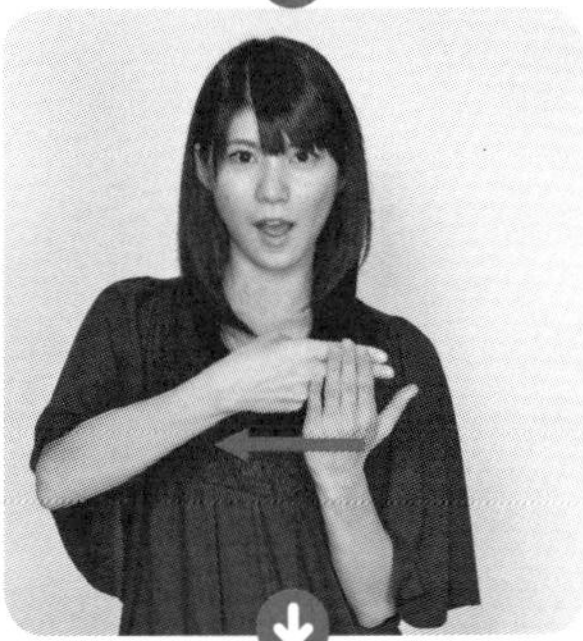

②立てた左手4指に、右手の人差指、中指の背側をつけて右に引き、

お願い

③右手を前に差し出しながら頭を下げる。

④甲を前に右手の親指、人差指、中指を曲げ（指文字70）、

円

⑤折り曲げた右手の親指、人差指を前に向け、右に引き、

必要

⑥湾曲させた両方の手の平を手前に向け、手前に引き寄せる。

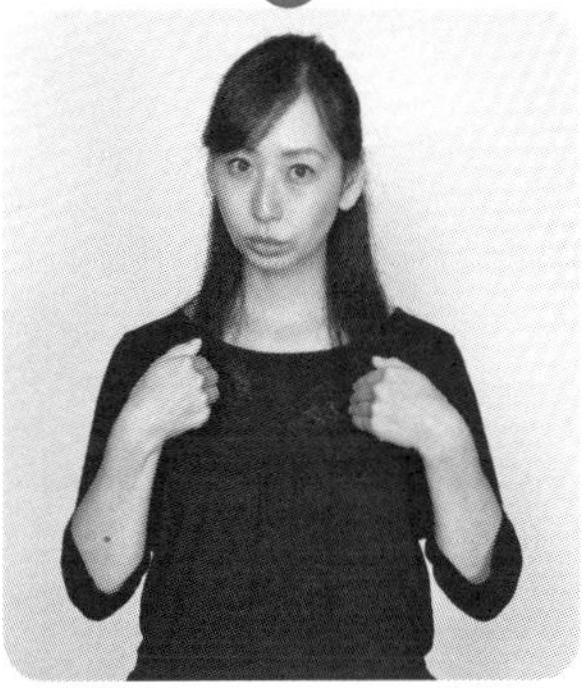

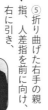

公共機関に関する単語集

駅

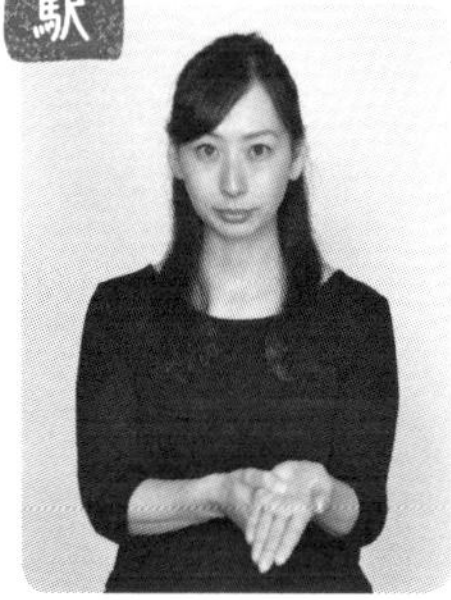

手の平を上に向けた左手を、右手の親指と人差指で挟む。

JR

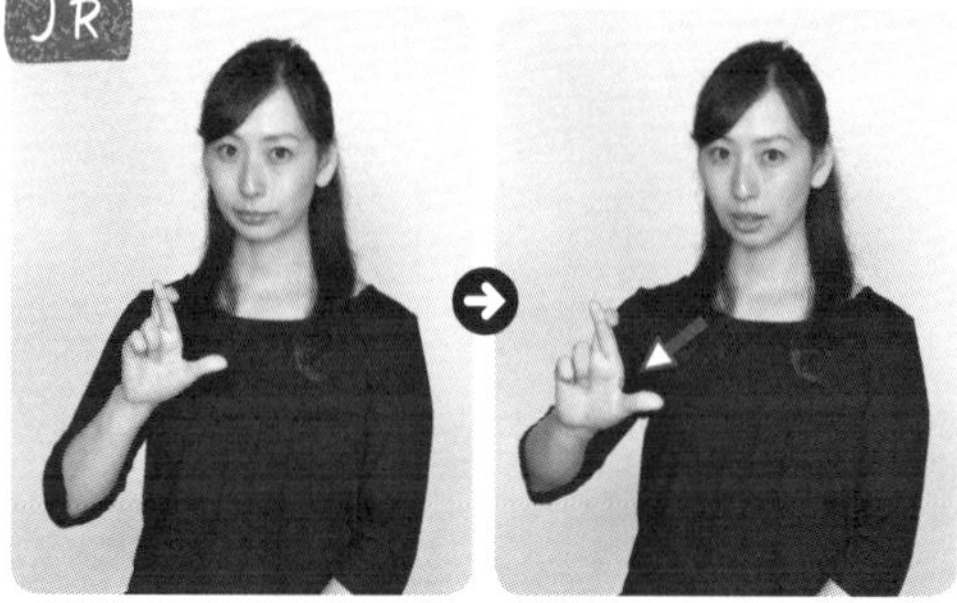

親指を伸ばし、右手の人差指と中指を絡めた右手を前に出す。

地下鉄

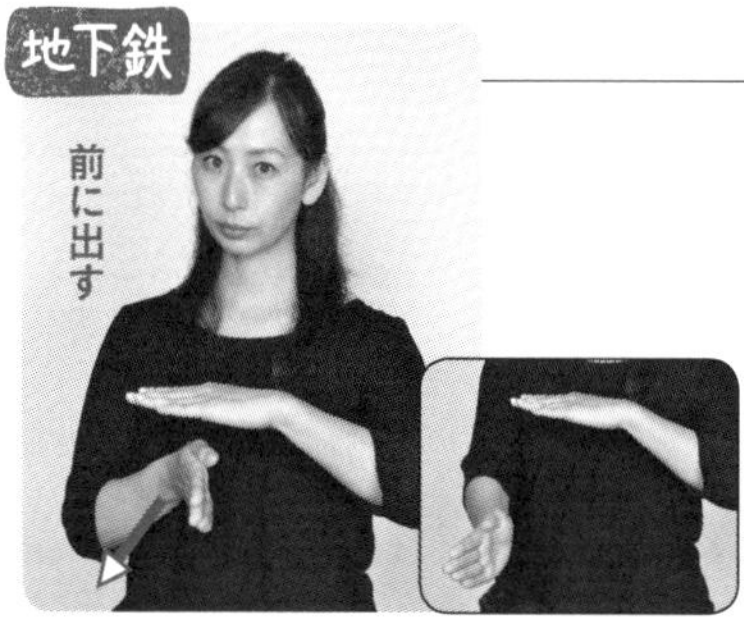

指を前に向けた右手を、左の手の平の下をくぐらせて前に出す。

バス

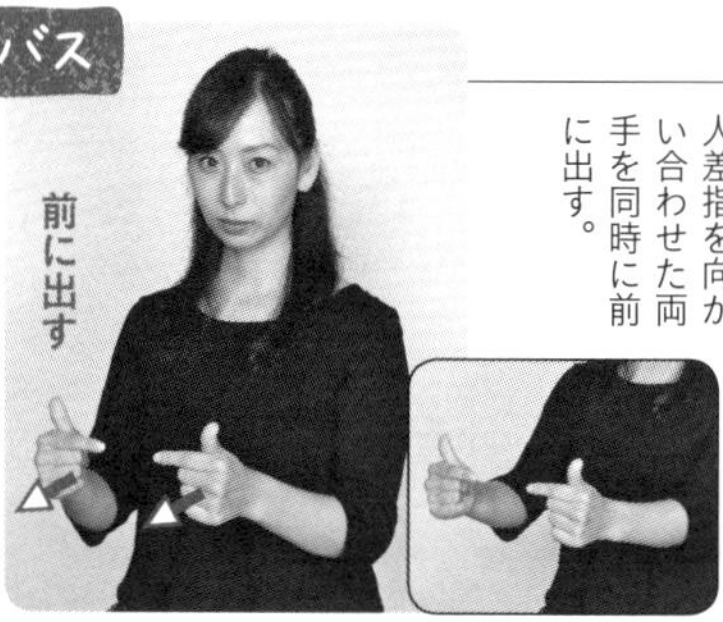

親指、人差指を直角に伸ばし、人差指を向かい合わせた両手を同時に前に出す。

タクシー

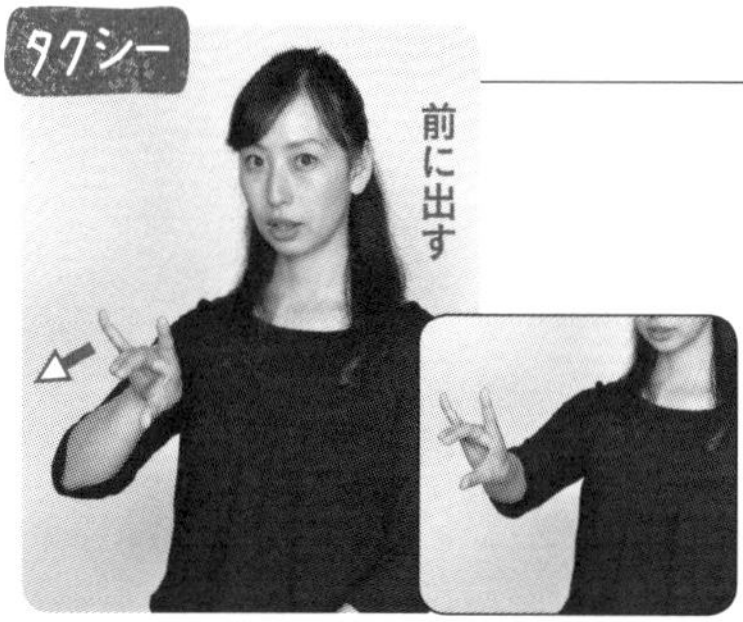

人差指、小指を立て、残り3指を向かい合わせ、前に出す。

階段

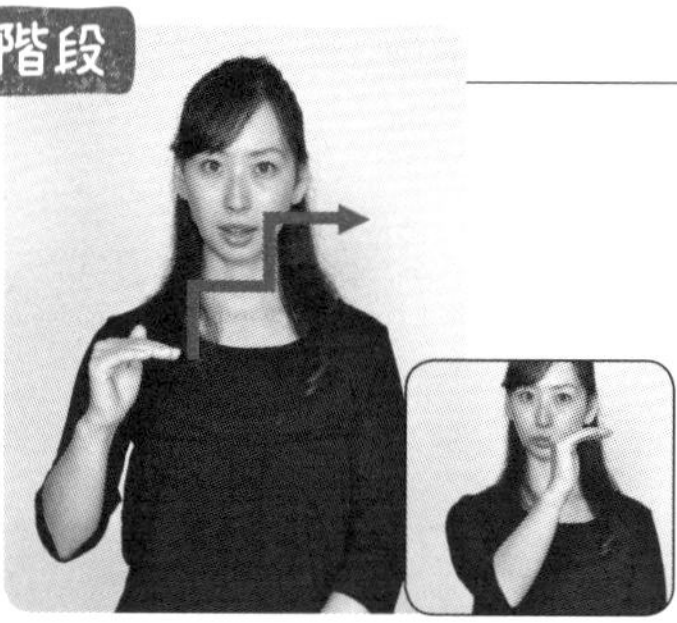

4指を折り曲げた右手を、階段の形を描くように上げていく。

役所

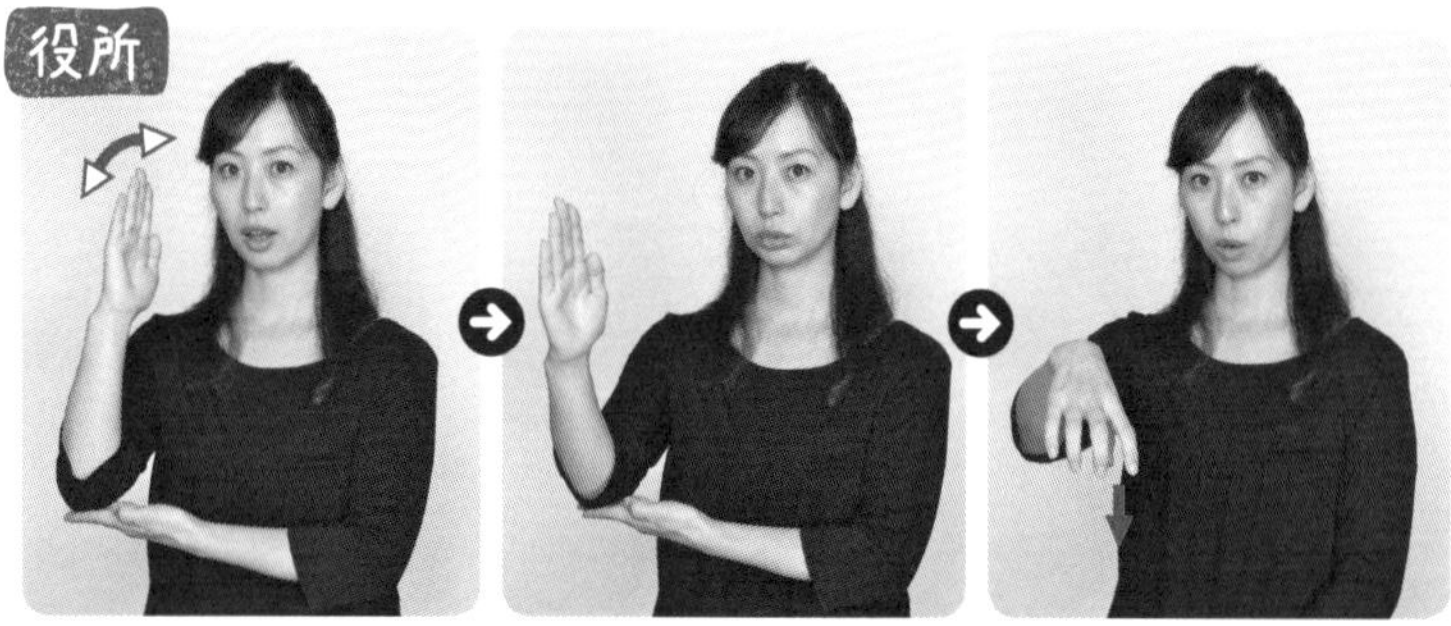

①左の手の平に右ひじをのせ、指を伸ばした右手を前後に動かし、②5指を折り曲げ、下に向けて軽く下ろす。

交差点

両手の人差指をクロスさせる。

郵便局

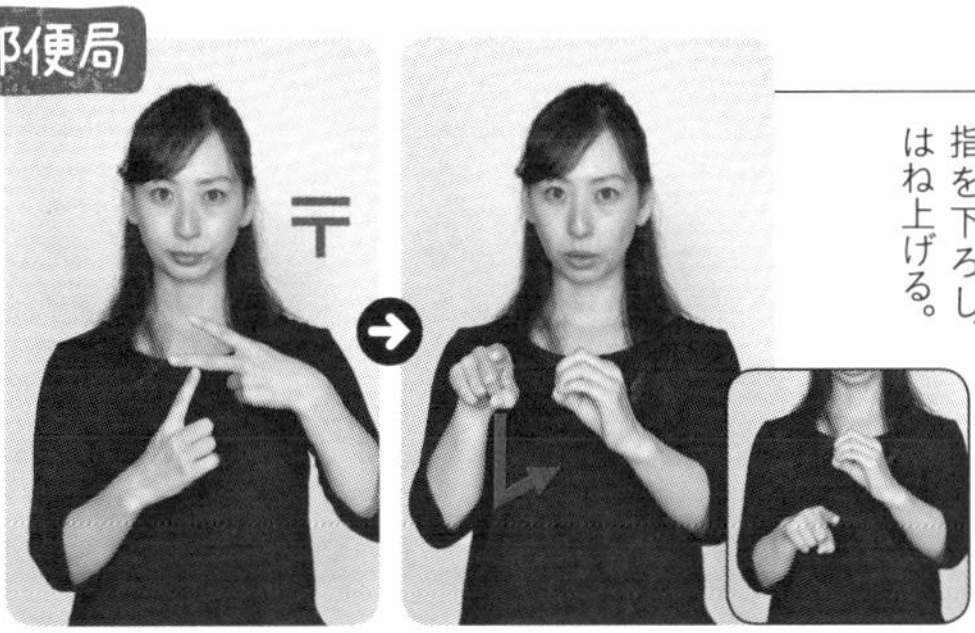

①左手の人指指と中指、右手の人差指で「〒」の形を表し、②丸めた左手の横で右手の人差指を下ろし、はね上げる。

銀行

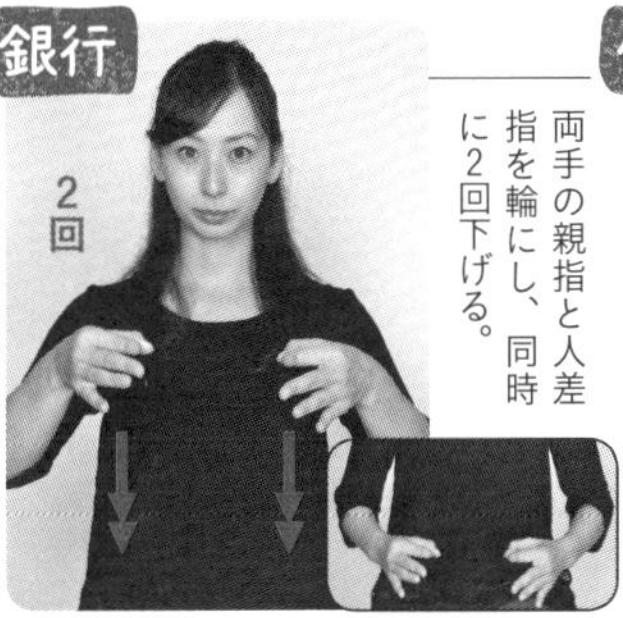

両手の親指と人差指を輪にし、同時に2回下げる。

保健所

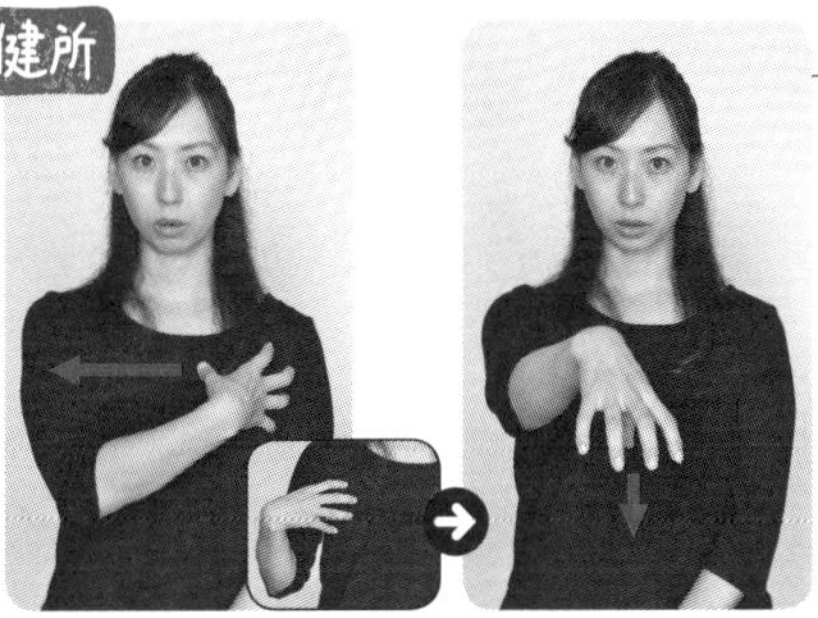

①指を広げ、やや曲げた右手を左胸につけ、右に引き、②5指を折り曲げ、下に向けて軽く下ろす。

消防署

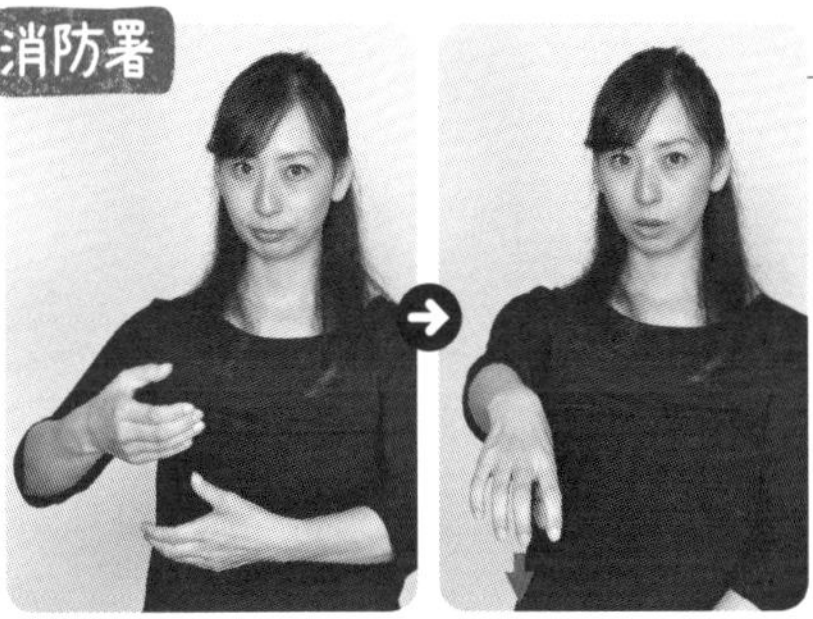

①軽く丸めた両手を上下に配置し、斜めに構え（ホースを持つしぐさ）、②5指を折り曲げ、下に向けて軽く下ろす。

警察

曲げた右手の親指、人差指を額にあてる。

図書館

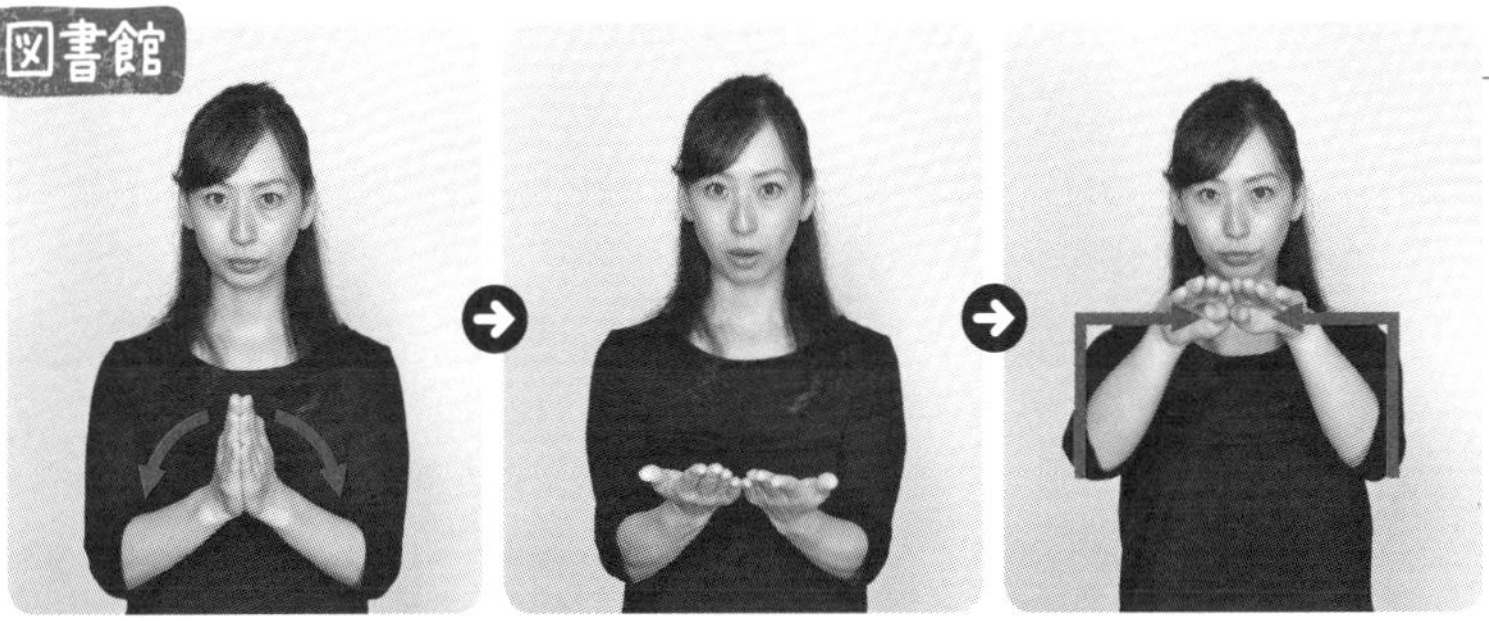

①両方の手の平を合わせ、小指側をつけたまま開き、②両手で下から上に建物の四角い形を描く。

＼ もっと知りたい！ 手話のこと ／

手話を学ぶ方法を紹介

「手話はどこで勉強したらいいの？」

手話を身につけたいと思ったら、どうすればよいのでしょうか？　方法はたくさんあります。自分に合いそうだと思う方法で始めてみましょう。

❶ 地域の手話講習会

市区町村などの地方公共団体で行っている、手話講習会で学べます。開催時期、定員などは地方公共団体によって異なるので、地域の市区町村役所に問い合わせてみましょう。

❷ 地域の手話サークル

手話を覚えたい、手話で交流したい市民が集う手話サークルに入ってもよいでしょう。地域の聞こえない人とともに、学習会やレクリエーションを通じて手話を学ぶことができます。手話講習会は時期や定員が決まっているため、参加できない場合がありますが、手話サークルはすぐに始められるのが大きなメリットです。

❸ 専門学校、大学の専門学科

専門学校や、大学の福祉関連の学科など、手話を専門的に学べる学校もあります。

❹ テレビの講座

NHK では年間を通して手話の講座を放映しており、テキストも販売されています。新規講座は 4 月に開講されるので、ウェブサイトをチェックしてみましょう。

❺ 書籍

手話に関するテキストや辞書も増えています。DVD がついており、動画で学べるものもあります。

第5章

仕事や学校について話そう

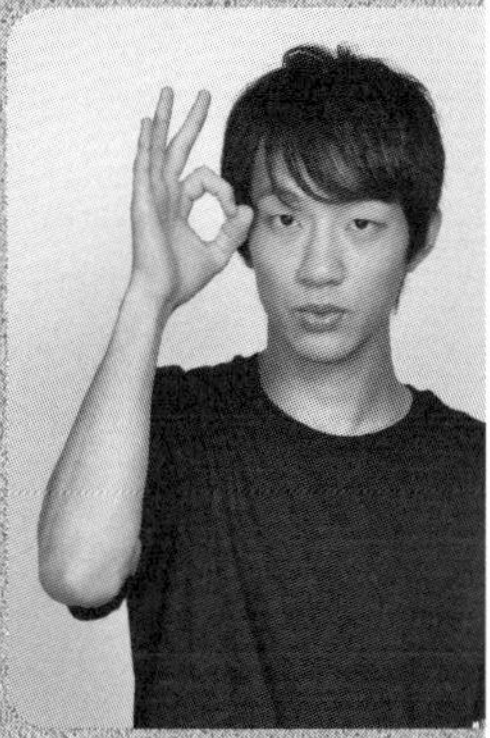

仕事や学校などに関する手話を紹介しています。
第2章に掲載している自己紹介と
合わせて覚えても良いでしょう。

Gakkou-ni-tsuite-Hanasou

学校について話そう

私は大学2年生です

私

①自分を人差指で指し、

大学

②開いた両手2指を頭の横に置き、指を閉じながら斜め前後に引き、

③両手の位置を逆に変えて、同じ動作を繰り返す。

2年生

④左のこぶしの親指側にあてた右手の人差指、中指をはね上げ、

⑤両手を斜め上下に配置し、それぞれ逆方向に移動させながら握る。

私は山本さんの後輩です

私

①自分を人差指で指し、

私は福祉について学んでいます

福祉

①右手の親指と4指であごをなで下ろしながら5指を閉じ、

②甲を前に右手の親指、人差指、中指を伸ばし（指文字シ）、

勉強

③手の平を手前に向けて斜めに並べた両手を軽く2回前へ出し、

～中

④左手の親指と4指を平行に伸ばし、中央に右手の小指側をあてる。

山本さん

②右手を左から右へ山なりに動かし、

③両方の手の平を合わせ、小指側をつけたまま開き、

後輩

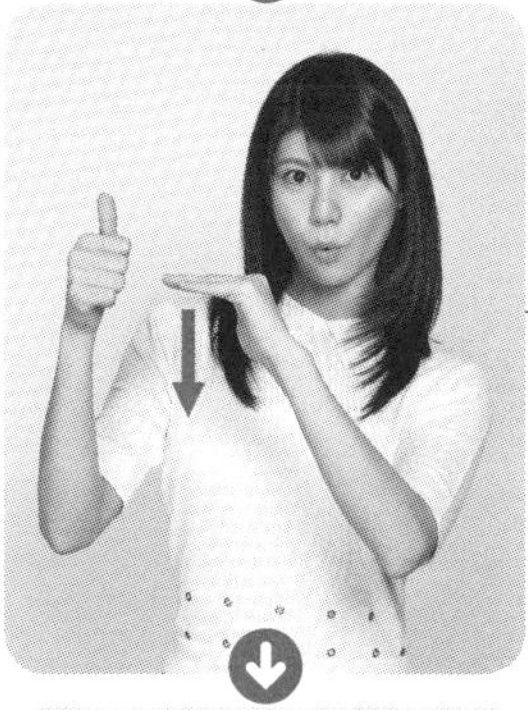

④立てた右手の親指の横に4指を曲げた左手を置き、

⑤左手を下げる。

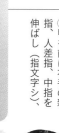

学校に関する単語集

保育園

①手の平を斜め上に向けた両手を交互に上下させ、
②5指を折り曲げ、下に向けて軽く下ろす。

幼稚園

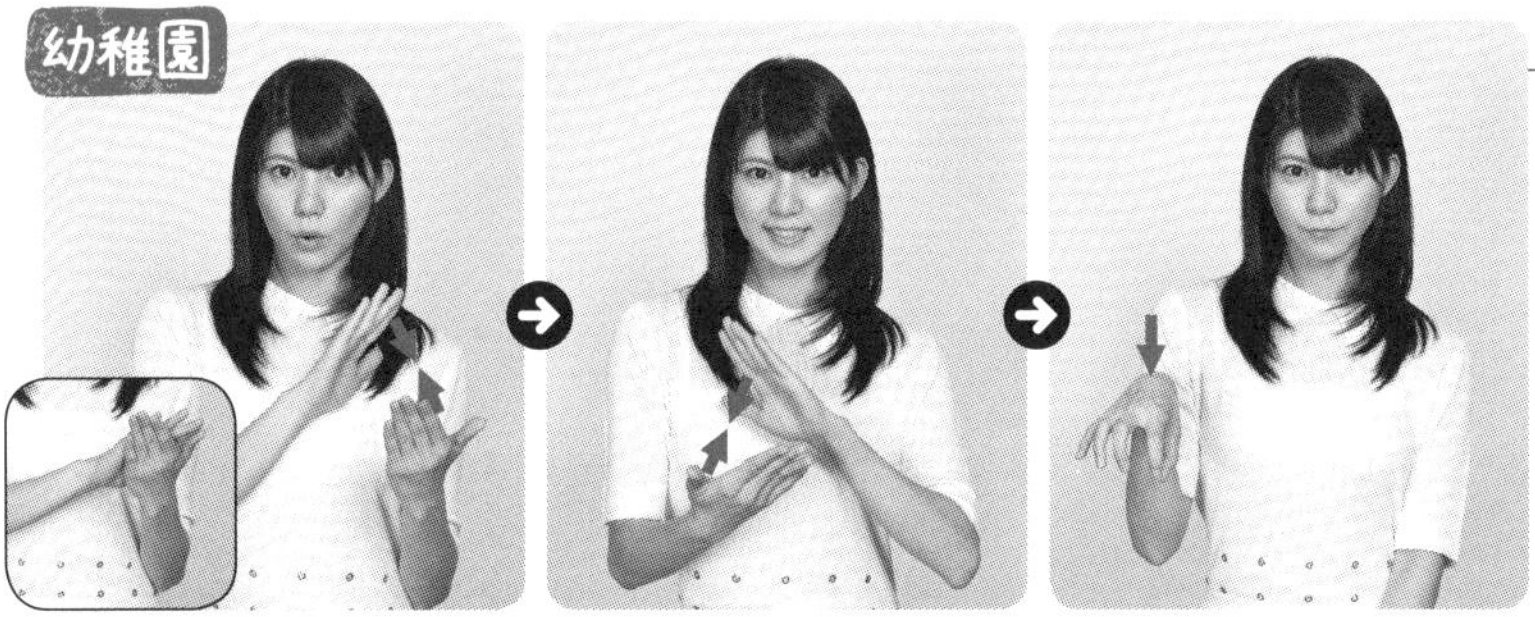

①体の左側で両手を叩き、
②手を返して右側で叩き、
③5指を折り曲げ、下に向けて軽く下ろす。

小学校

①左手の人差指を右手の人差指と中指で挟み「小」の字を作り、
②両方の手の平を手前に向け、斜めに立てて並べる。

中学校

①左手の親指と人差指に、立てた右手の人差指をあて、
②両方の手の平を手前に向け、斜めに立てて並べる。

高校

横に伸ばした右手の人差指と中指を、額にそい左から右へ引く。

大学

①開いた両手の親指と人差指を頭の横に置き、指を閉じながら斜め前後に引き、②両手の位置を逆に変えて、同じ動作を繰り返す。

短期(大学)

つまんだ両手の親指、人差指を左右から近寄せる。

専門(学校)

両手の人差指、中指を前に向け、間をせばめながら上に上げる。

ろう学校

①右の手の平を耳にあて、②次に口にあて、③両方の手の平を手前に向け、斜めに立てて並べる。

同級生

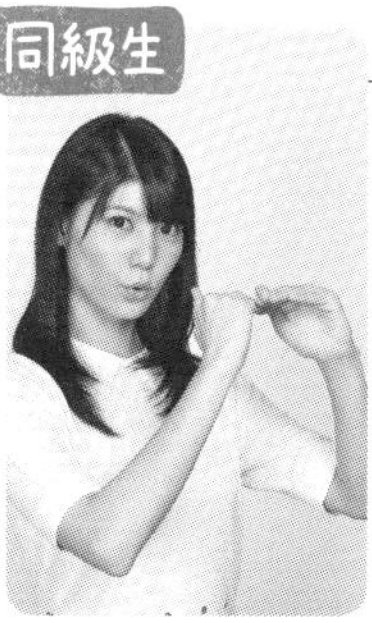

右手の小指側に左手の親指側を前から引き寄せてつけ合わせる。

学生

両手の親指、人差指を開き、首の横にあて、首にそって前に出す。

試験

両手の親指を立て、交互に上下させる。

Shigoto-ni-tsuite-Hanasou

仕事について話そう

事務の仕事をしています

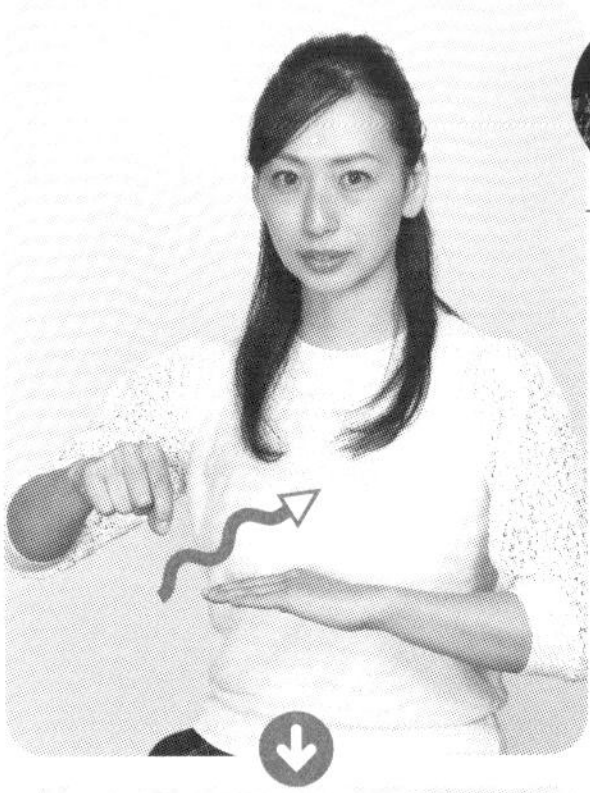

事務

①左手を伏せ、つまんだ右手の親指、人差指を下に向けて書くしぐさをし、

仕事

②両方の手の平を上に向け、左右から指先を2回近づけ、

私

③自分を人差指で指す。

あなたの仕事は？

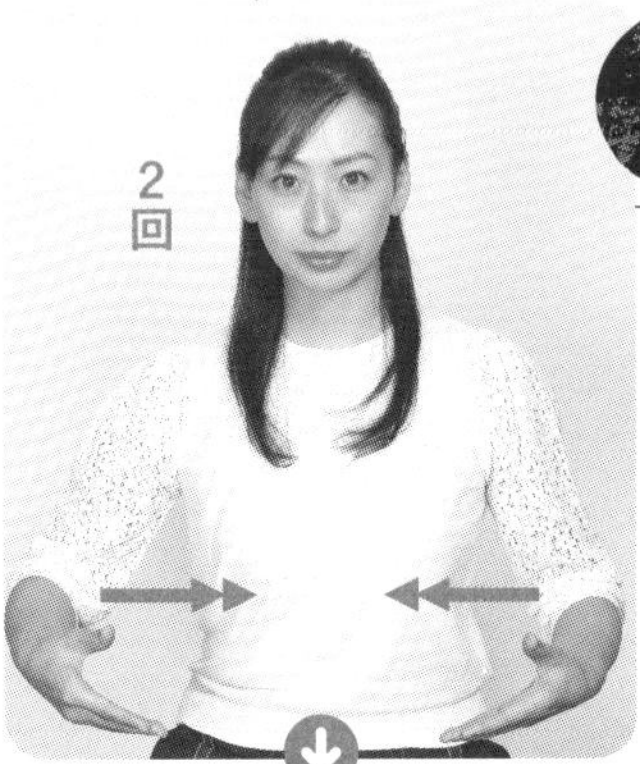

仕事

①両方の手の平を上に向けて、左右から指先を2回近づけ、

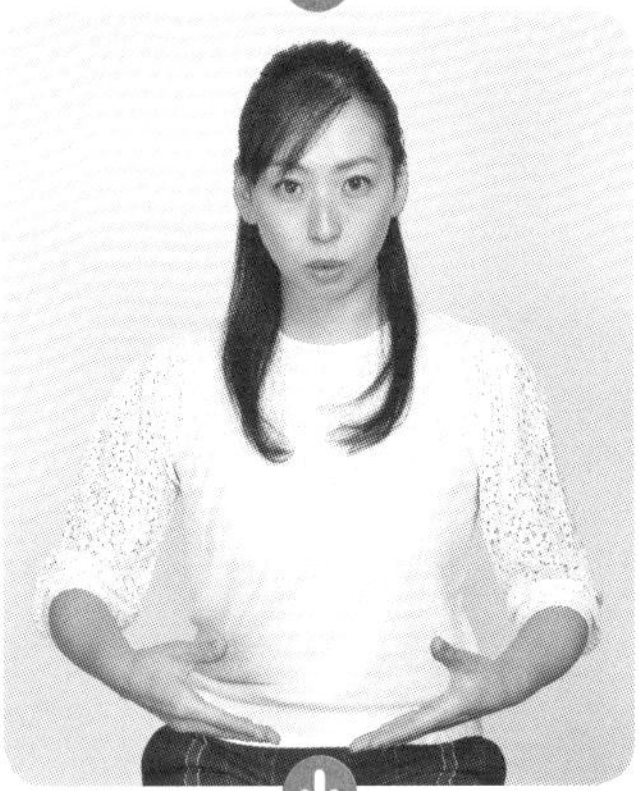

何？

②右手の人差指を振る。

私は今、仕事を探しています

今

①両方の手の平を下に向け、同時に下ろし、

仕事

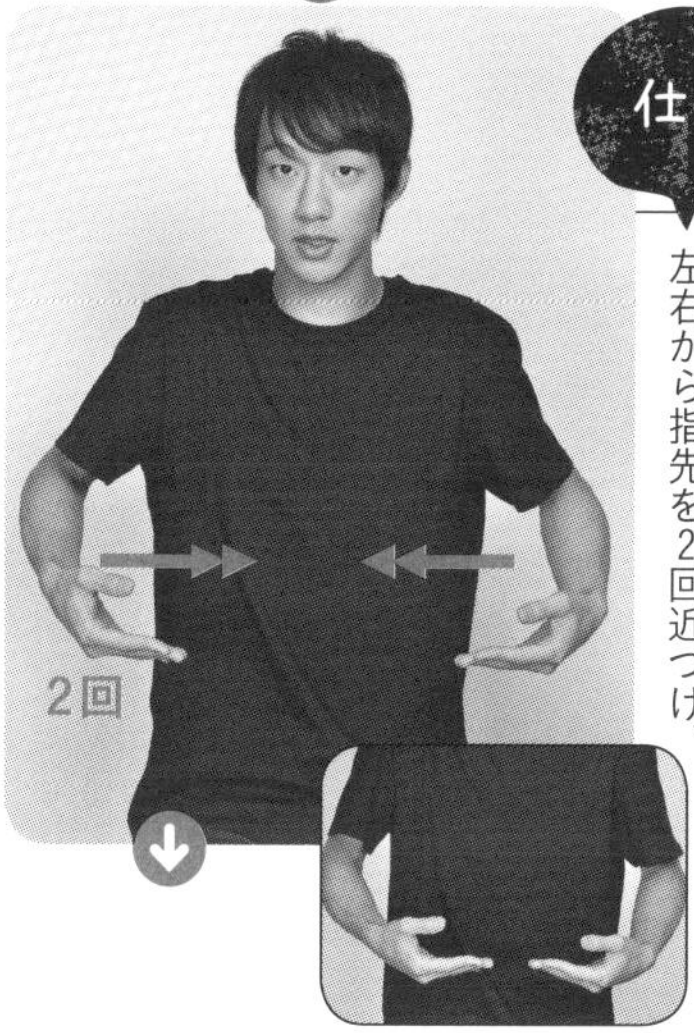

②両方の手の平を上に向けて、左右から指先を2回近づけ、

探す

③右手の親指と人差指を輪にし、目の前で回しながら右へ動かし、

～中

④左手の親指と4指を平行に伸ばし、中央に右手の小指側をあてる。

COLUMN

高いプロ意識が求められる手話通訳士の仕事

生活のなかのさまざまな場面で手話通訳を行い、聞こえない人を支援するのが手話通訳士の仕事です。人と人とのコミュニケーションを支援し、プライバシーにもかかわる職業柄、高いプロ意識、倫理観、幅広い知識、専門的な技術が求められます。

手話通訳士の資格は、医師や弁護士のような資格と異なり、手話通訳に必須というわけではありません。ただし、裁判や政見放送の手話通訳など、手話通訳士でなければできない仕事もあります。また、役所の窓口に手話通訳者を設置する際など、資格保有を条件に募集しているところも増えています。

仕事に関する単語集

職場

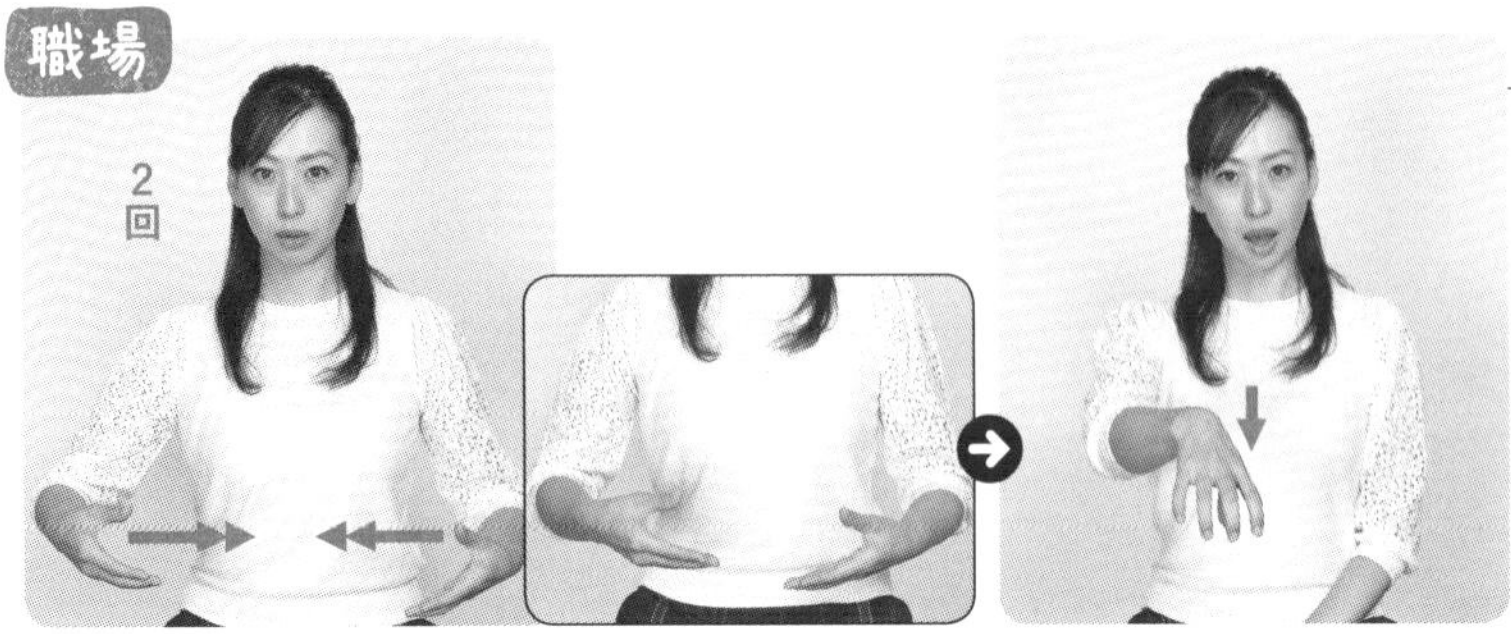

①両方の手の平を上に向けて、左右から指先を2回近づけ、②5指を折り曲げ、下に向けて軽く下ろす。

公務員

①左手の人差指を斜め上に向け、②左手はそのままに、右手の親指、人差指の輪をあてる。

会社員

①伸ばした両手の人差指、中指を頭の横で交互に前後に振り、②右手の親指、人差指の輪を左胸にあてる。

主婦

斜めにかまえた左手の下に小指を立てた右手を置く。

アルバイト

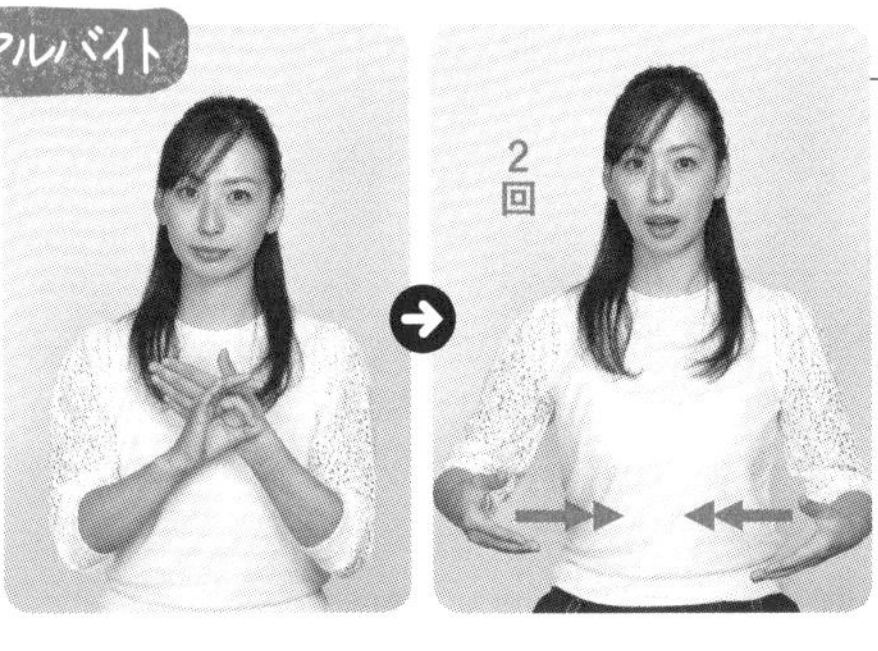

①前に向けた左手の甲に右手の親指、人差指の輪をあて、②両方の手の平を上に向けて、左右から指先を2回近づける。

パート

①左の手の平に右手の親指の先をつけ、右手の人差指を下へ半回転し、
②両方の手の平を上に向けて、左右から指先を2回近づける。

教師

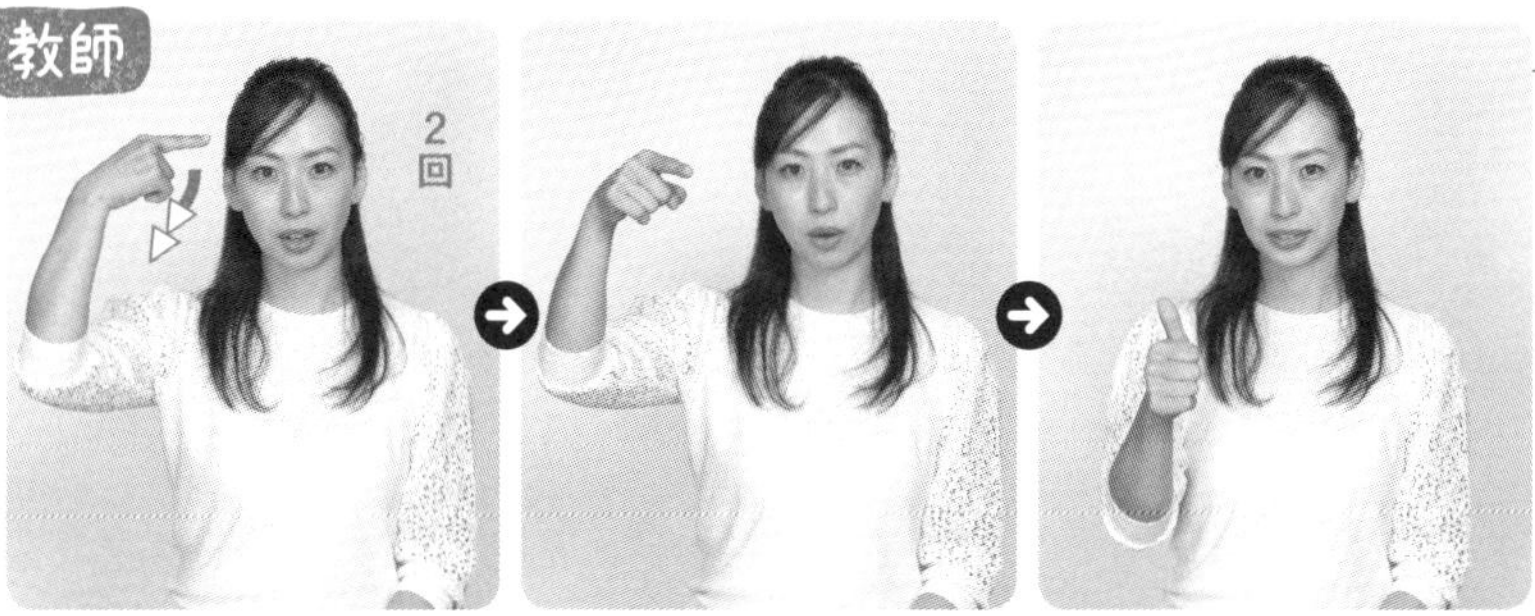

①横に向けた右手の人差指を前方斜め下へ2回振り、
②右手の親指を立てる。

社長

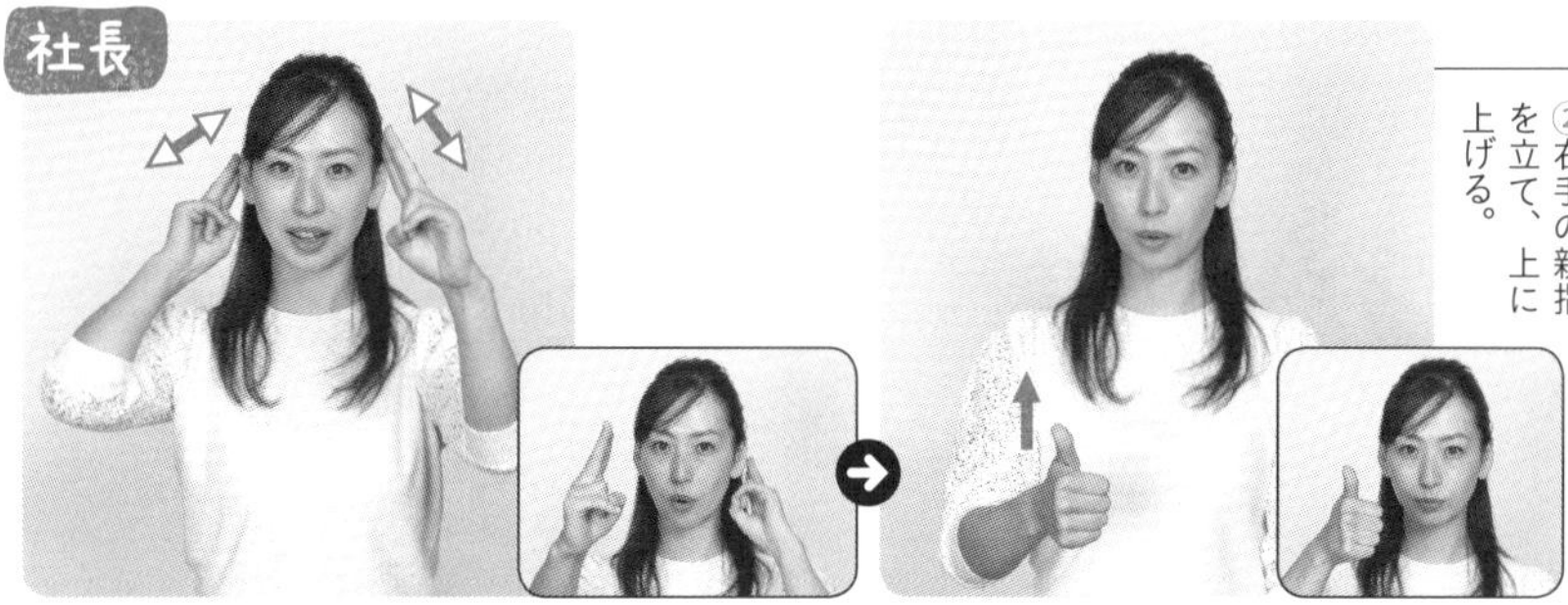

①伸ばした両手の人差指、中指を頭の横で交互に前後に振り、
②右手の親指を立て、上に上げる。

上司

①人差指を上に向け、親指を直角に上に伸ばした右手を上げ、
②つまんだ右手の親指、人差指を右に引き、直角に下げる。

仕事に関する単語集

部長

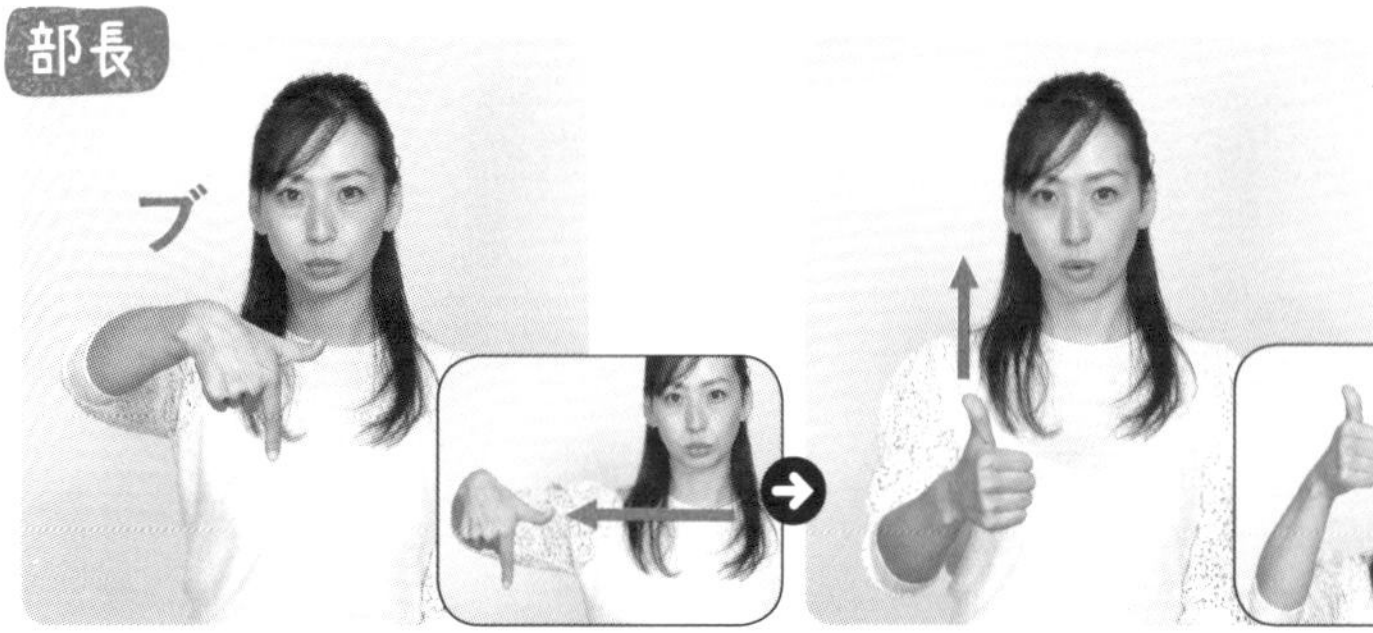

①人差指を下に向け、親指を直角に伸ばした右手を右へ引き、②右手の親指を立てて上げる。

課長

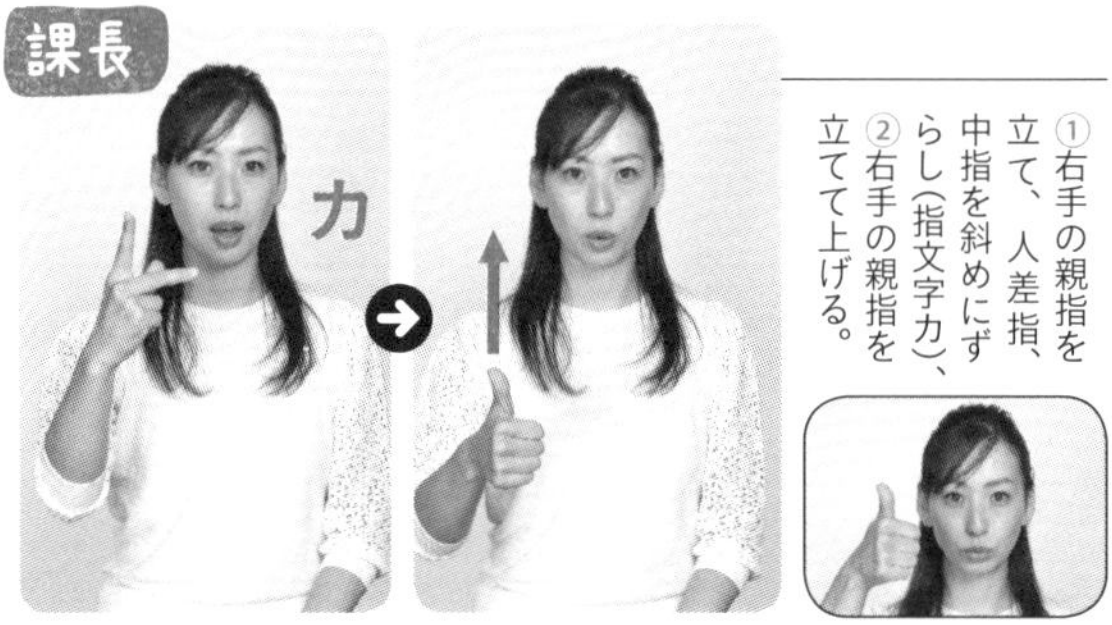

①右手の親指を立て、人差指、中指を斜めにずらし（指文字カ）、②右手の親指を立てて上げる。

営業

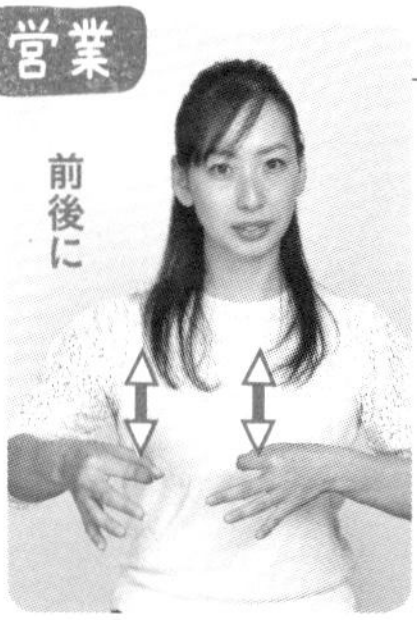

親指、人差指で輪を作った両手を交互に前後させる。

保育士

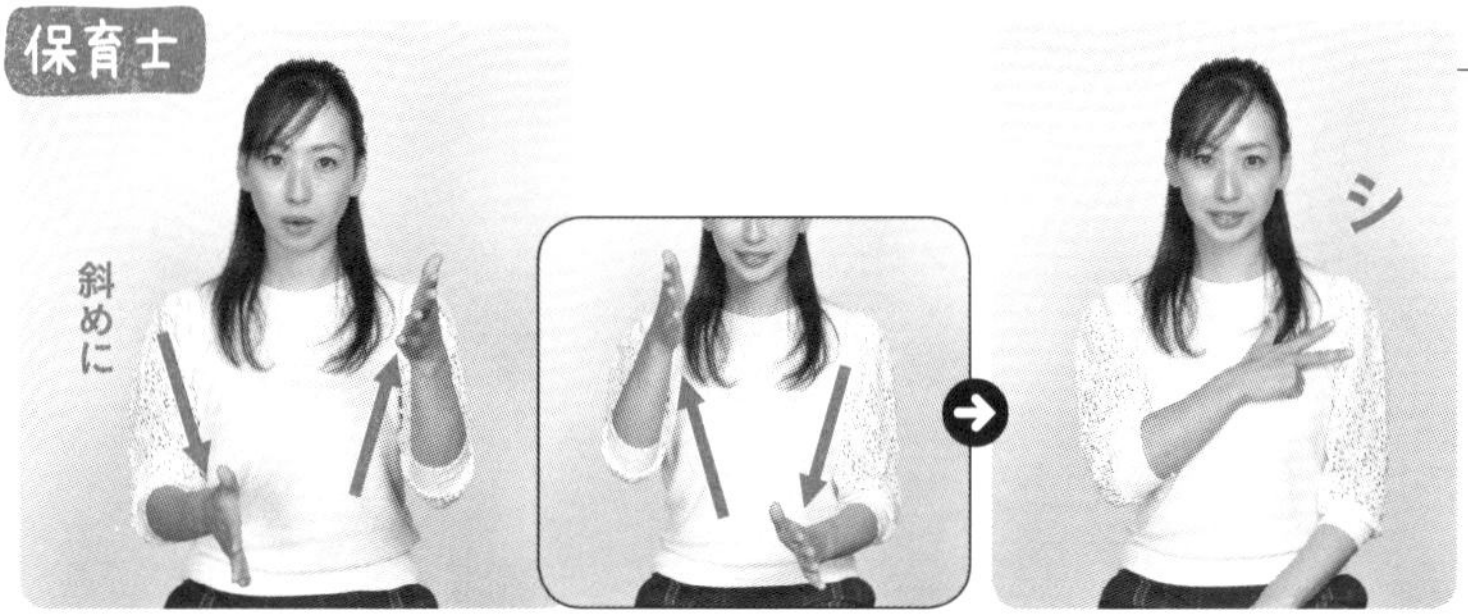

①手の平を斜め上に向けた両手を交互に上下させ、②右手の親指、人差指、中指を伸ばし（指文字シ）、左胸にあてる。

自営業

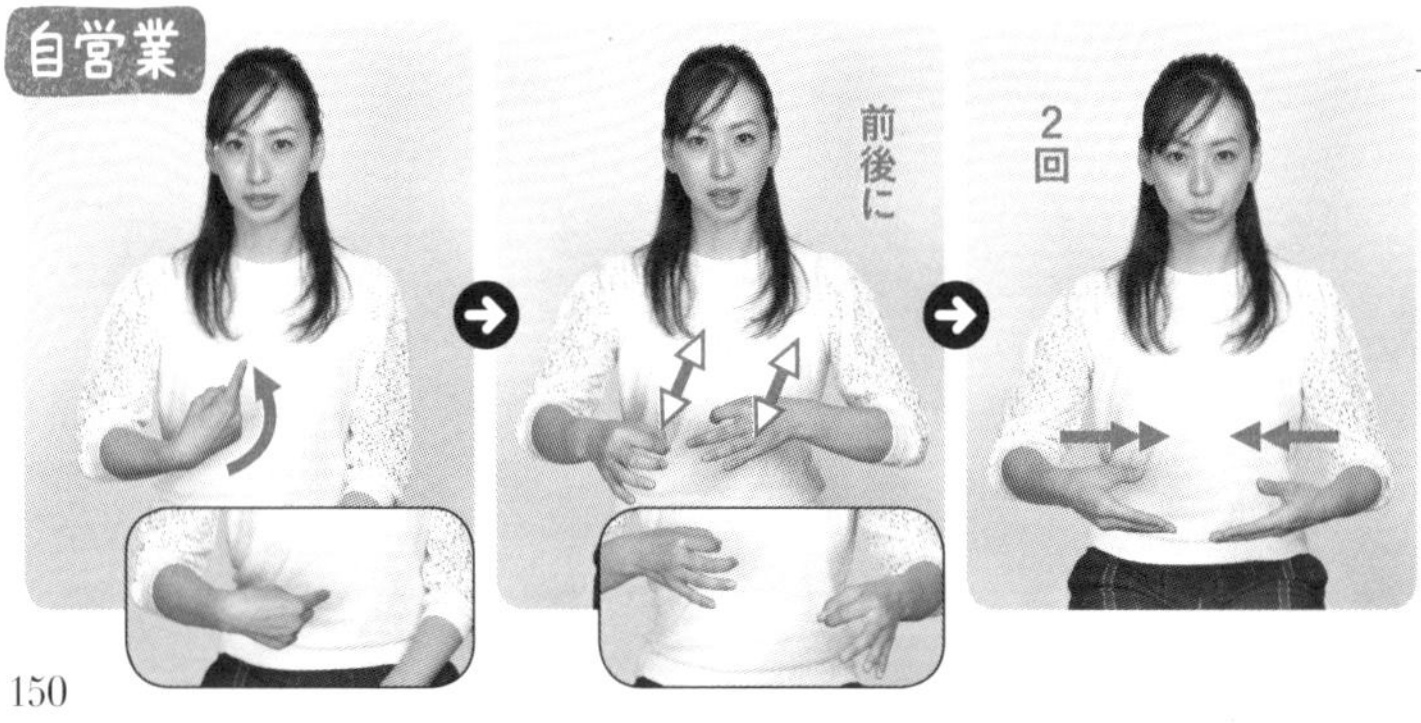

①胸に右手の人差指をあて、指先をはね上げ、②親指、人差指で輪を作った両手を交互に前後させ、③両方の手の平を上に向けて、左右から指先を2回近づける。

第6章 健康について話す

具合が悪いときや病気になったときなどに
使える手話を紹介しています。
非常時の手話としても覚えておきたいものです。

Guai-ni-tsuite-Hanasu

具合について話す

風邪？

風邪

①右のこぶしを口にあて、咳のしぐさをし、

?（疑問形）

②相手を指す。

ONE POINT

丁寧な言い方の場合

～ですか？

より丁寧に聞く時は、手の平で相手を指す。

今、頭が痛いです

今

①両方の手の平を下に向け、同時に下ろし、

頭

②右手の人差指で頭を指し、

痛い

③軽く曲げた右手5指を上に向け、細かく震わせる。

今から病院に行きます

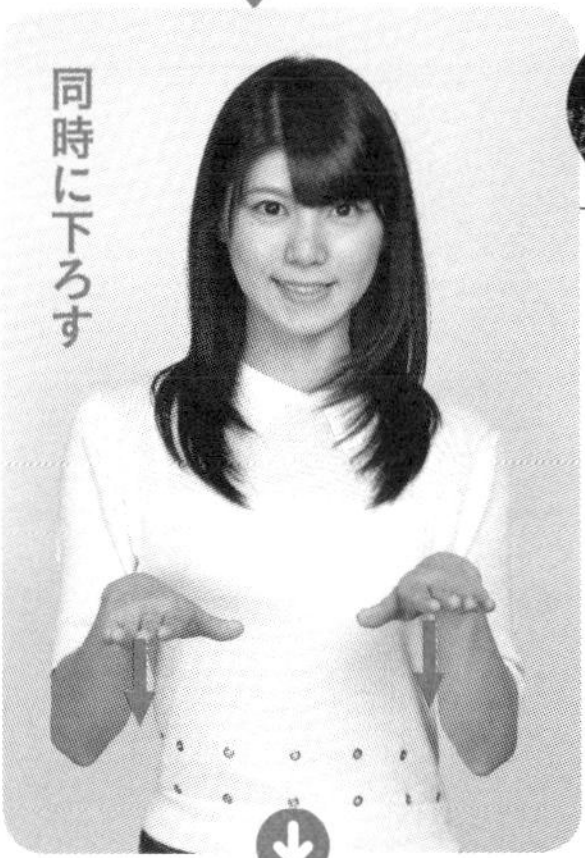

今

①両方の手の平を下に向け、同時に下ろし、

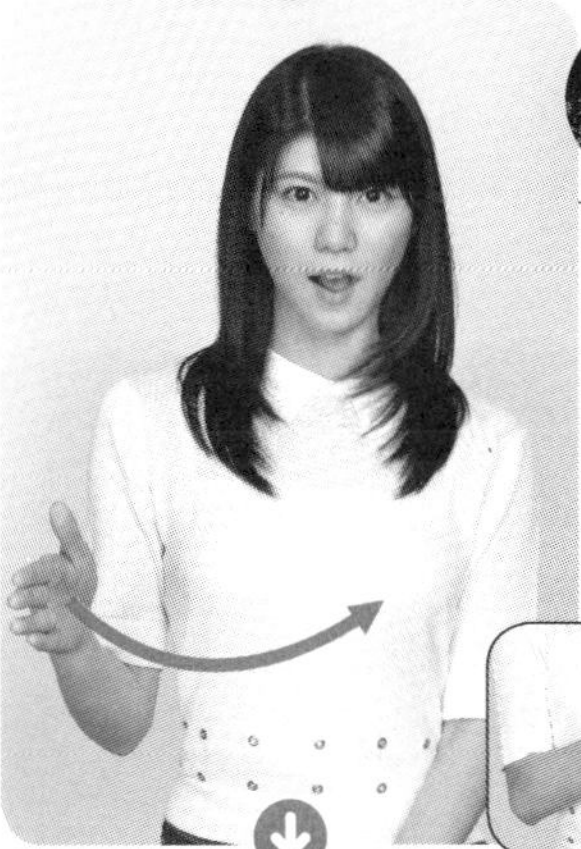

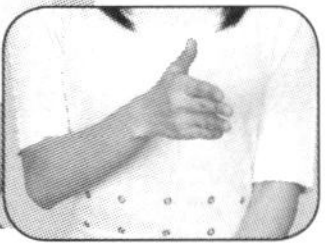

から

②指先を前に向け、手の平を内側にした右手を左に振り、

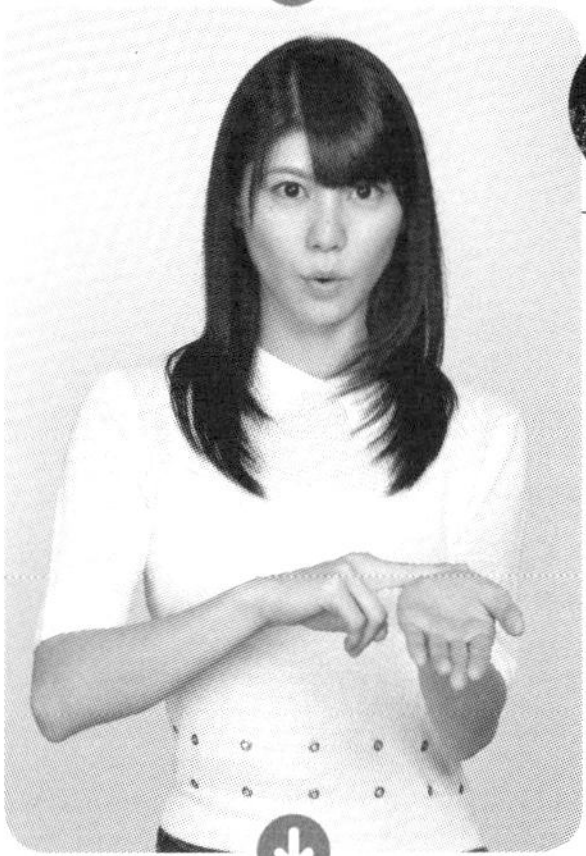

病院

③左手首に右手の人差指、中指をあて、

④両手で下から四角く建物の形を描き、

行く

⑤右手の人差指を下に向け、前に振り出す。

お大事に

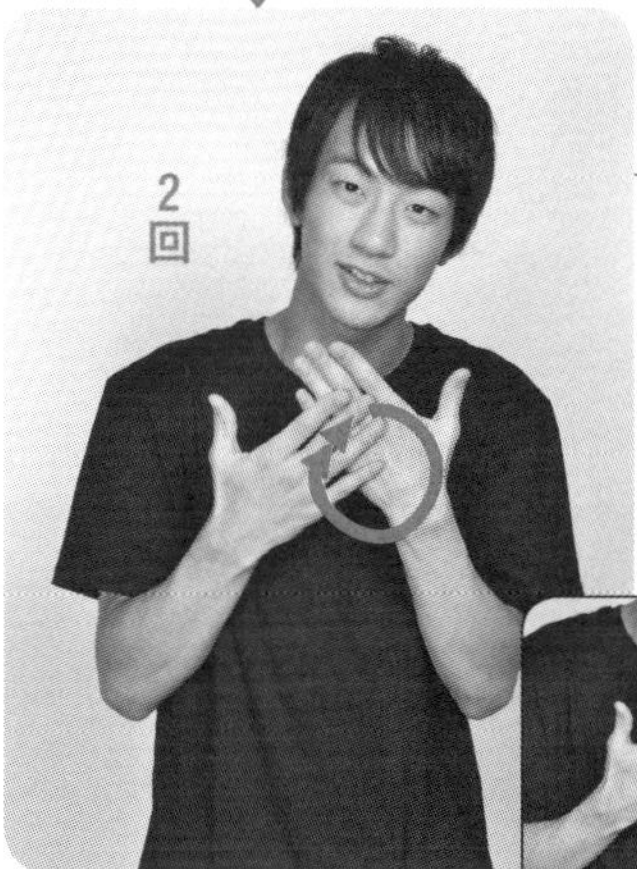

左手の甲を右の手の平で2回丸くなでる。

早退させてください

①左の手の平に向けて4指を伸ばした右手を途中まで移動させ、

②左手はそのまま、右手を右斜め前にはね上げ、

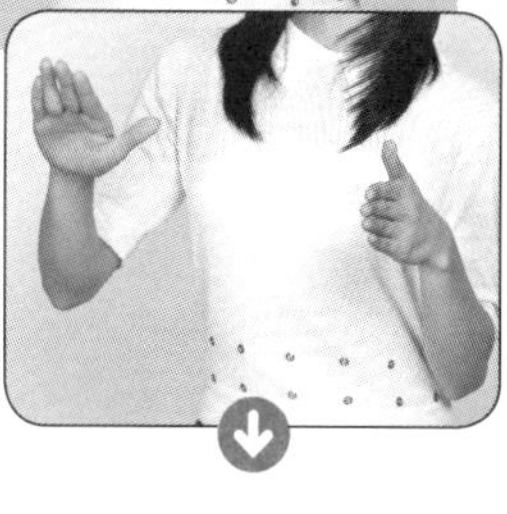

③右手を前に差し出しながら頭を下げる。

COLUMN

医療機関での手話通訳

手話通訳ができる職員を設置している病院も少しずつ増えていますが、現状ではほとんどの場合、自分の住む市区町村に依頼し、通訳者を派遣してもらいます。病院や学校など、日常のなかで通訳が必要な場合に、こうした地域の制度を利用できるしくみになっているのです。ただし、重い病気や手術、インフォームド・コンセントなど、特別な場合には、専門用語がわかる通訳を頼む必要があります。こうした場合は、都道府県の制度を利用することができます。

いずれも行政の予算でまかなわれますので、自己負担はありません。

病院に関する単語集

病院

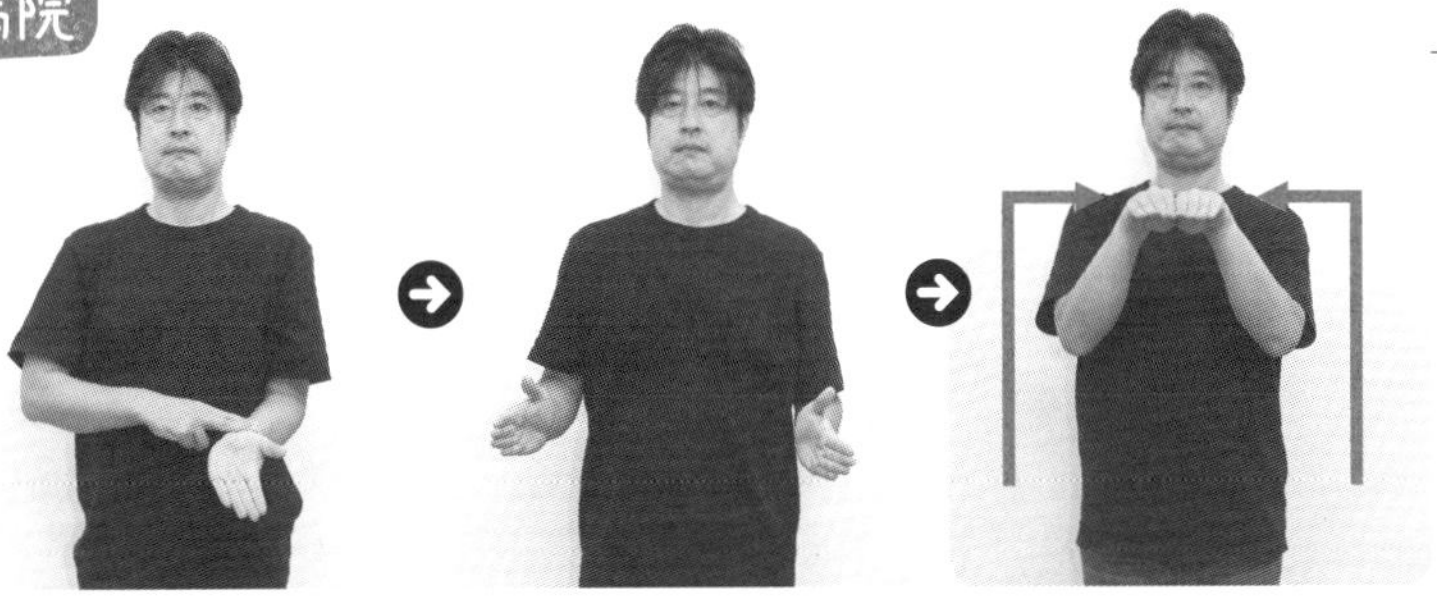

①左手首に、右手の人差指、中指をあて、
②両手で四角く建物の形を描く。

医師

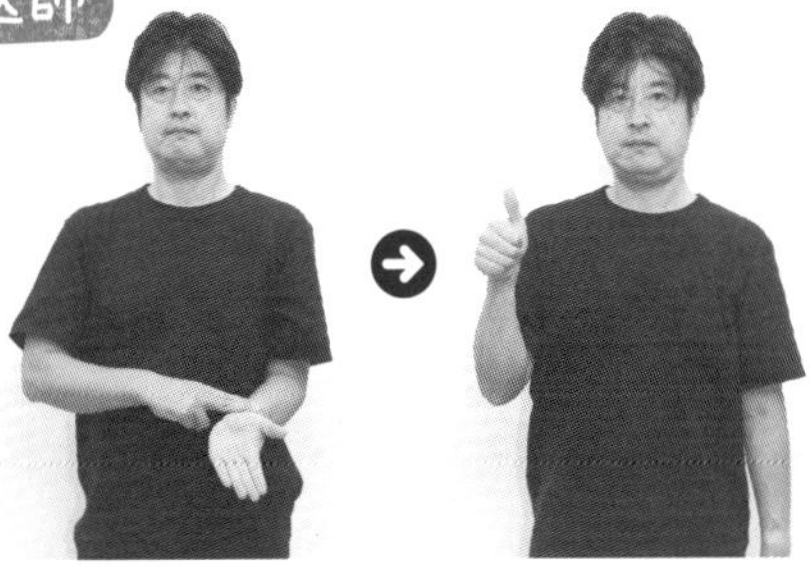

①左手首に右手の人差指、中指をあて、
②右手の親指を立てる。

看護師

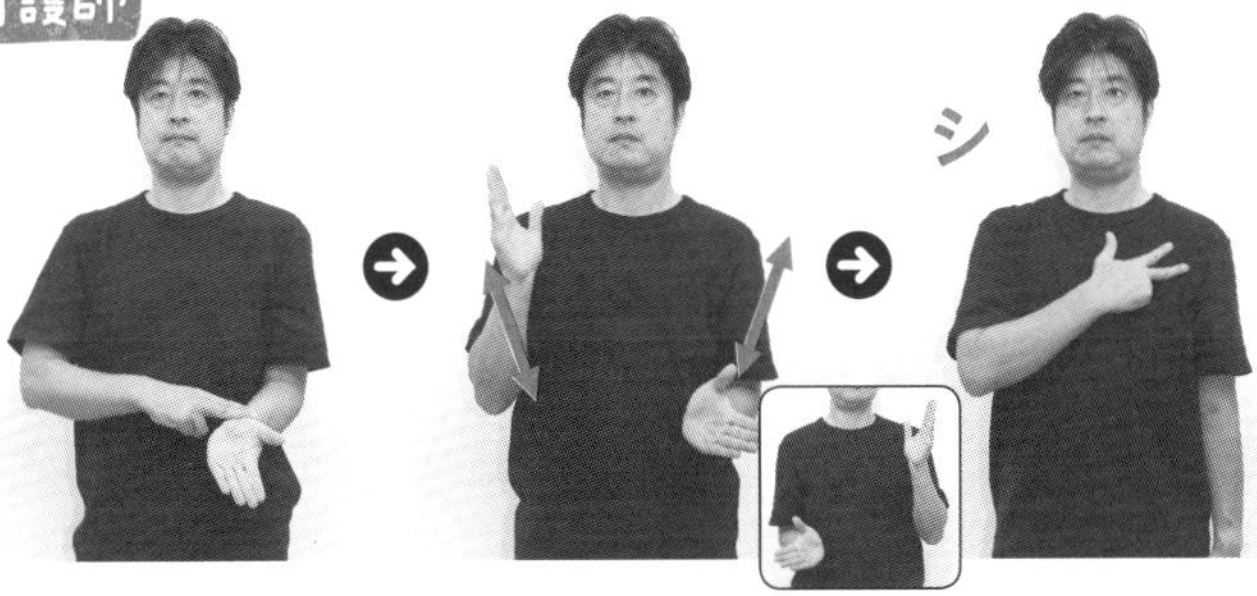

①左手首に右手の人差指、中指をあて、
②両方の手の平を斜め上に向け、交互に上下させ、
③親指、人差指、中指を伸ばした右手を（指文字シ）、左胸にあてる。

薬

左の手の平を右手の薬指の指先で円を描くようになでる。

外科

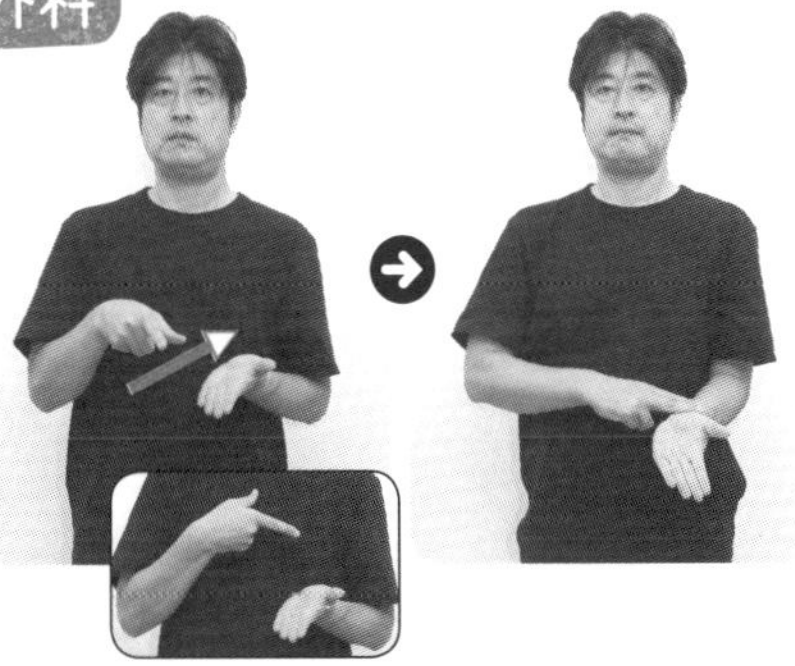

①左手の横で、右手の人差指を斜め下に向けて手前に引き（メスで切るしぐさ）、
②左手首に右手の人差指、中指をあてる。

病院に関する単語集

内科

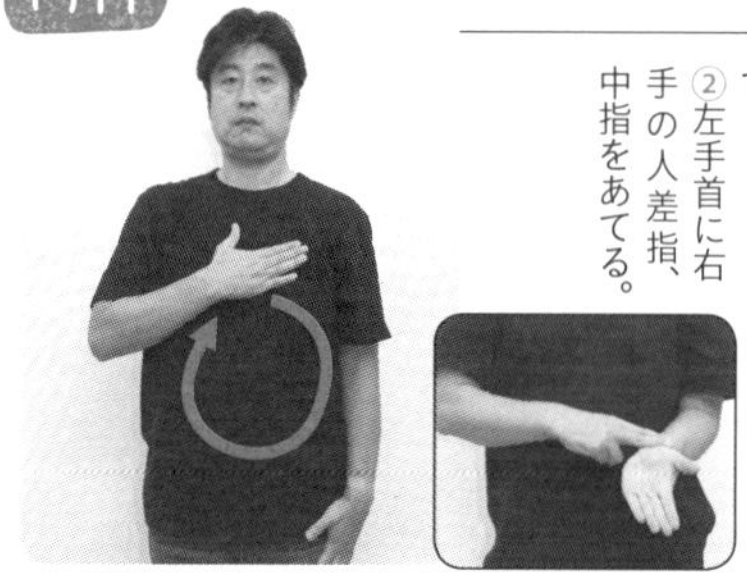

①手の平で胸からお腹を丸くなで、②左手首に右手の人差指、中指をあてる。

小児科

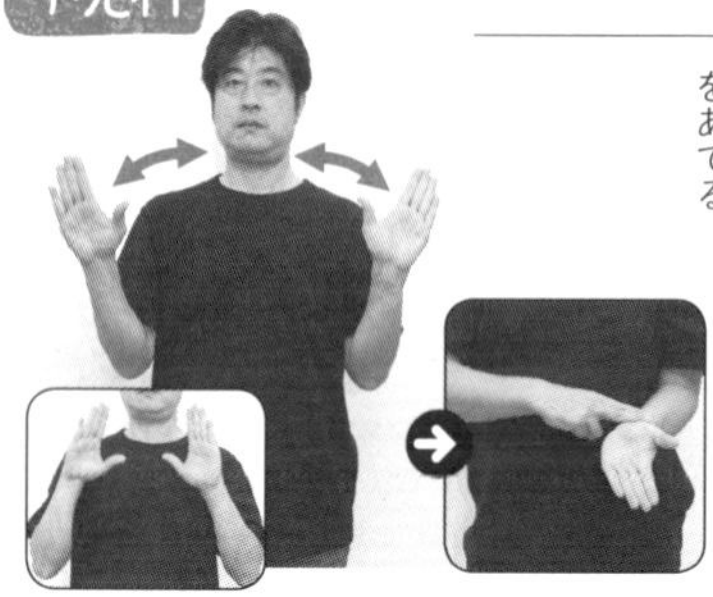

①両手を顔の横で左右に振り、②左手首に右手の人差指、中指をあてる。

産婦人科

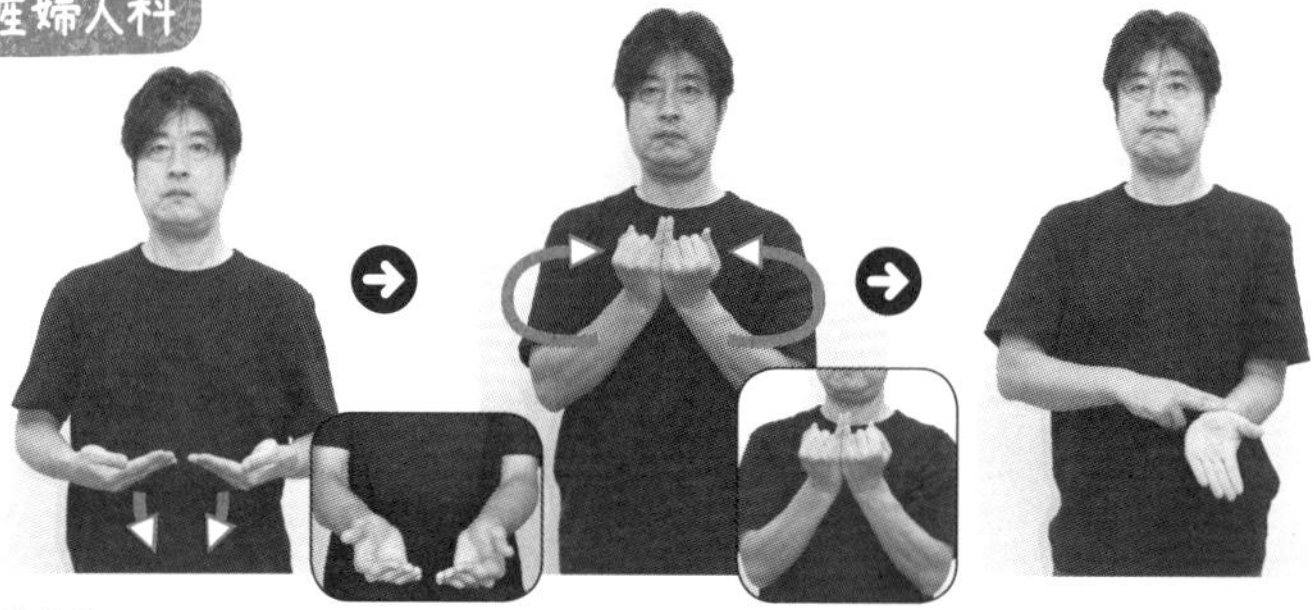

①お腹の前で手の平を上に向け、下向きの弧を描きながら両手を前に出し、②両手の小指を並べ、それぞれ半円を描きながら手前に引き、③左手首に、右手の人差指、中指をあてる。

耳鼻咽喉科

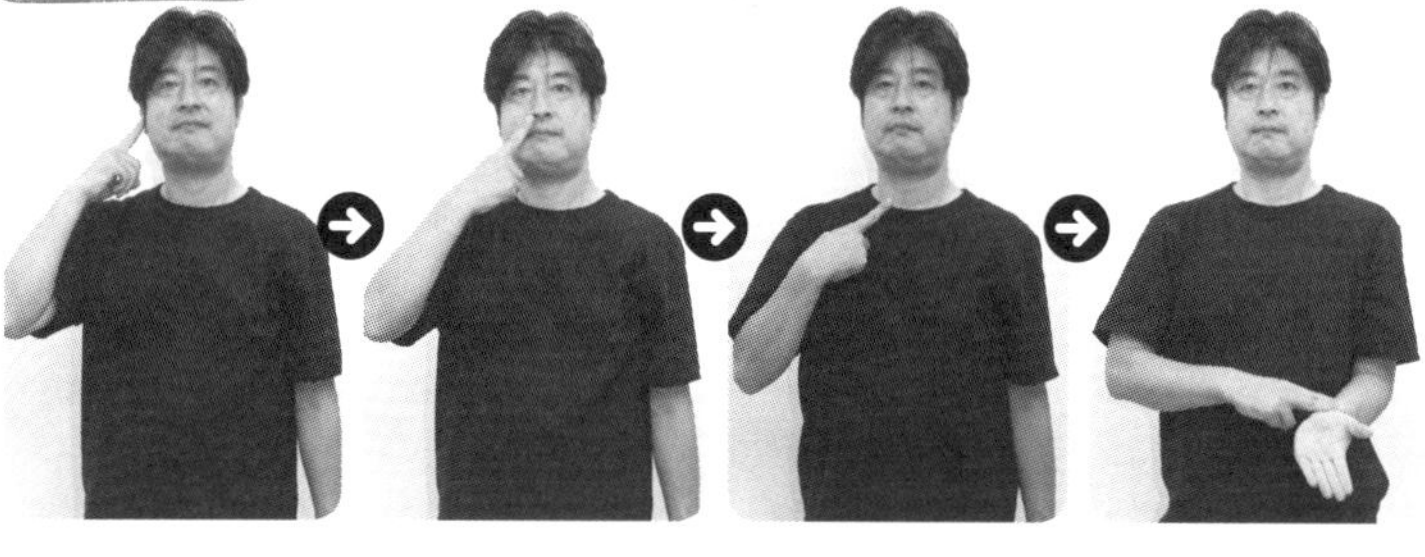

①右手の人差指で耳を指し、②鼻を指し、③のどを指し、④左手首に、右手の人差指、中指をあてる。

待合室

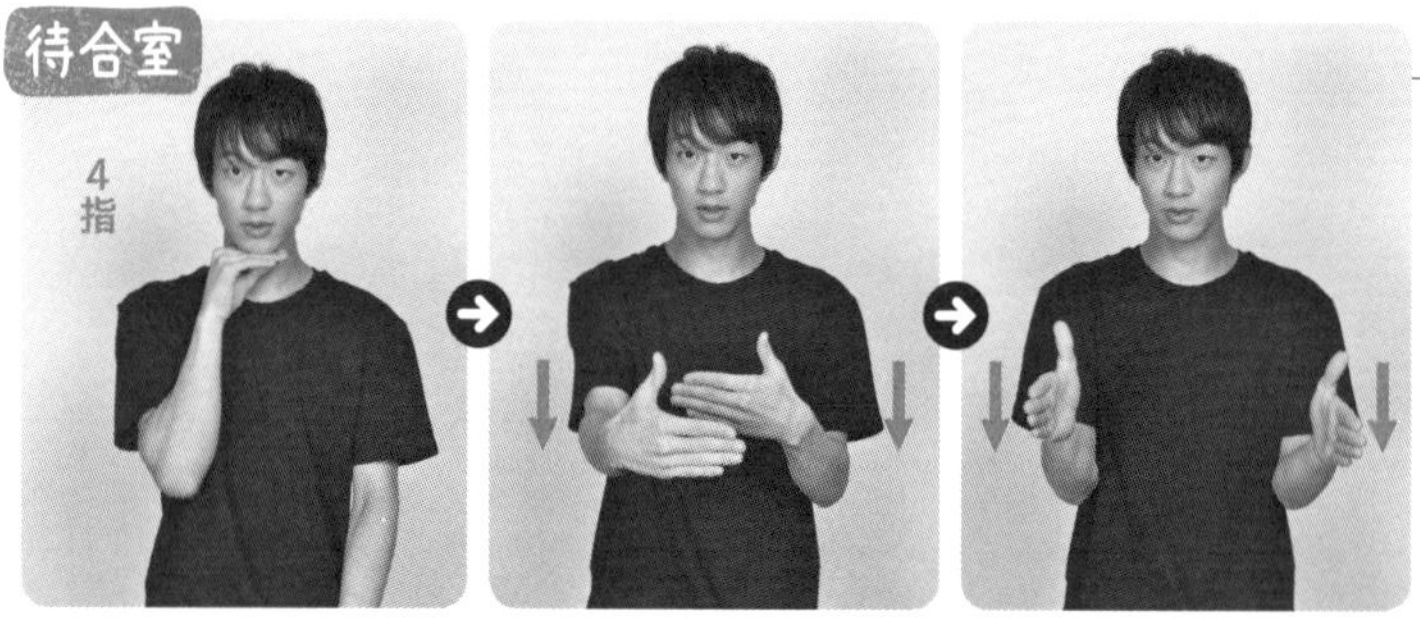

①右手4指の背をあごにあて、②甲を前、指先を左右に向けた両手を前後に配置し、軽く下ろし、③両手の指先を前に向け、軽く下ろす。

車いす

両方の人差指を体のわきで後ろから前に同時に2回回す。

処方せん

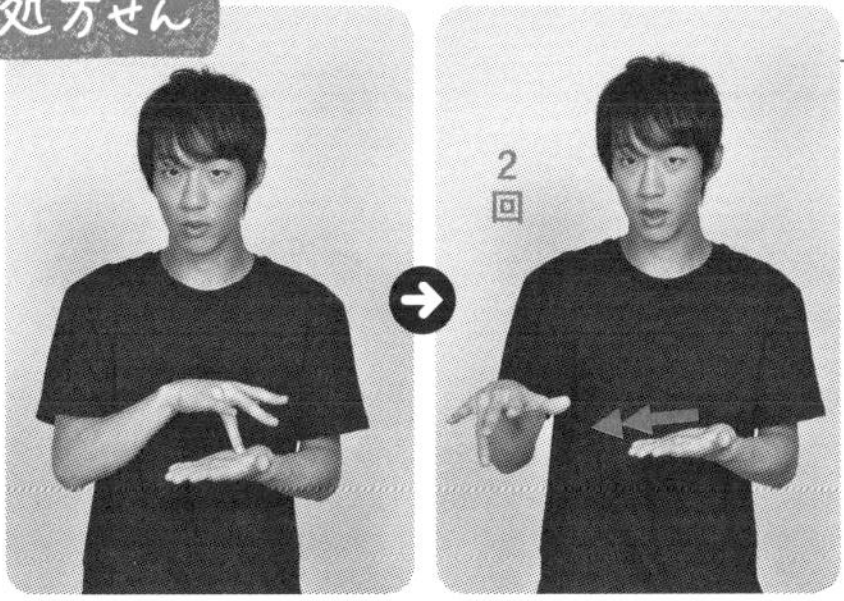

左の手の平に右薬指の指先をつけ、右へ2回引く。

入院

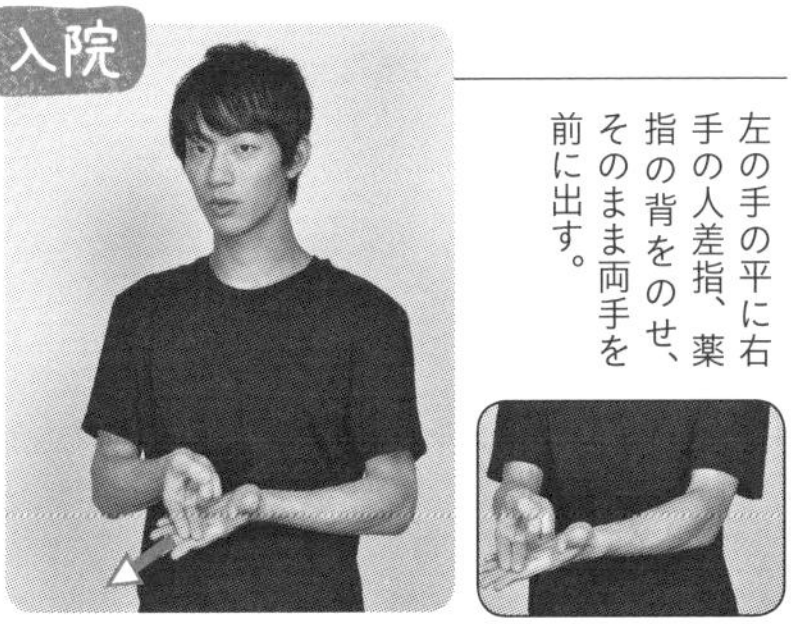

左の手の平に右手の人差指、薬指の背をのせ、そのまま両手を前に出す。

注射

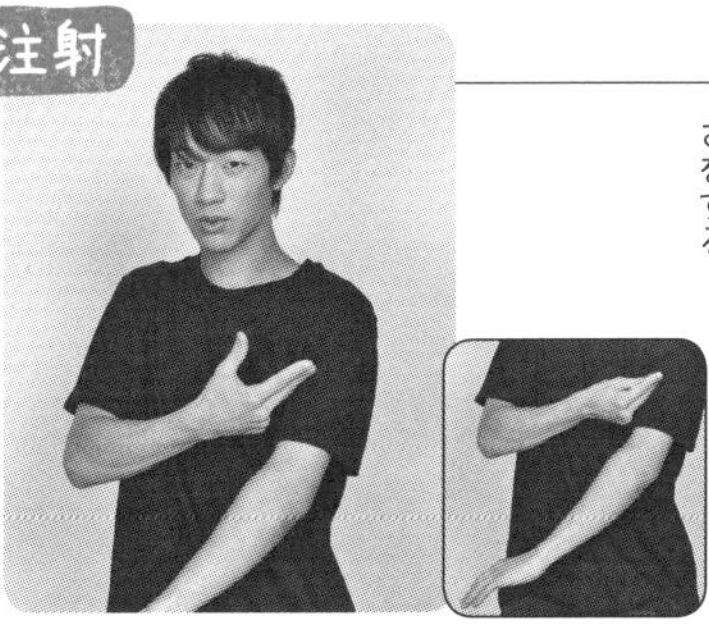

右手の親指と人差指、中指を伸ばし、左腕に注射を打ったしぐさをする。

救急車

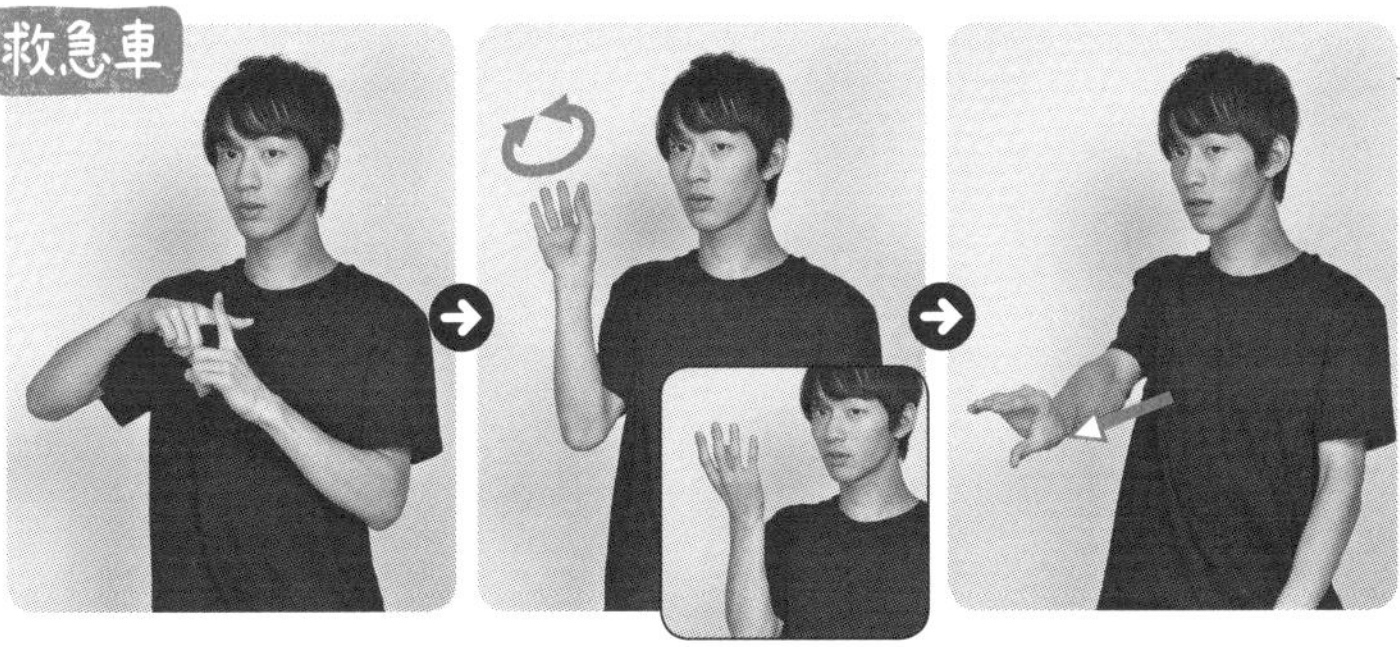

①両方の人差指を十字形に交差させ、
②5指を軽く曲げ、上に向けた右手を顔の横で手首から回し、
③右手の親指と4指を平行に伸ばして、前に出す。

お見舞い

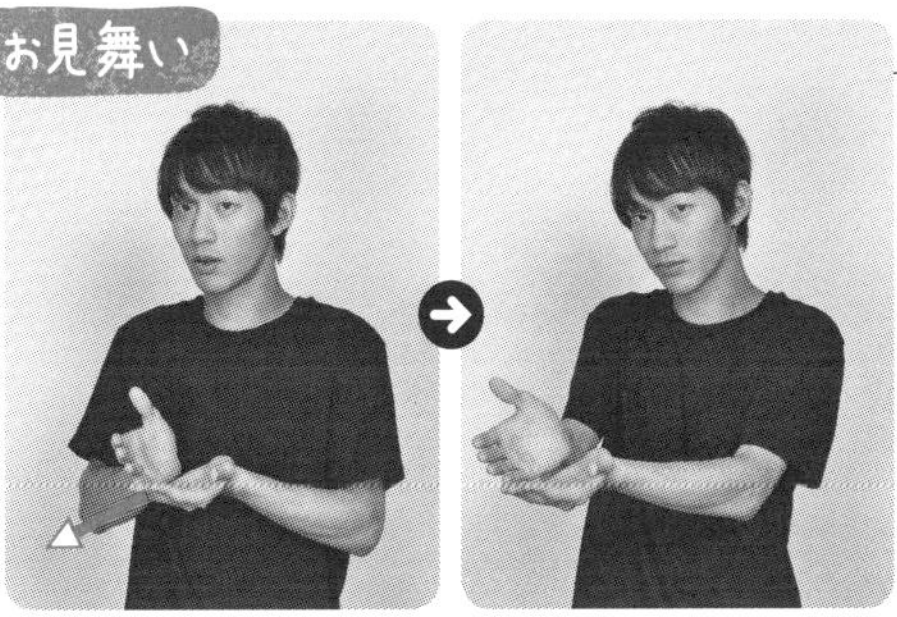

上に向けた左の手の平に右手をそえて前に出す。

検査

右手の曲げた人差指、中指の指先を目に向け、左右に振る。

Byōin-deno-Taiou

病院での対応

具合はいかがですか？

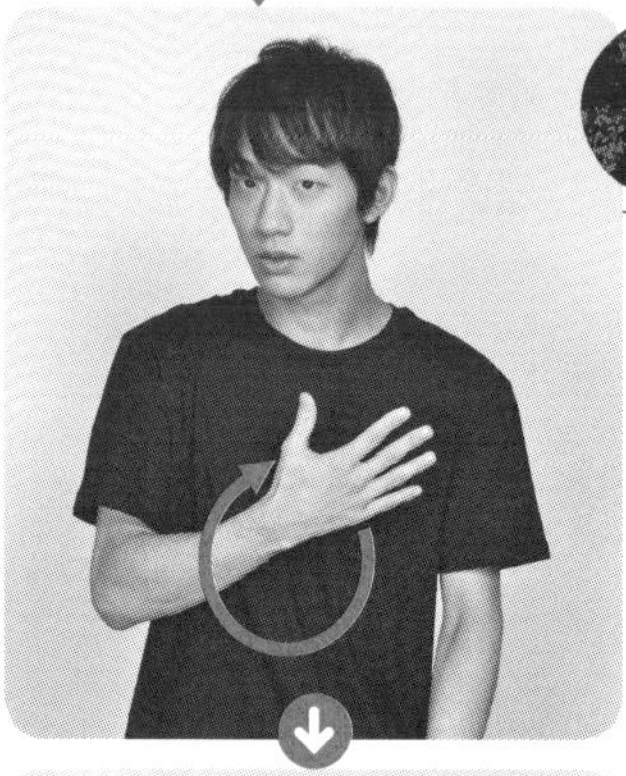

具合

①右の手の平で胸からお腹を丸くなで、

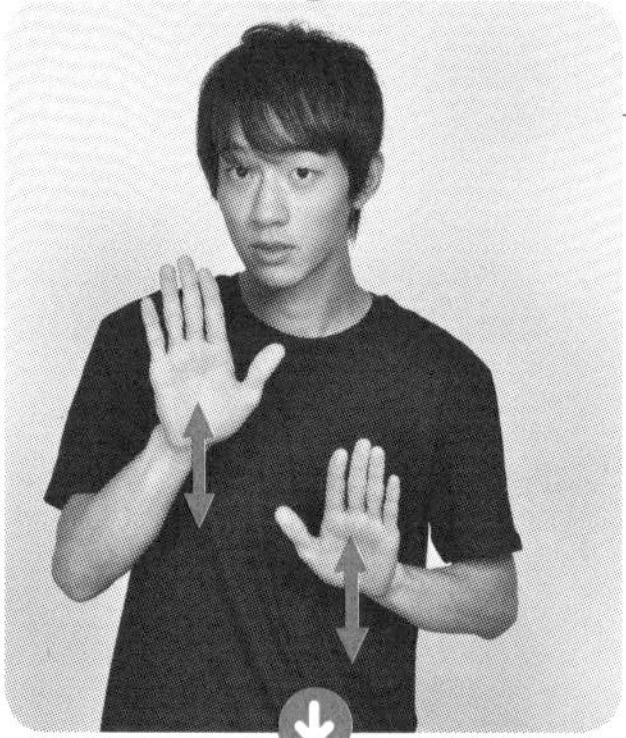

②両方の手の平を前に向け交互に上下させ、

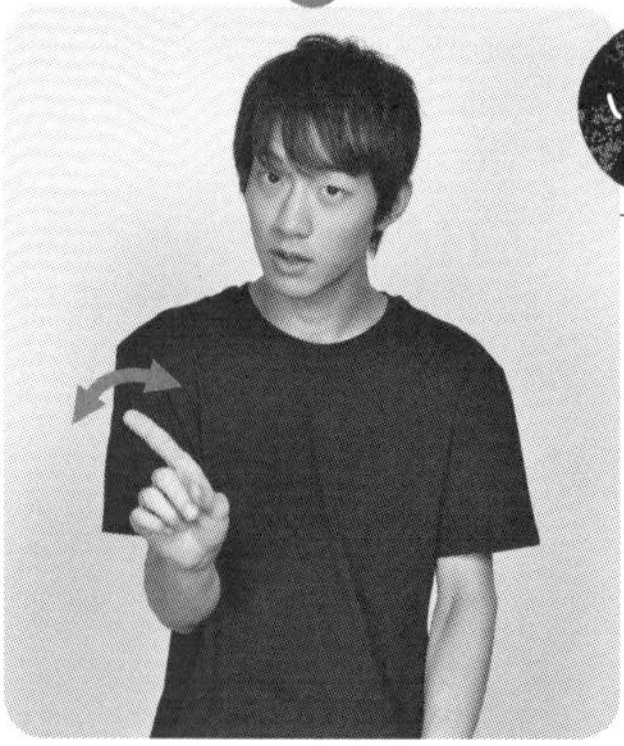

いかが？

③右手の人差指を振る。

熱を測りたいです

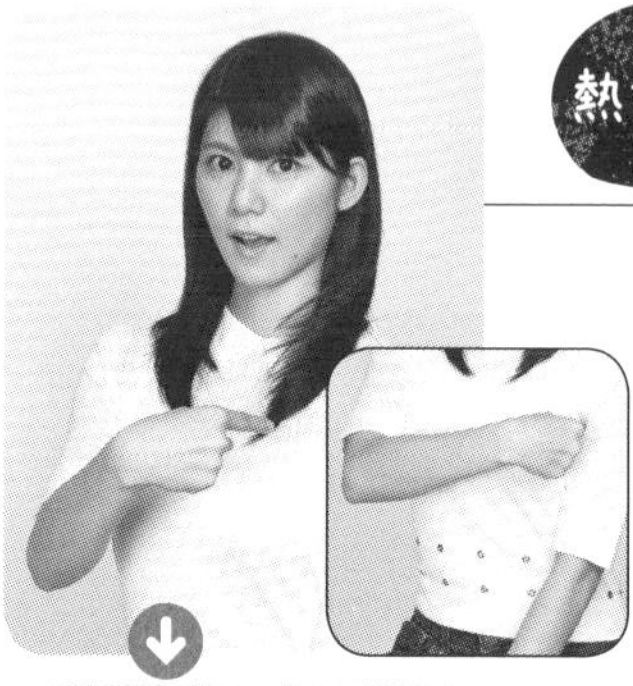

熱を測る

①右手の人差指を立て、わきの下に差し入れ、

したい

②のどに向けて開いた右手の親指と人差指を斜め下に出しながら閉じる。

横になってください

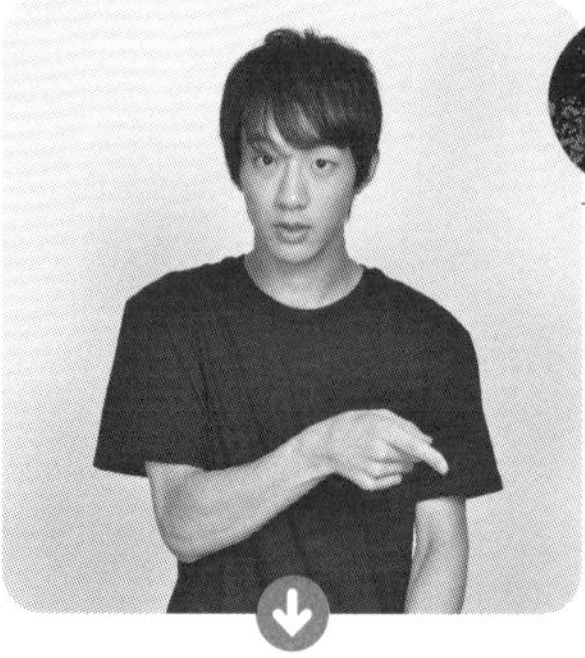

そこ

①ベッドなどを指し、

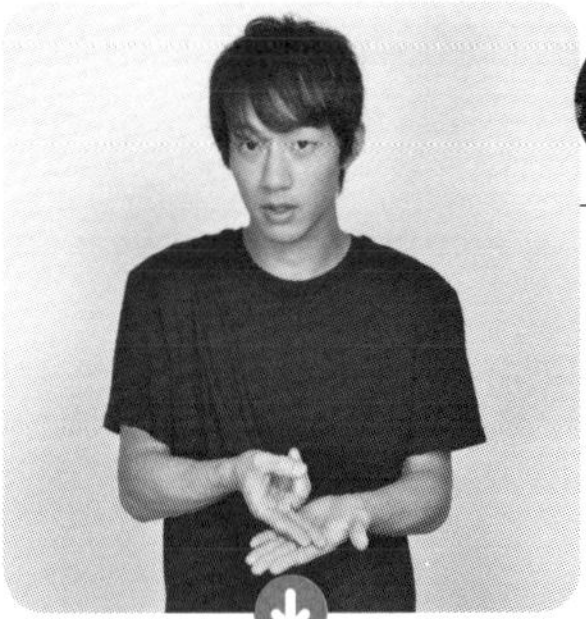

横になる

②左の手の平に右手の人差指、中指の背をのせ、

お願い

③右手を前に差し出しながら頭を下げる。

薬は薬局でもらってください

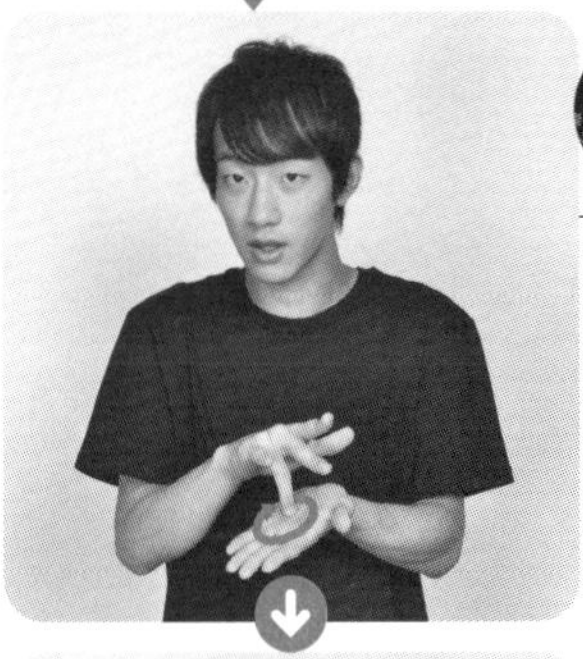

薬局

①左の手の平を右の薬指の指先で円を描くようになで、

②丸めた左手の横で、右手の人差指を下ろし、はね上げ、

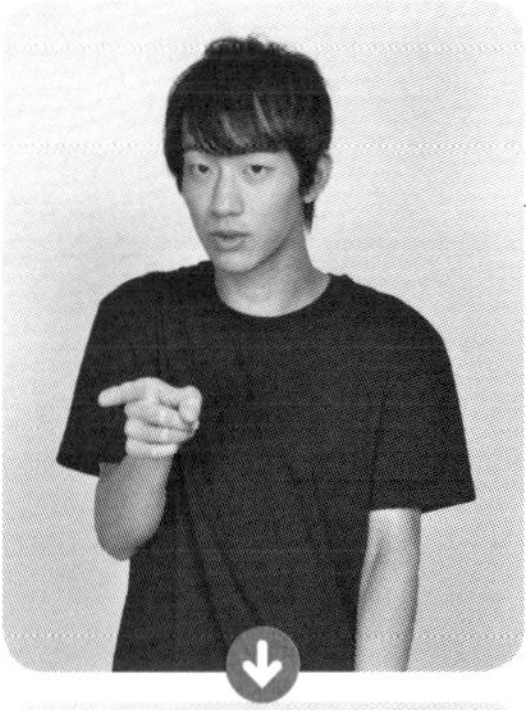

③右手の人差指で薬局の位置を指し、

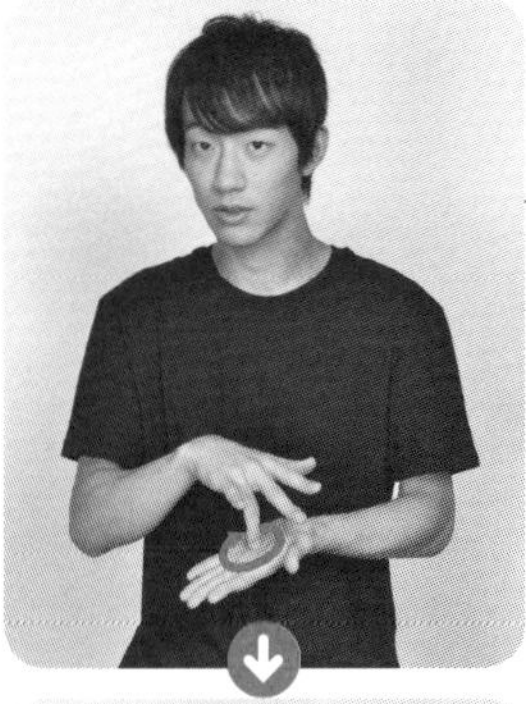

薬

④左の手の平を右手の薬指の指先で、円を描くようになで、

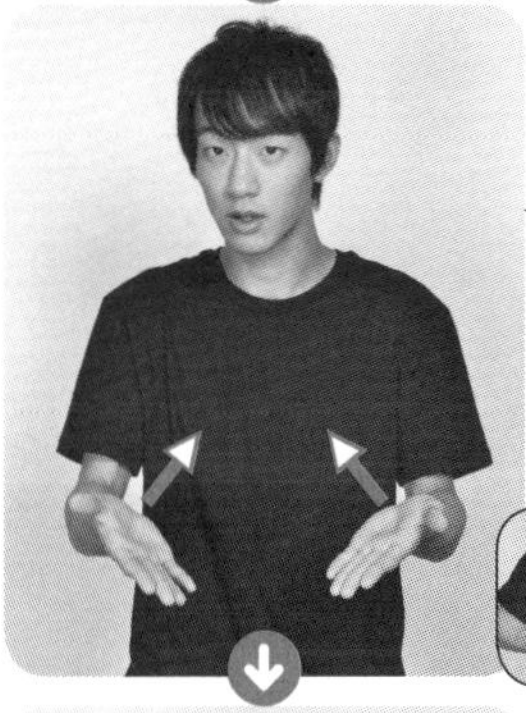

もらう

⑤手の平を上に向けて揃えた両手を手前に引き、

お願い

⑥右手を前に差し出しながら頭を下げる。

症状・病名に関する単語集

病気

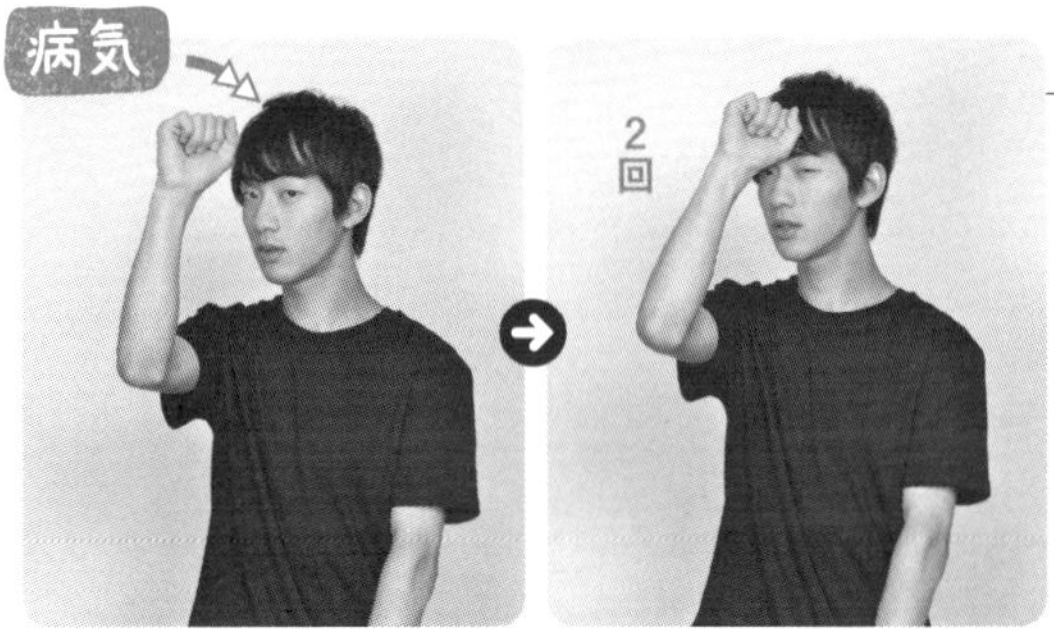

右のこぶしを額に2回あてる。

咳

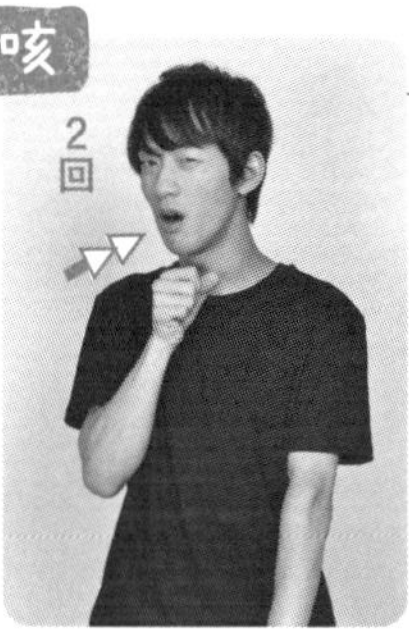

のどに右のこぶしを2回近づける。

下痢

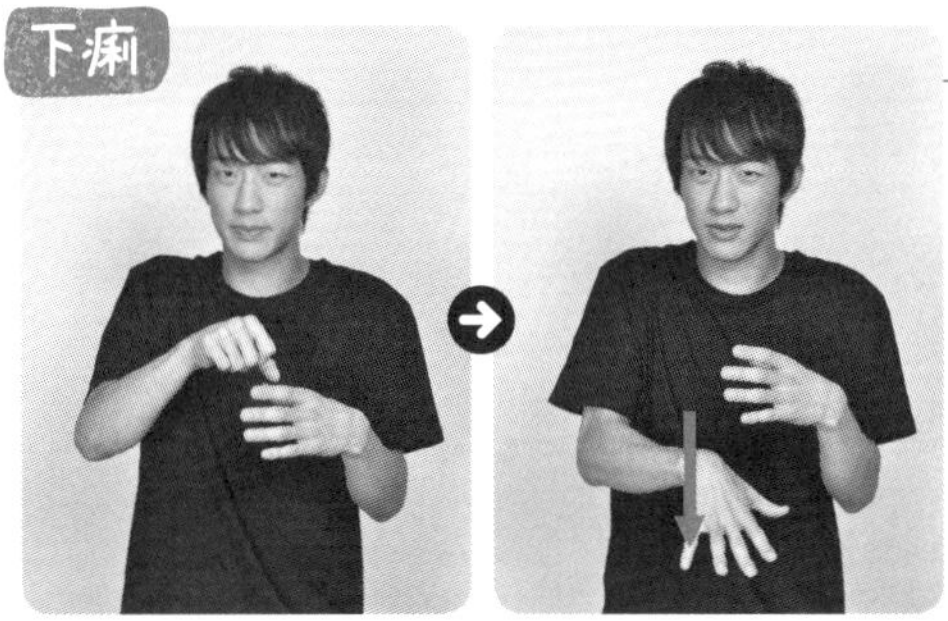

丸めた左手につまんだ右手を入れ、開きながら下に下ろす。

便秘

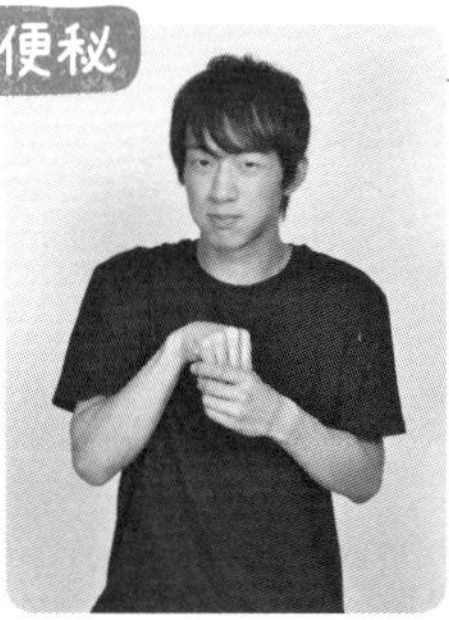

丸めた左手につまんだ右手の指先を入れる。

頭痛

①右手の人差指で頭を指し、②右手5指を軽く曲げて上に向け、震わせる。

腰痛

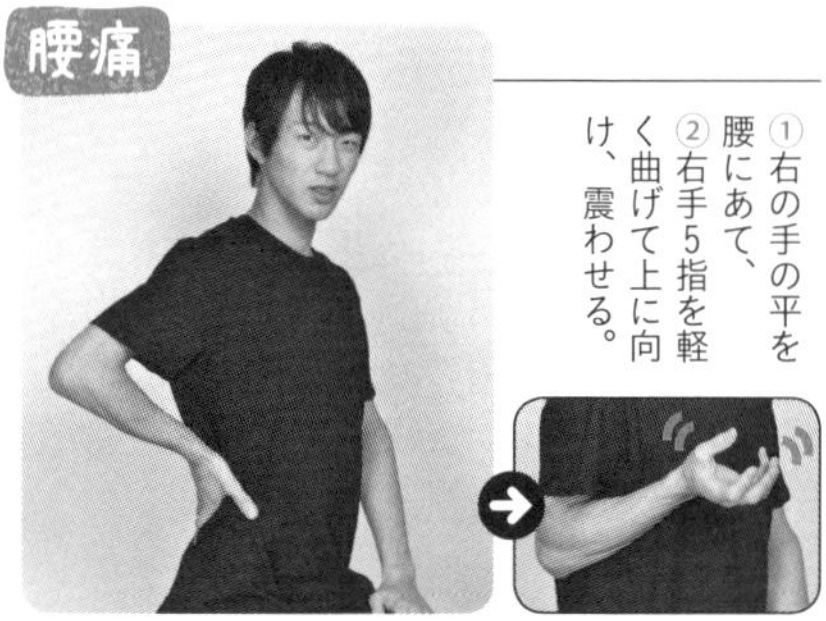

①右の手の平を腰にあて、②右手5指を軽く曲げて上に向け、震わせる。

腹痛

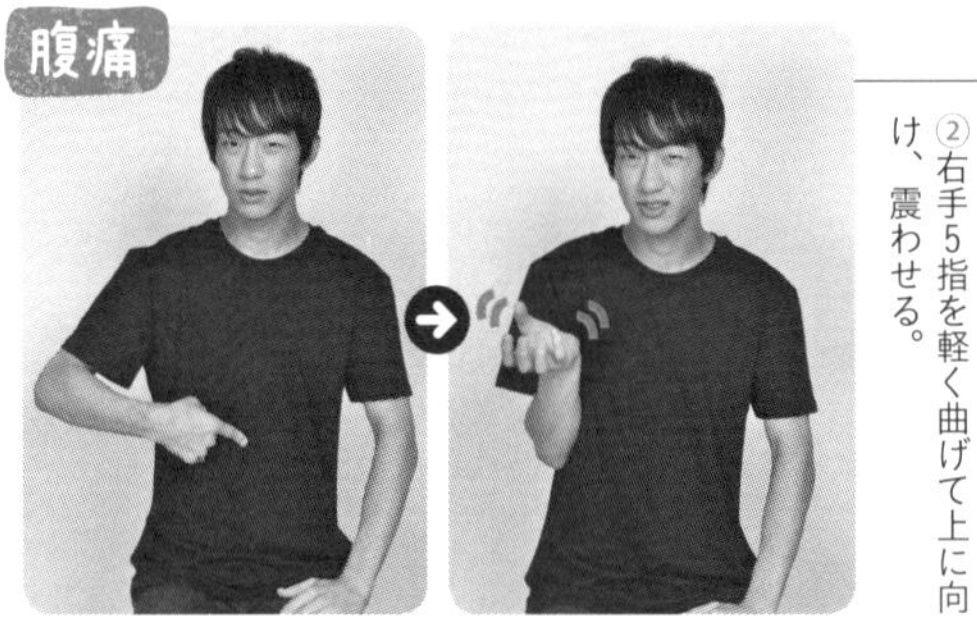

①右手の人差指でお腹を指し、②右手5指を軽く曲げて上に向け、震わせる。

めまい

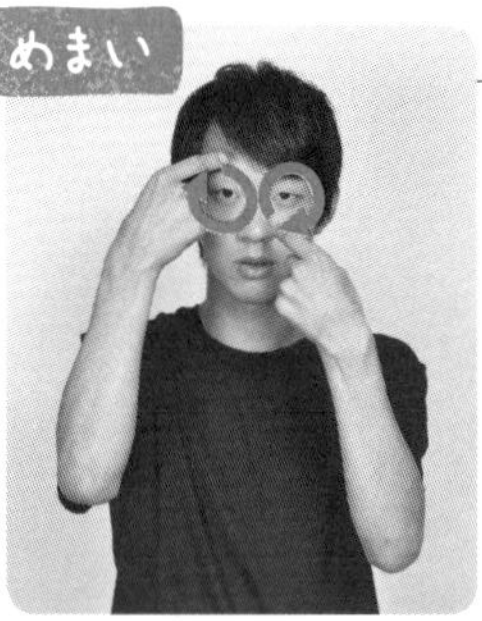

両目に向けた人差指を、目のまわりで回す。

虫歯

口の横で右手の人差指を2回曲げる。

耳鳴り

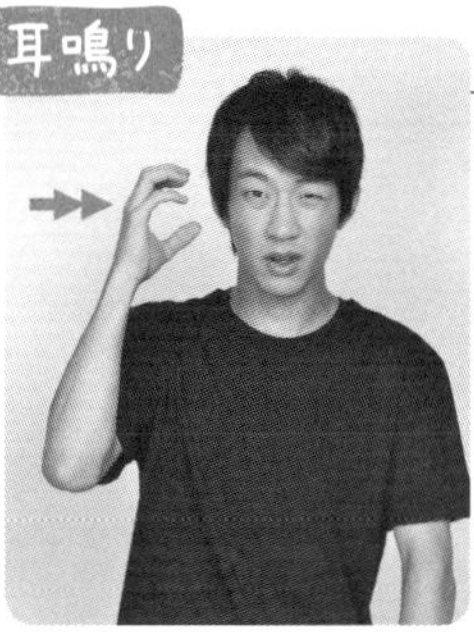

5指を軽く曲げた右手を耳に向け、2回耳に近づける。

貧血

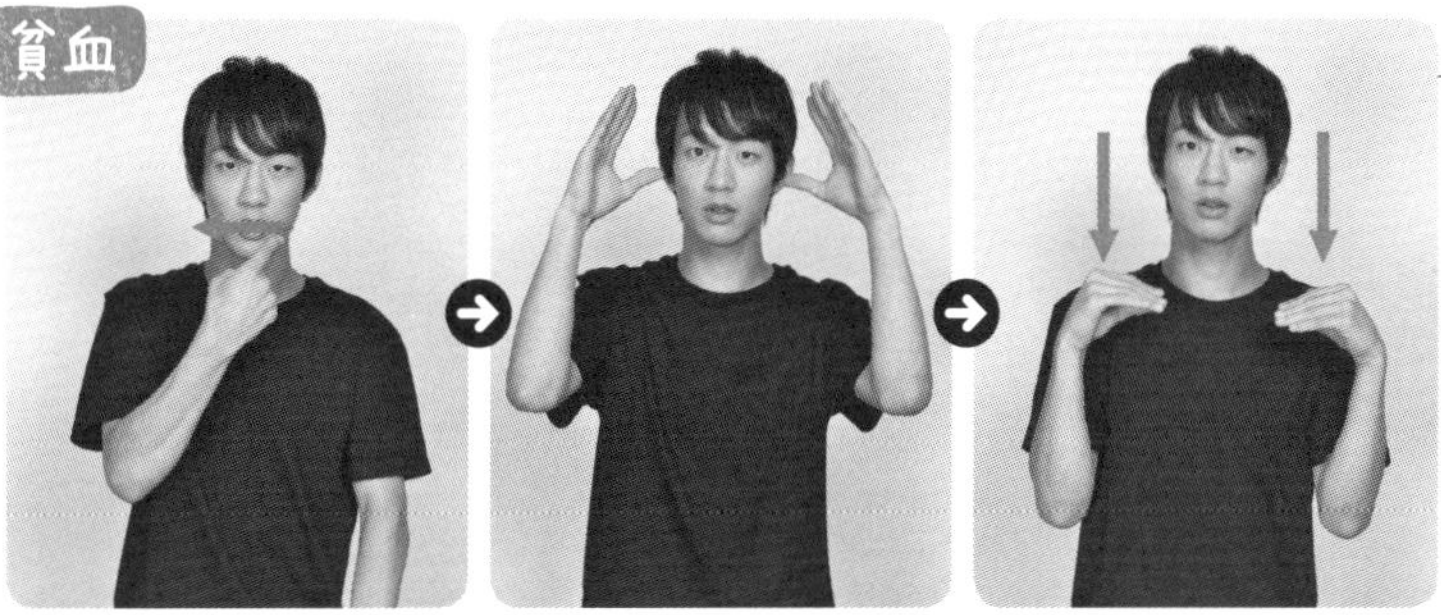

①右手の人差指を口元にあて、左から右に引き、②頭の前で指先を向き合わせて、開いた両手を顔にそって下ろしながら閉じる。

ヤケド

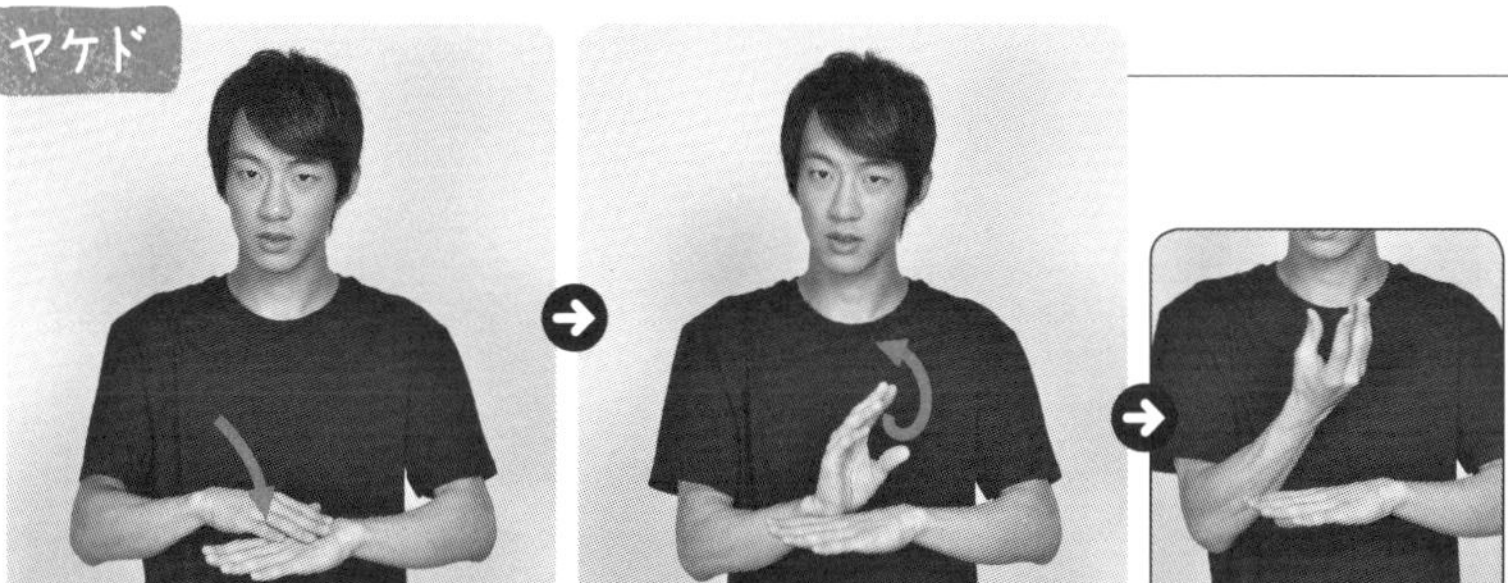

①左手の甲を右手で叩き、②5指を丸めて立てた右手をねじり上げる。

肩こり

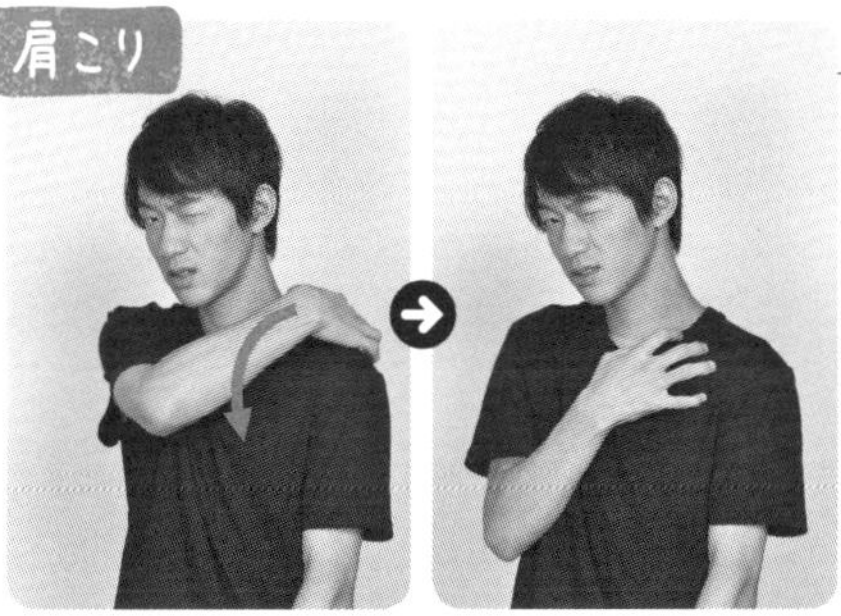

右手で肩をつかみ、前に強く引く。

捻挫

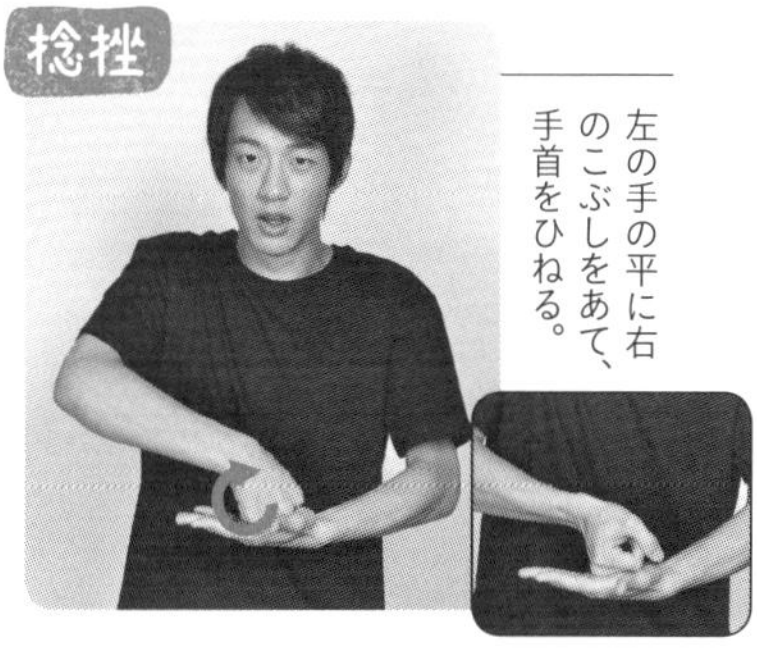

左の手の平に右のこぶしをあて、手首をひねる。

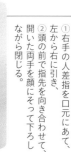

症状・病名に関する単語集

ケガ

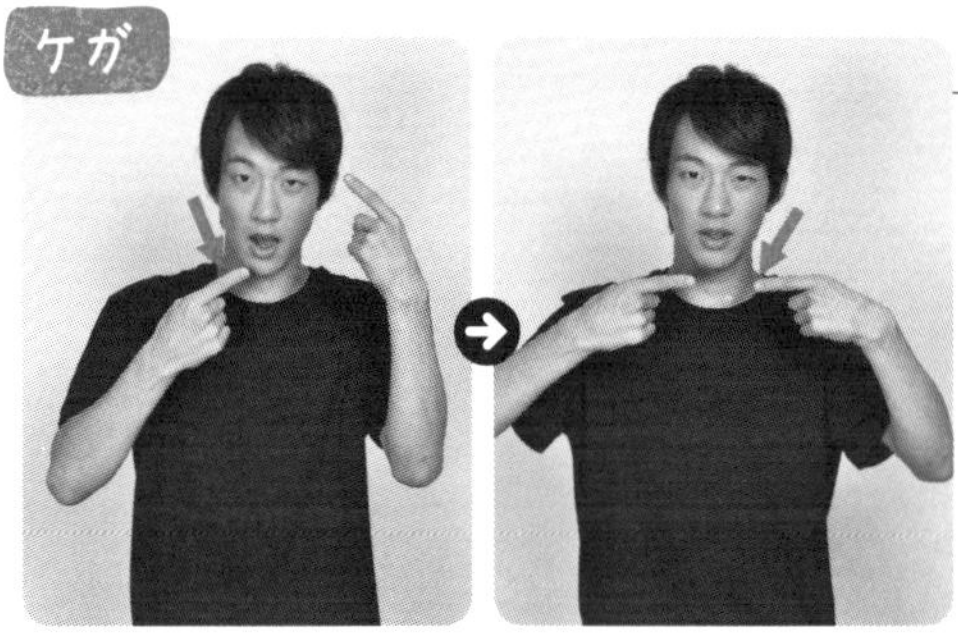

両手の人差指の指先で、交互に頬を切るしぐさをする。

ぜん息

右手を軽く丸めて胸の中央にあて、上下させる。

アトピー

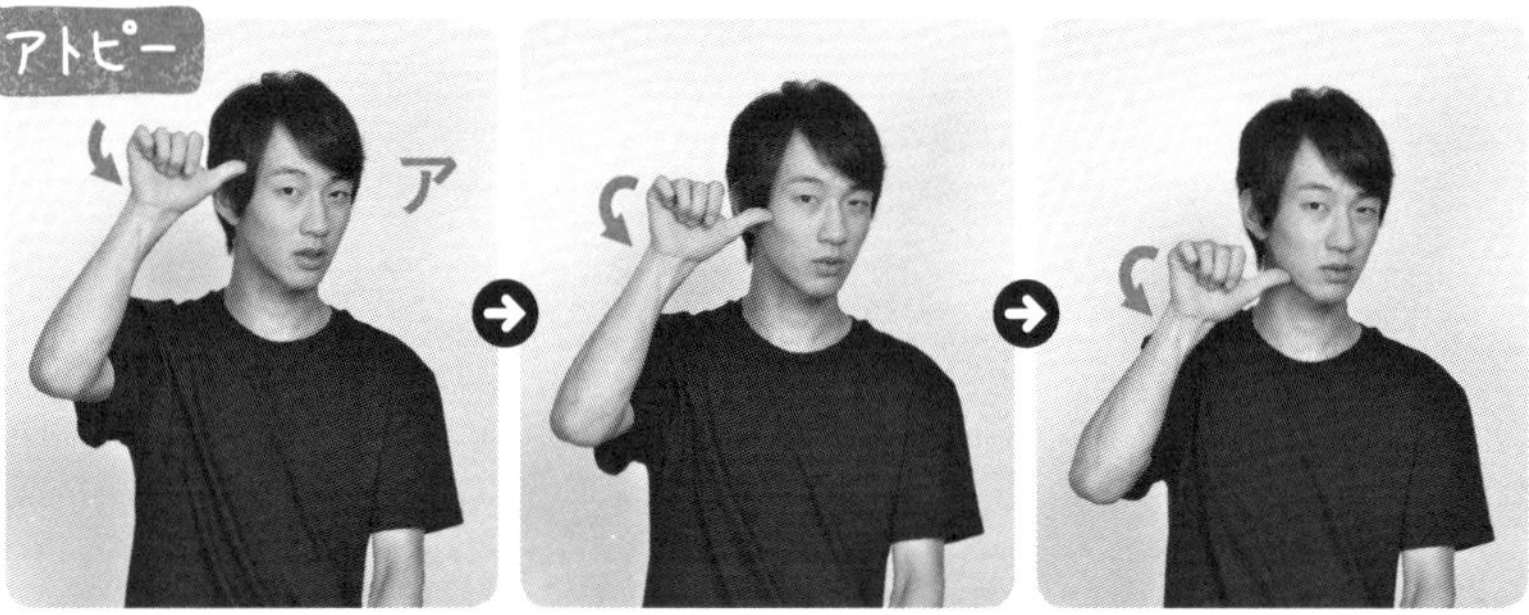

右手の親指を横に出し（指文字ア）、こめかみから頬へ順にあてながら下ろす。

ストレス

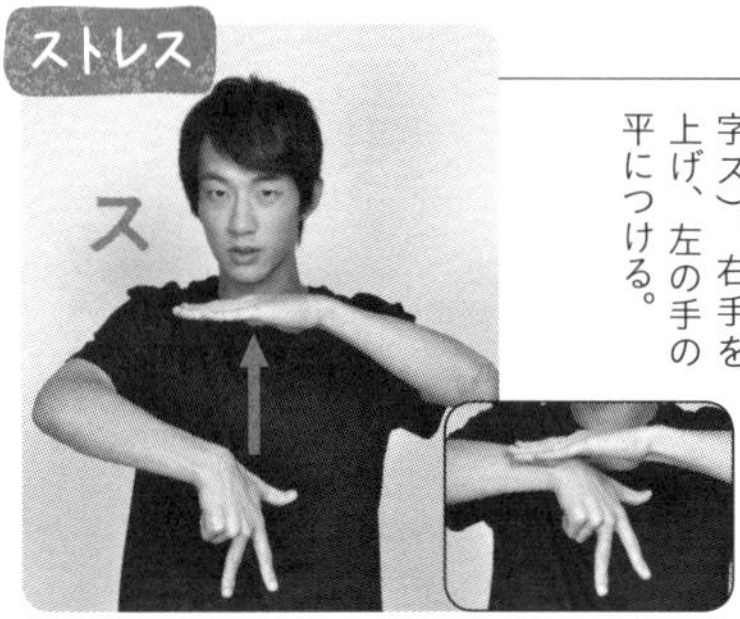

左の手の平の下で右手の親指、人差指、中指を下に向け（指文字ス）、右手を上げ、左の手の平につける。

熱

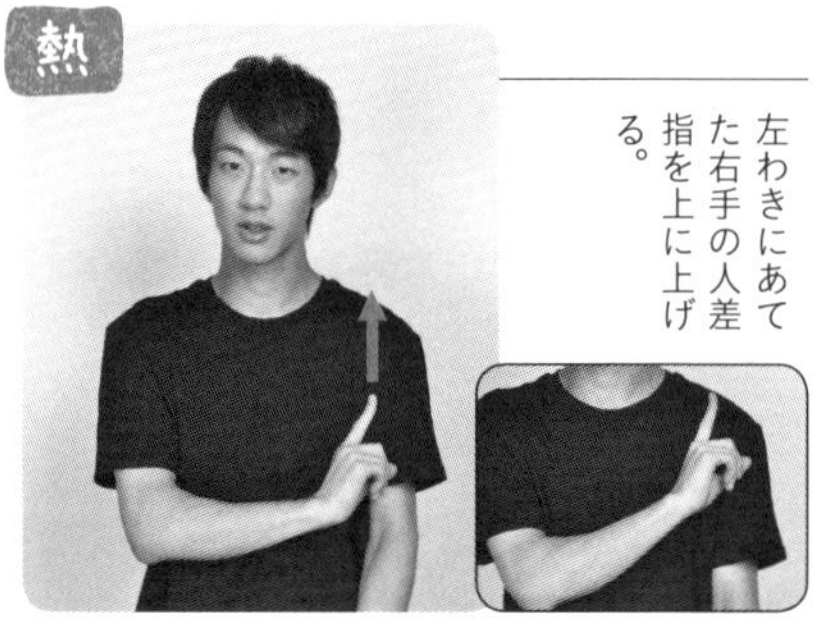

左わきにあてた右手の人差指を上に上げる。

花粉症

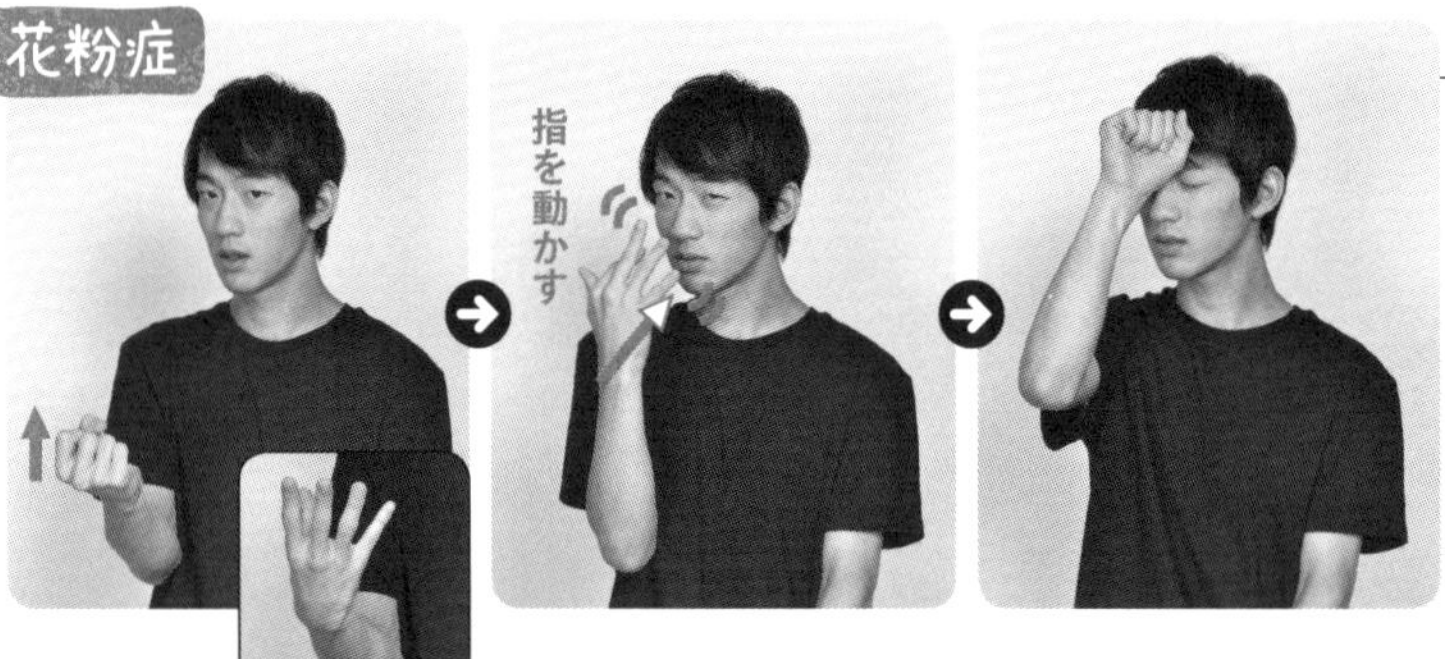

①つまんだ右手の指先を上に向けて開き、
②鼻に向かって5指をひらひらと動かしながら近づけ、
③こぶしを額にあてる。

インフルエンザ

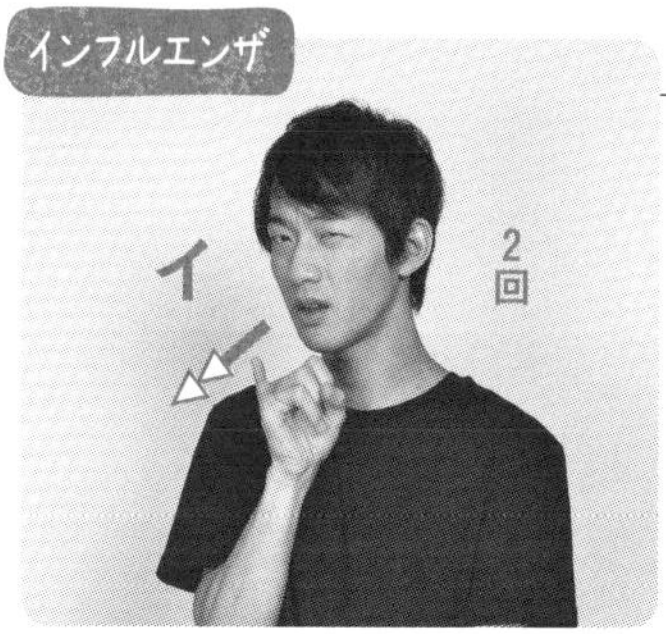

右手の小指を立て（指文字イ）、のどの前で小さく2回前に出す。

吐き気

右の手の平を胸からのどにそって上げ、上に向けながら前に出す。

がん

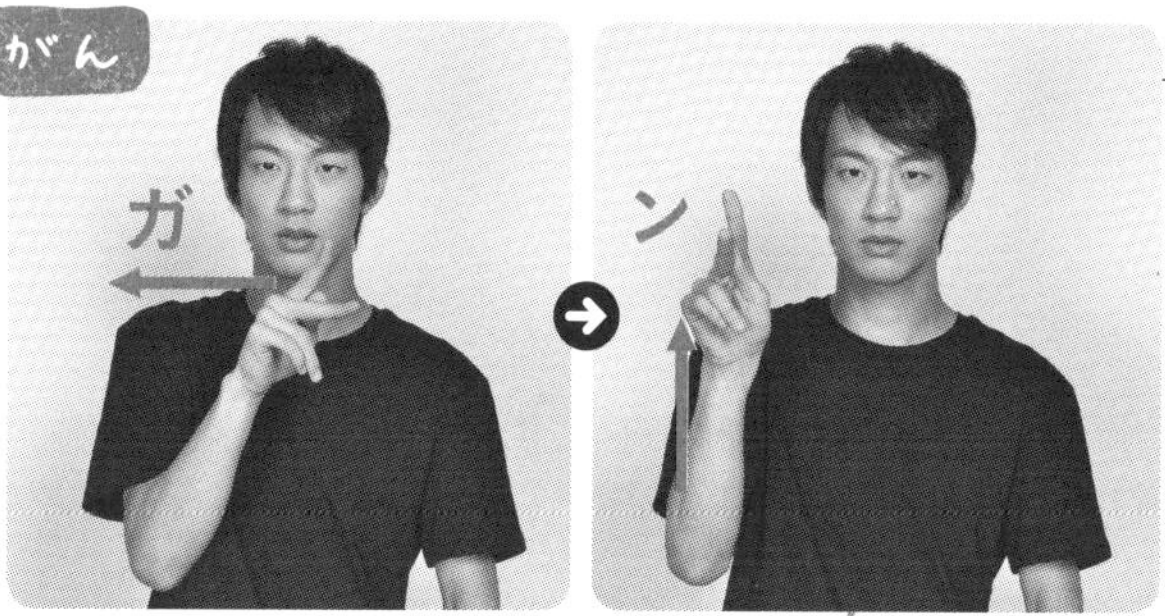

右手の人差指、中指を斜めにずらして立て、右へ引き（指文字カ）、はね上げる（指文字ン）。

ONE POINT

検査の表現

病院で行う検査にも、それぞれ手話があります。
ここでは胃カメラの手話を見てみましょう。

胃カメラ

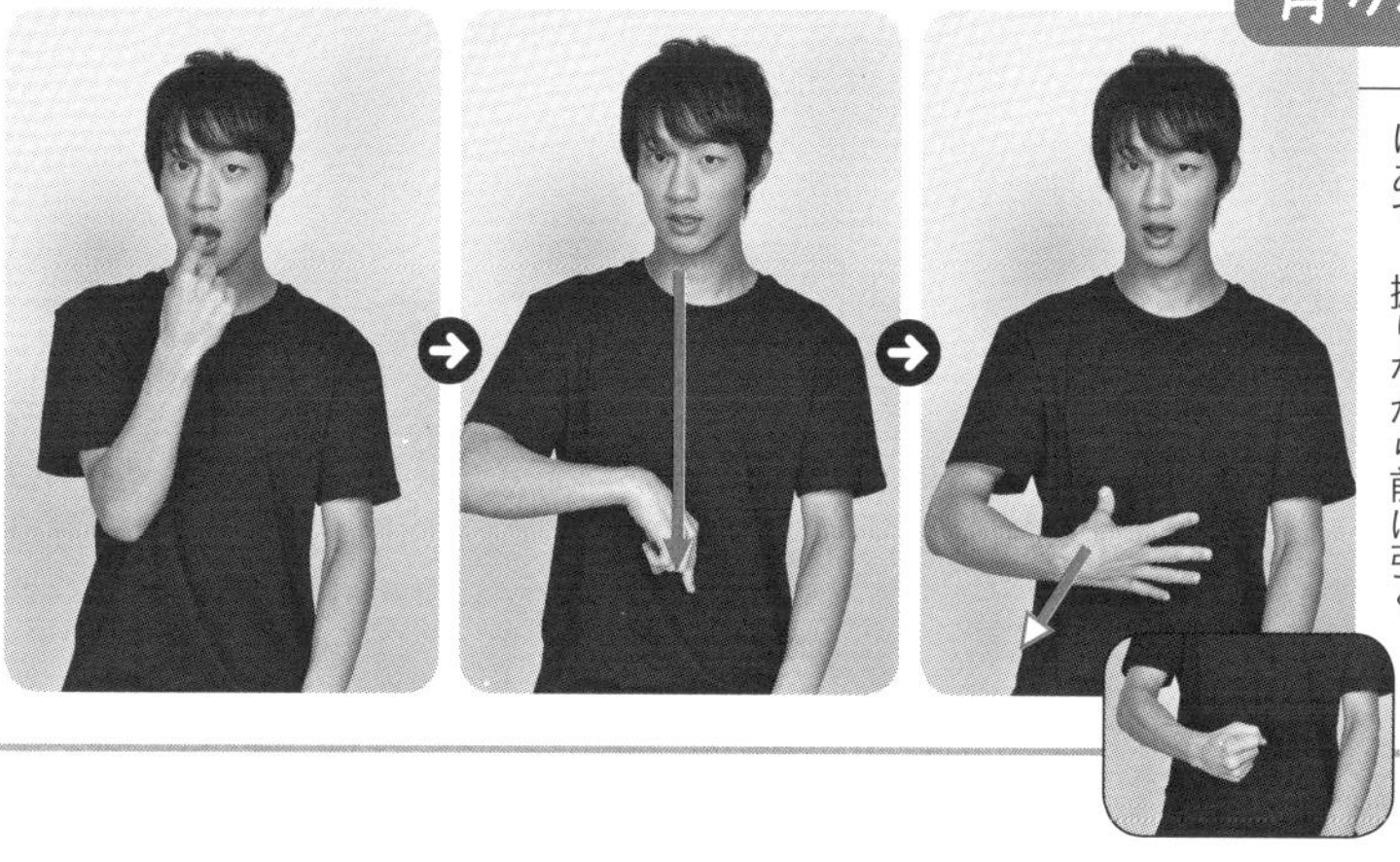

右手の人差指を口元からお腹のあたりまで下げ、手の平をお腹にあて、握りながら前に引く。

Sutairu-ni-tsuite-Hanasou

スタイルについて話そう

スタイルがいいですね

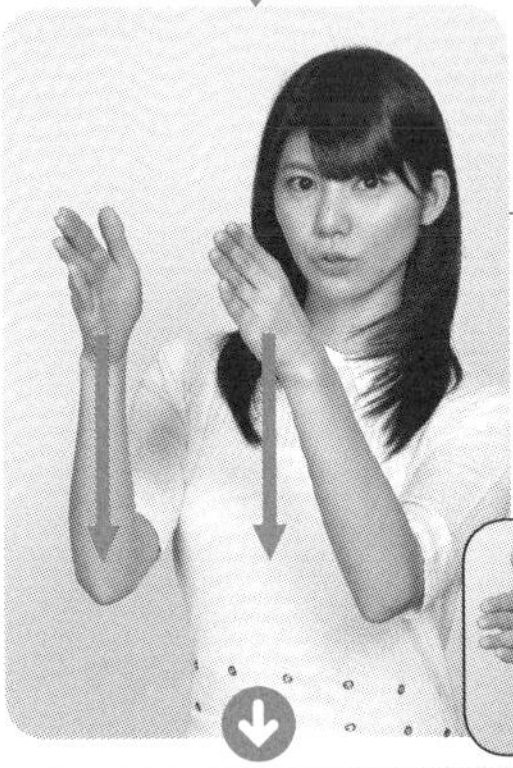

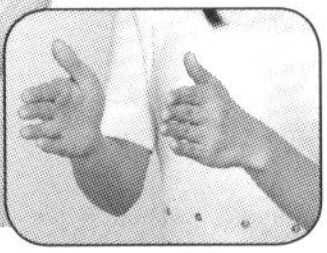

スタイル

①両手を向かい合わせ、同時に上から下に下ろし、

素晴らしい

②鼻に右こぶしをつけ、

③こぶしを斜め上に上げる。

少し太ったのでダイエットをしています

私

①自分を人差指で指し、

太る

②頬を膨らませながら、頬の横で両手を左右に広げ、

ダイエット

③左の手の平から右手の人差指、中指を口元に運び、

④左手を残し、4指を折った右手を口元から下げる。

痩せましたか？

痩せる

①両手4指の背を頬にあて、

②同時になで下ろし、

？（疑問形）

③相手を指す。

気にしなくても大丈夫ですよ

気にしない

①右手の人差指をこめかみにあて、

②すばやく下ろしながら5指を開き、

大丈夫

③右手の小指をあごにあてる。

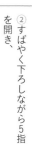

動詞表現

行く

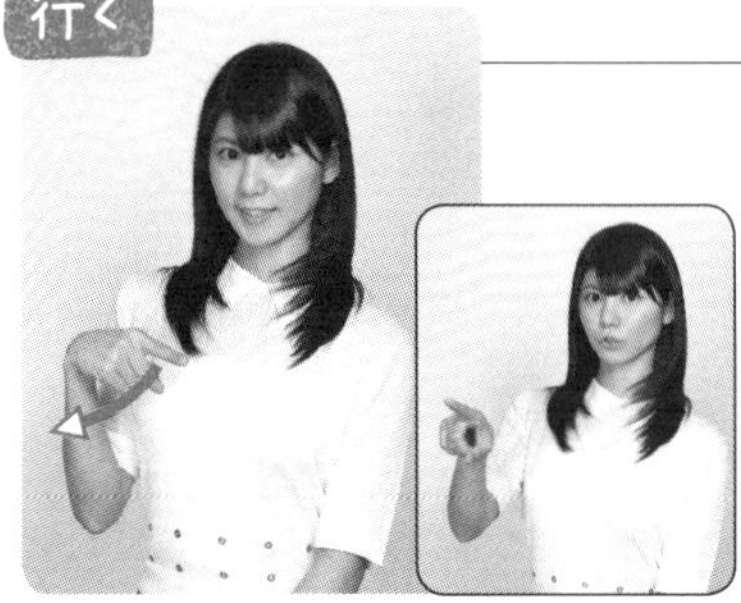

右手の人差指を胸から前に振り出す。

食べる

左の手の平から右手の人差指、中指を口元に運ぶ。

助ける

立てた左手の親指の背を右手で2回叩く。

助けてもらう（助かる）

親指を立てた左手を右の手の平で手前へ2回叩く。

変わる①

両手の甲を前に向けて立て、クロスさせる。

変わる②

左の手の平に右の手の平をのせ、右手を裏返して甲を左の手の平につける。

歩く

右手の人差指、中指を下に向け、指を交互に動かしながら前へ動かす（人が歩くしぐさ）。

走る

両手のこぶしを体のわきで交互に前後させる。

よく使う「動きを表す単語」を紹介します。ひとつずつ覚えていきましょう。

始める

手の平を前に向けて両手をクロスさせ、両手を左右に離す。

終わる

両手5指を開いて上に向け、閉じながら同時に引き下げる。

集まる

両手5指を軽く曲げ、離れた位置で向かい合わせ、近づける。

解散する

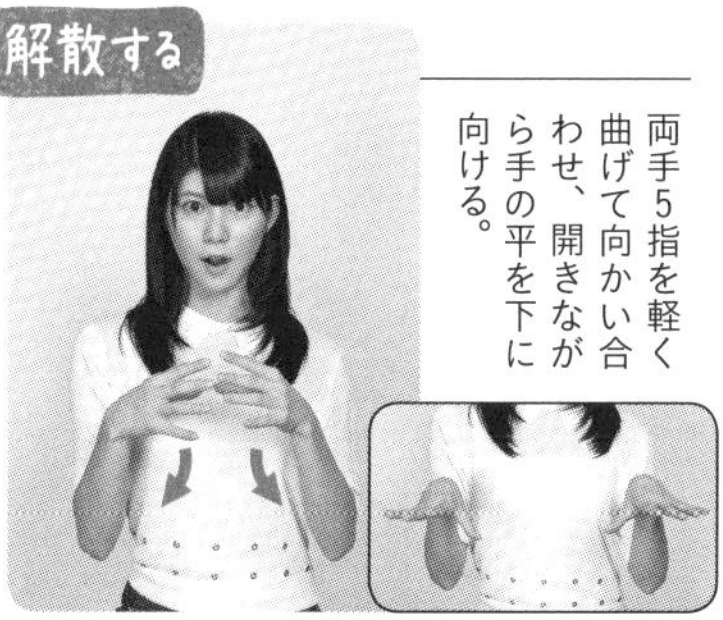

両手5指を軽く曲げて向かい合わせ、開きながら手の平を下に向ける。

買う

右手の親指と人差指の輪を、前に出すと同時に、左の手の平を手前に引く。

売る

右手の親指と人差指の輪を、手前に引くと同時に、左の手の平を前に出す。

選ぶ

左手5指を立て、右手の親指、人差指で左の指をつまみ上げる。

応援する

斜め上下に重ねた両手のこぶしを左右に振る。

動詞表現

起きる

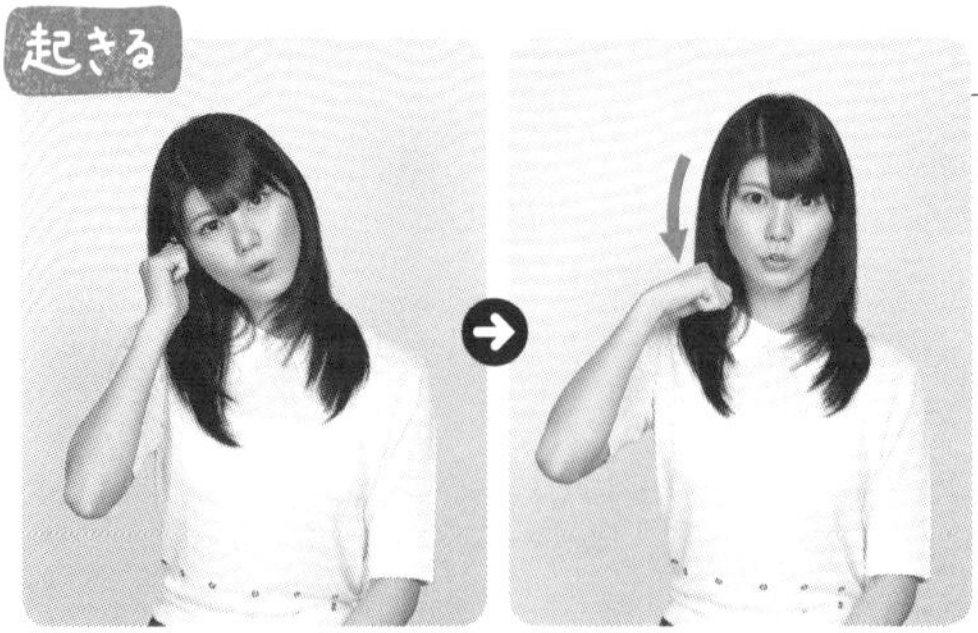

こめかみにあてたこぶしを引き下ろすと同時に頭を起こす。

寝る

こぶしをこめかみにあて、目を閉じて顔を傾ける。

贈る

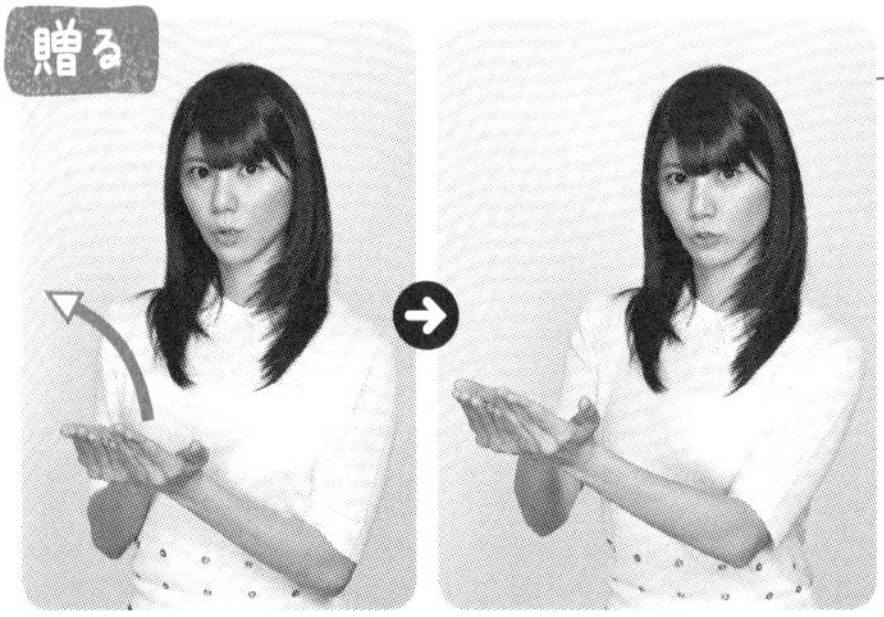

手の平を上に向け、両手を弧を描いて前に出す。

数える

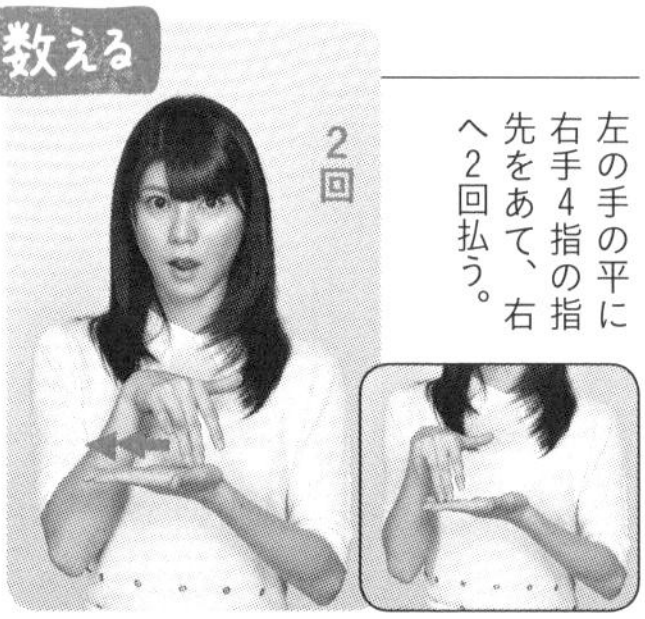

左の手の平に右手4指の指先をあて、右へ2回払う。

考える

右手の人差指をこめかみにあて、回転させる。

思う

人差指をこめかみにあてる。

思い出す

右手の人差指をこめかみにあて、5指をヒラヒラさせながら右へ動かす。

決める

左の手の平に右手の人差指、中指をたたきつける。

貸す

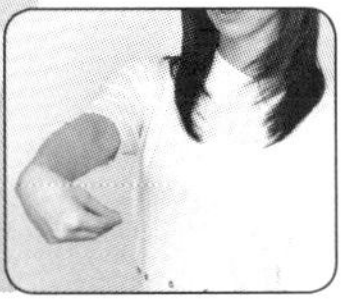

指先を自分に向けた右手を閉じながら前方に出す。

借りる

指先を前にして手の平を上に向けた右手を閉じながら手前に引く。

勝つ

両手のこぶしを親指を立てて合わせ、同時に前に倒す。

負ける

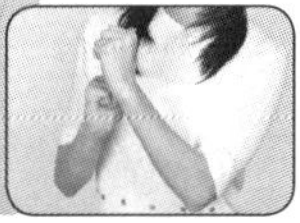

両手のこぶしを親指を立てて合わせ、同時に手前に倒す。

消す(電気)

両手5指を下に向けて開き、同時に引き上げながら握る。

消える

両方の手の平を前に向け、すばやく握りながら両手をクロスさせる。

点ける(電気)

握った両手を同時に下ろしながら指を開く。

困る

湾曲させた右手4指で頭をかく。

動詞表現

探す

右手の親指と人差指で輪を作り、目の前で回しながら右へ動かす。

見つける

右手の人差指を目元にあて、前に出す。

成功する

右のこぶしを鼻先から前に出しながら下ろし、左の手の平を叩く。

失敗する

鼻にあてた右のこぶしを折るように下に下ろす。

調べる

目に向かって曲げた右手の人差指と中指を左右に動かす。

説明する

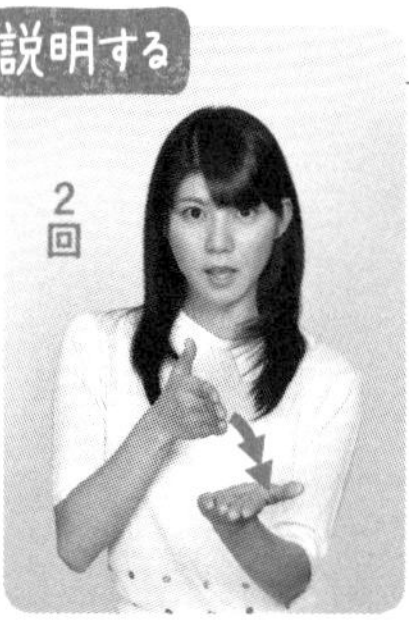

伸ばした右手の指先で左の手の平を2回叩く。

心配する

5指を曲げた両手を胸の前で上下に配置し、震わせる。

相談する

両手の親指を立てて向かい合わせ、こぶしを2回合わせる。

作る

左のこぶしを右のこぶしで2回叩く。

できる

湾曲させた右手の指先を左胸につけ、弧を描いて右胸につける。

疲れる

両方の手の平を手前に向け、だらりと回し下げる。

笑う

顔の横で両手の親指と4指の開閉を繰り返す。

泣く

つまんだ右手の親指と人差指を目尻から揺らして下ろす。

逃げる

両方の親指を前に向けて立て、右後ろに引く。

目指す

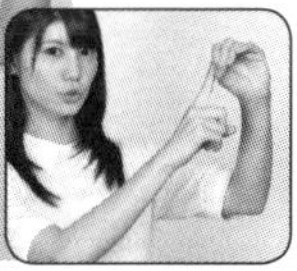

丸めた左手に、右手の人差指を手前からつける。

乗る(台)

①両手で上から下へ四角い台の形を描き、②水平にした左の手の平に右手の人差指、中指を立てる。

動詞表現

乗る（自転車）

①両方のこぶしを後ろから前に交互に回転させ、
②指を前に伸ばした左手に右手の人差指と中指を挟むようにのせる。

乗る（電車）

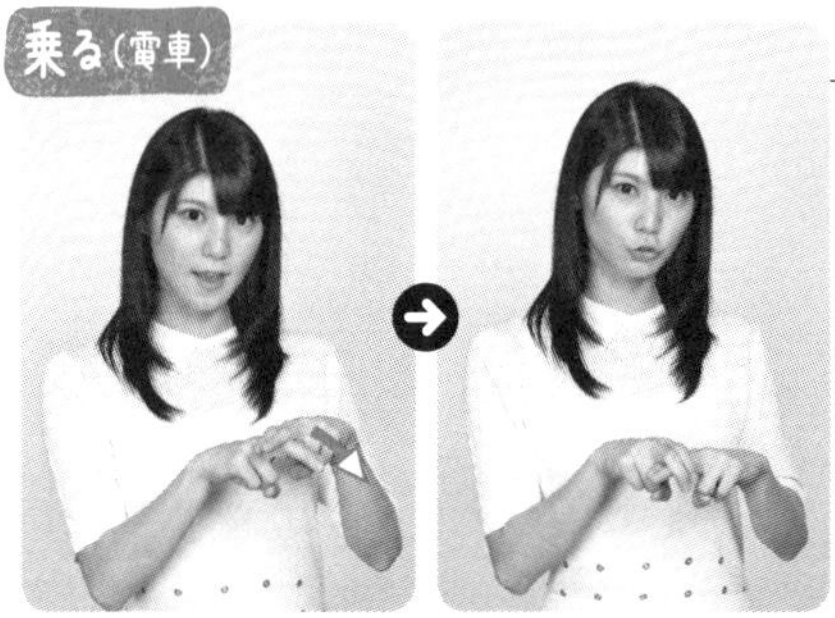

①曲げた右手の人差指、中指を左手の人差指、中指の下につけて前に出し、
②左手2指に折り曲げた右手2指をのせる。

やめる

左の手の平に右手の小指側を叩きつける。

増える

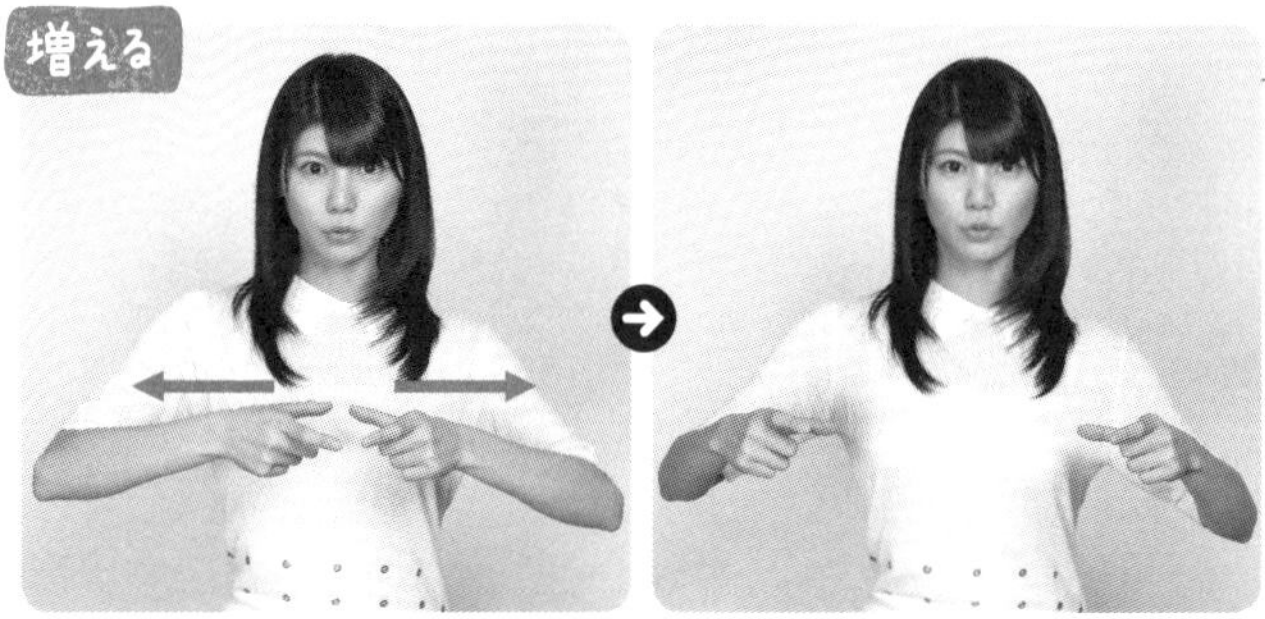

向き合わせた両手の親指、人差指の間を広げながら左右に引き離す。

減る

向き合わせた両手の親指、人差指の間を狭めながら近づける。

間違える

親指と人差指をつまんだ両手を左右からクロスさせる。

待つ

右手4指の背をあごにつける。

読む

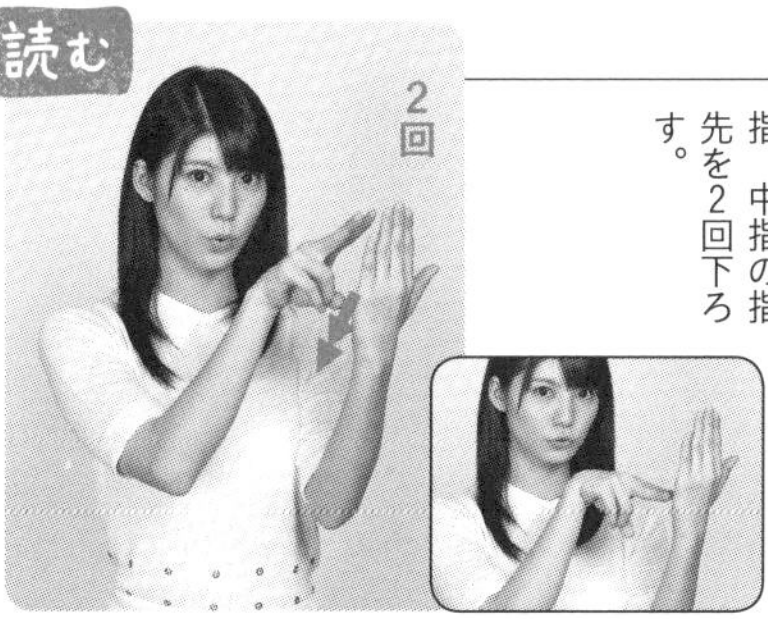

左の手の平に向けた右手の人差指、中指の指先を2回下ろす。

書く

つまんだ右手の親指、人差指で、左の手の平に書くしぐさをする。

見る

前に向けて伸ばした右手の人差指、中指を目元から前に出す。

忘れる

頭の横で右のこぶしを上げながら、すばやく指を開く。

ONE POINT

天気予報にある「のち」と「時々」の表現

のち

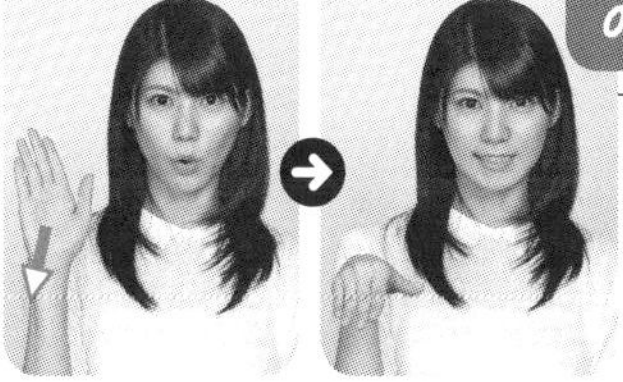

手の平を正面に向け、前に倒す。

時々

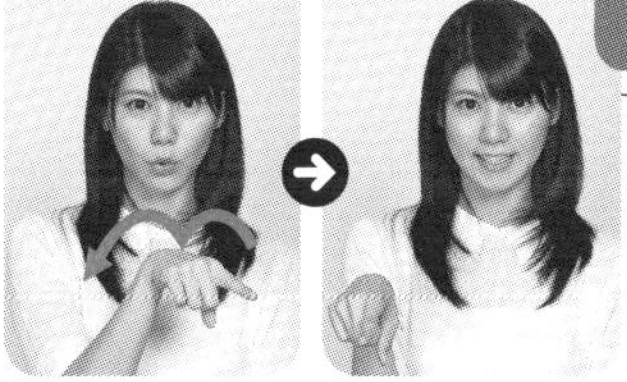

右手の人差指で山の形を連続して2回描く。

感情などの表現

嬉しい

右手を胸にあて、小さく上下にさする。

楽しい

湾曲させた両手の指先を胸につけ、交互に上下に動かす。

ドキドキする

胸前に置いた左の手の平に右手の甲を2回あてる。

寂しい

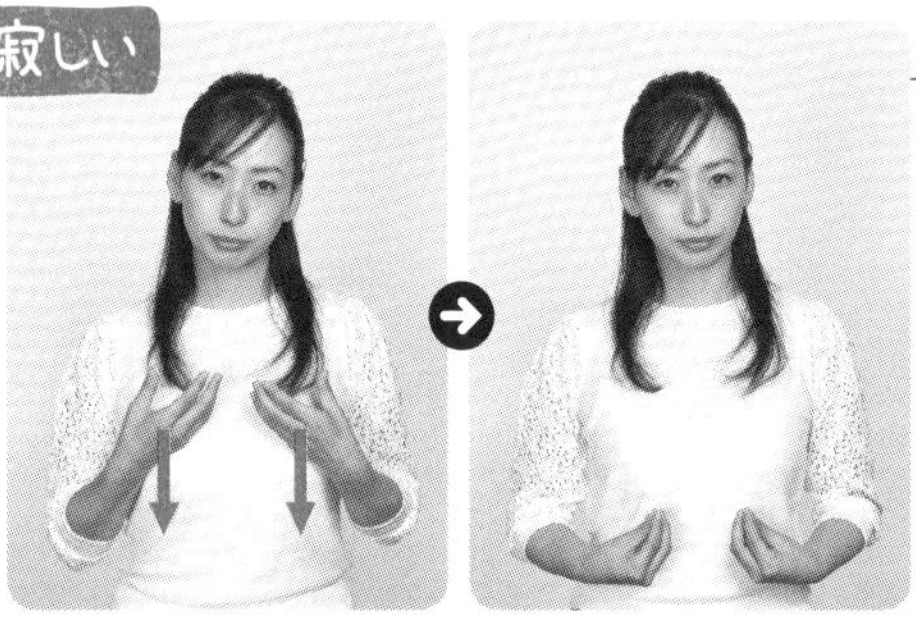

胸の前で両手5指を上に向け、ゆっくり下ろしながら閉じる。

悲しい

つまんだ右手の親指と人差指を目尻から下ろす。

悔しい

両手5指を軽く曲げ、指先を胸にあて、かきむしるように回す。

恐ろしい

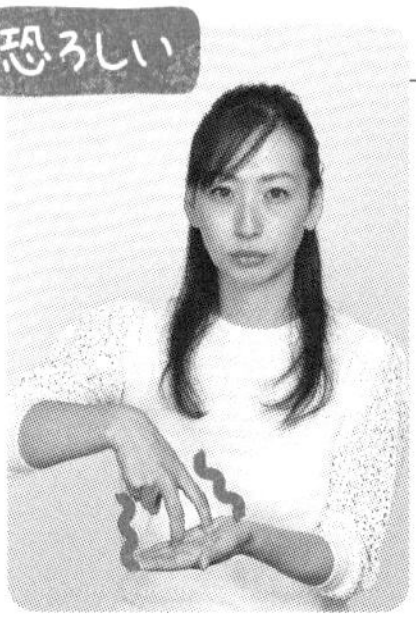

左の手の平に右手の人差指、中指の指先をつけ、震わせる。

きれい

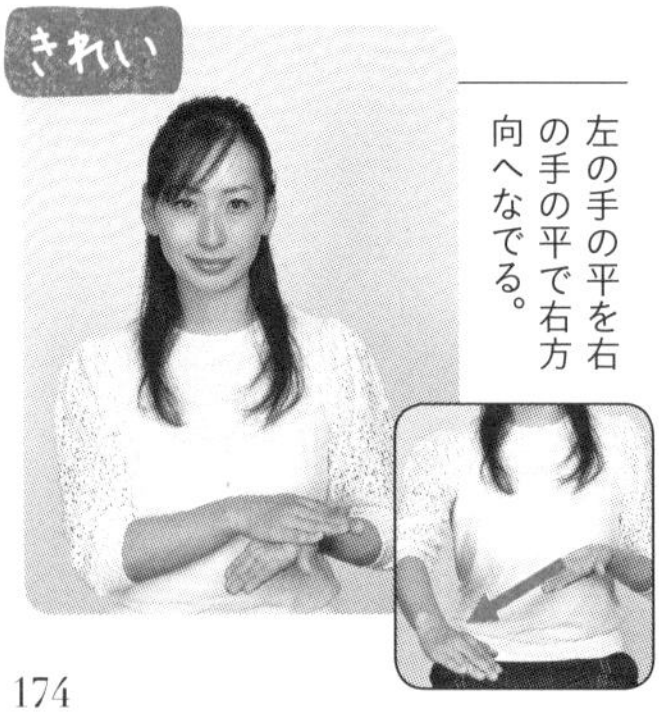

左の手の平を右の手の平で右方向へなでる。

面白い

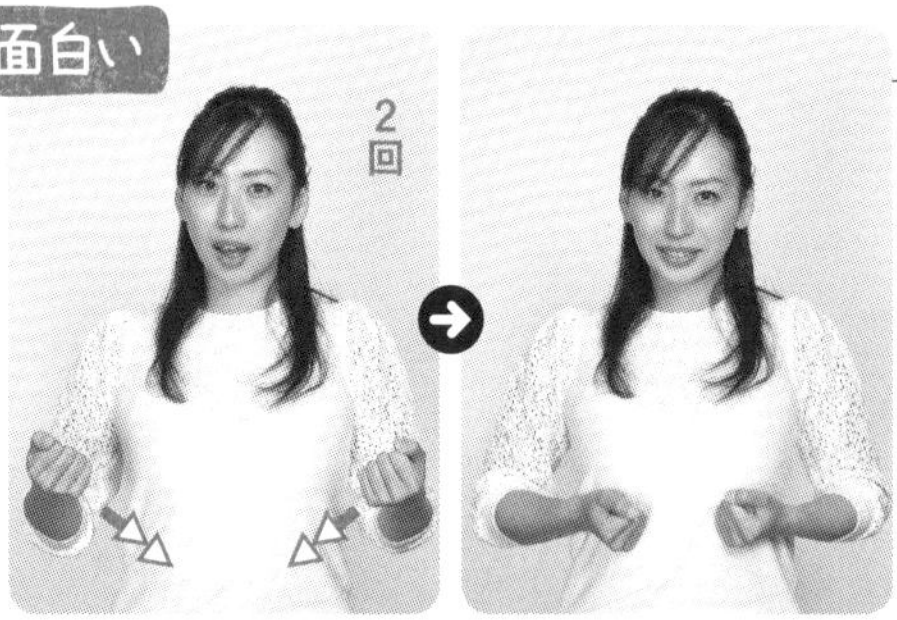

両方のこぶしで同時にお腹を2回叩く。

さまざまな感情を表す単語です。これらが使えると、会話の幅が広がります。

すごい

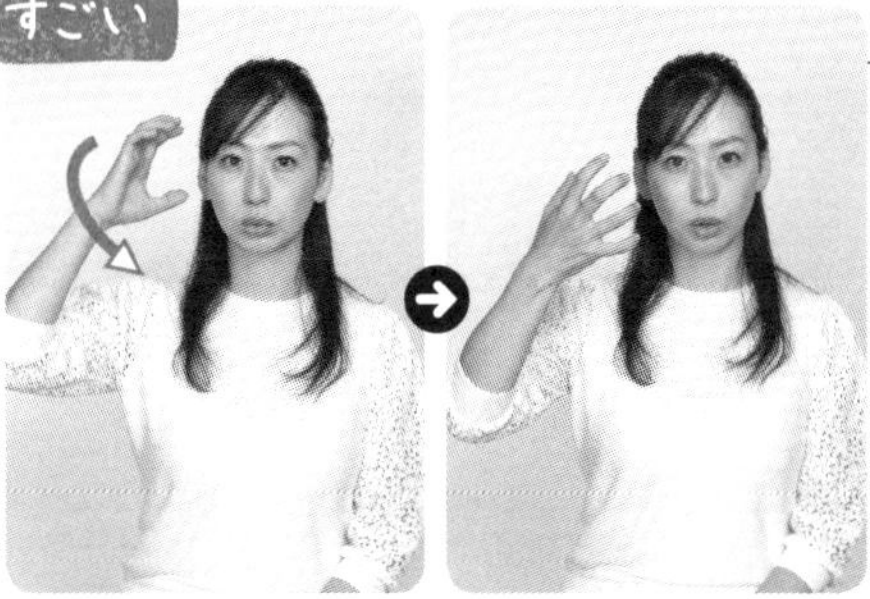

折り曲げた右手5指をこめかみに向けて、手首を前にひねる。

残念

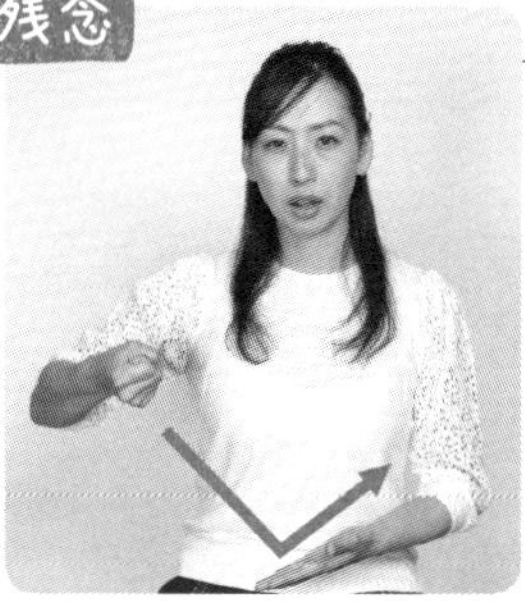

左の手の平を右のこぶしで叩き、左にはね上げる。

驚く

左の手の平に曲げた右手の人差指、中指の指先をつけ、すばやく上げる。

頑張る

両方のこぶしを伏せて、同時に2回下ろす。

素晴らしい

鼻にあてた右のこぶしを、すばやく右上に離す。

最高

甲を前に向けた右手の指先を、下から上げて左の手の平につける。

大人しい

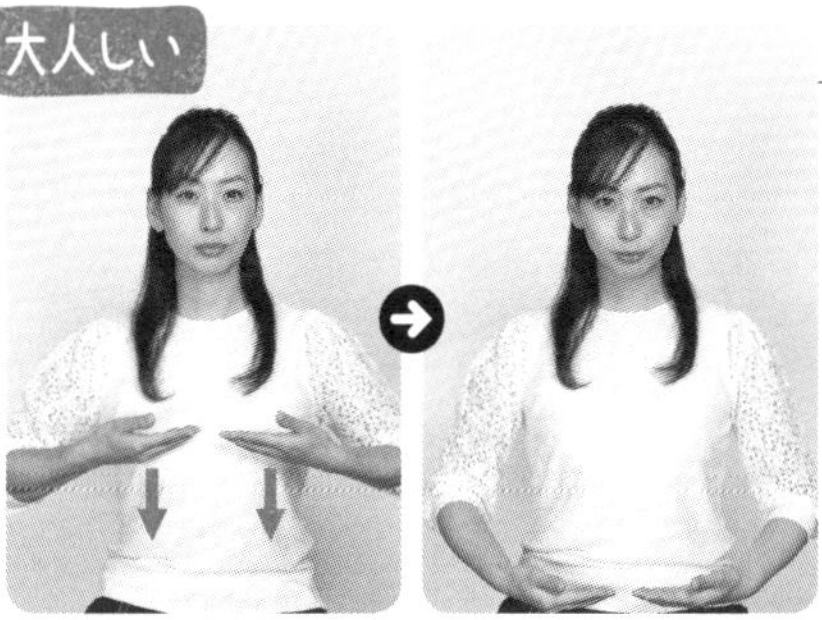

手の平を上に向け、指先を向かい合わせた両手をゆっくり下げる。

仕方ない

手の平を斜め上に向けた右手を左胸につけ、右下に下げる。

感情などの表現

ずるい

右手の甲を左頬につけ、上下にこする。

たくましい

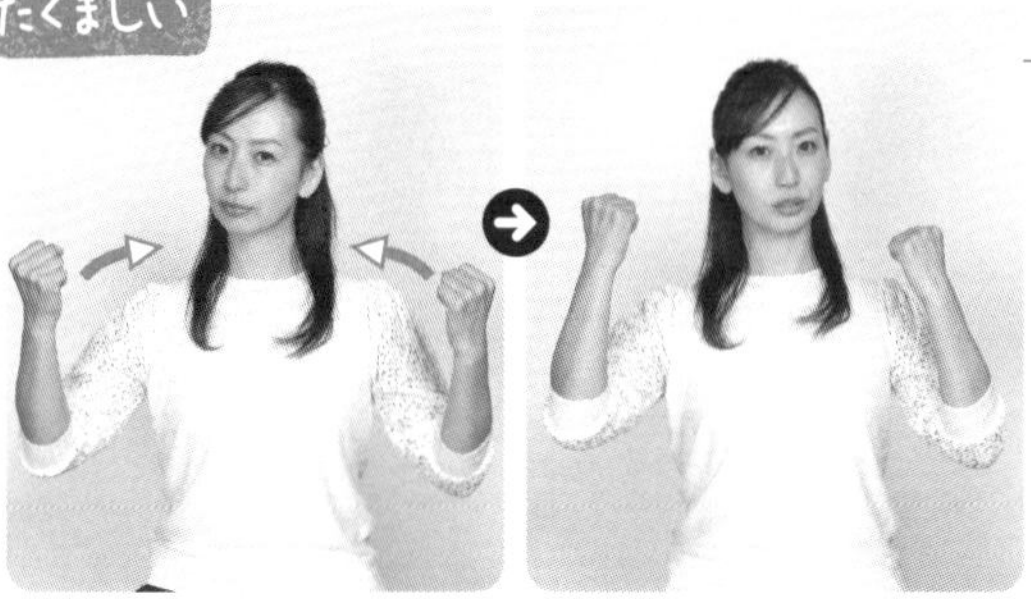

両手でこぶしを作り、同時に手前に引き寄せる。

強い

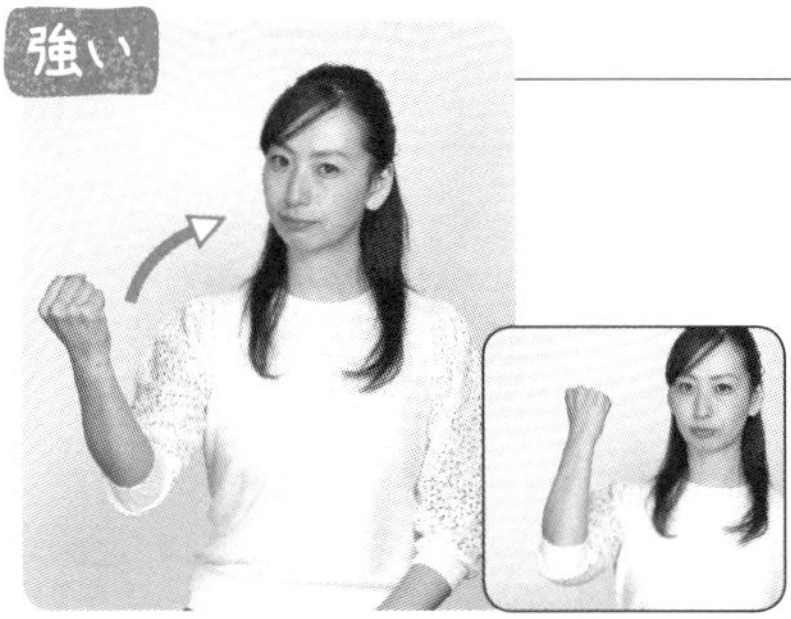

右のこぶしを手前に引き寄せる。

弱い

右のこぶしを前に向けて立て、前に倒す。

眠い

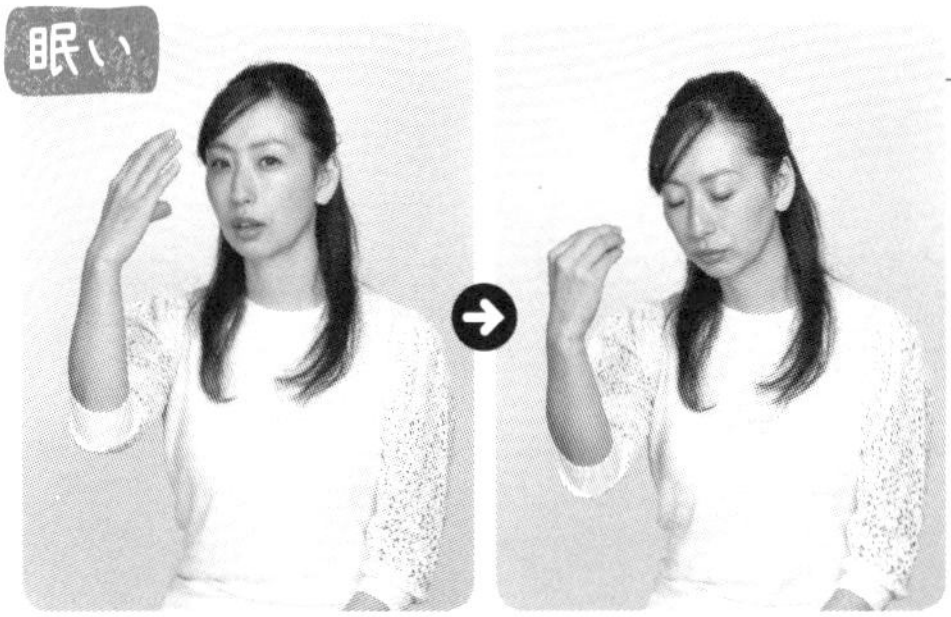

目に向かって右手の親指と4指を開き、指を閉じる。

ためらう

左の手の平の上で右のこぶしを小刻みに揺らす。

明るい

つまんだ右手の親指、人差指を眉間にあて、開きながら前に出す。

暗い

手の平を前に向けて両手を立て、交差させる。

新しい

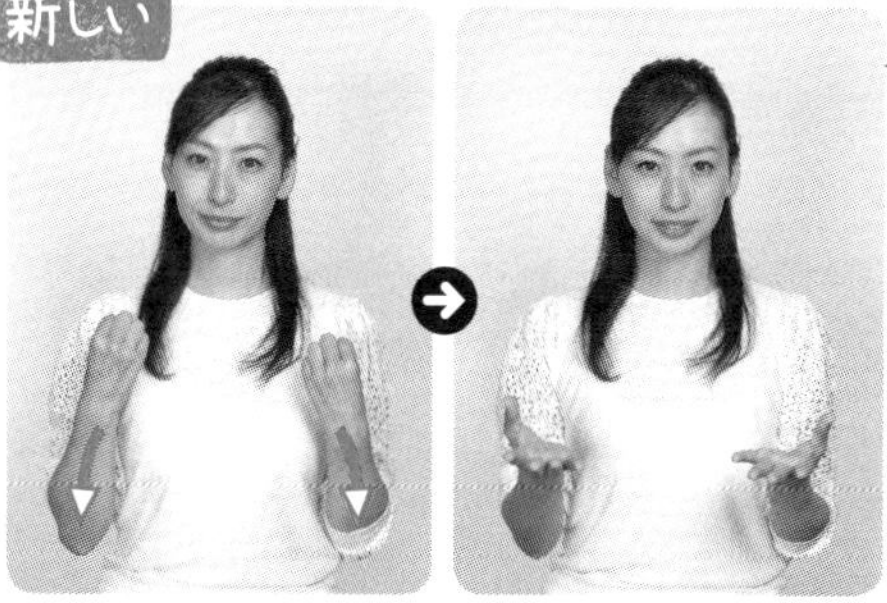

手の甲を前にした両手5指の輪を、開きながら前に出す。

古い

曲げた右手の人差指を鼻にあて、左下へ下ろす。

濃い

両方の手の平を顔に向けて立て、前後逆方向にずらす。

薄い

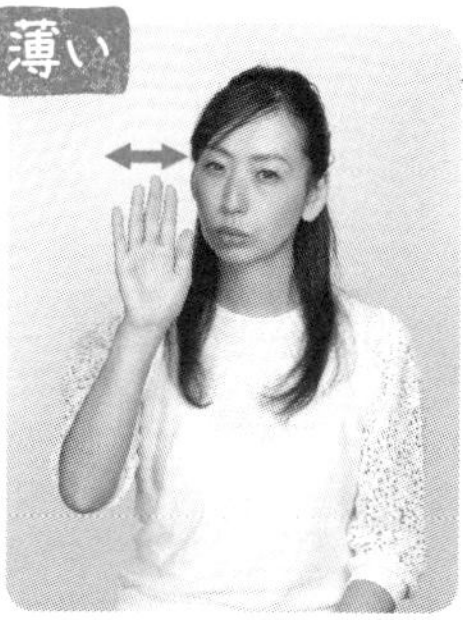

手の平を前に向けて右手を立て、少し左右に振る。

やわらかい

両手の親指と4指を向かい合わせにし、指を近づけたり遠ざけたりしながら、腕を左右に離していく。

硬い

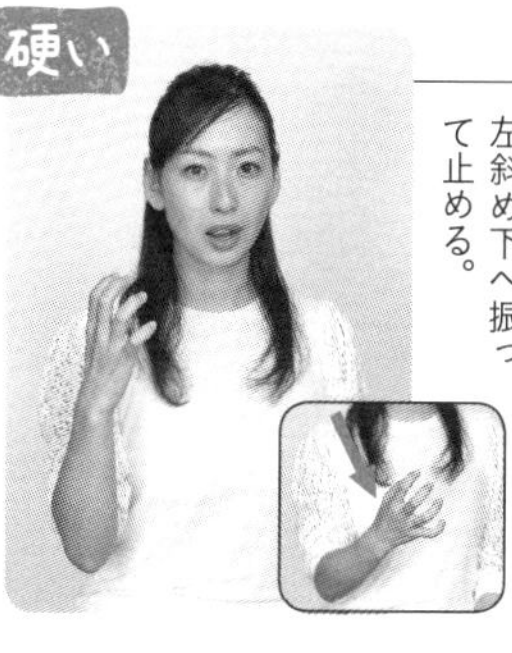

右手5指を上に向けて折り曲げ、左斜め下へ振って止める。

狭い(幅)

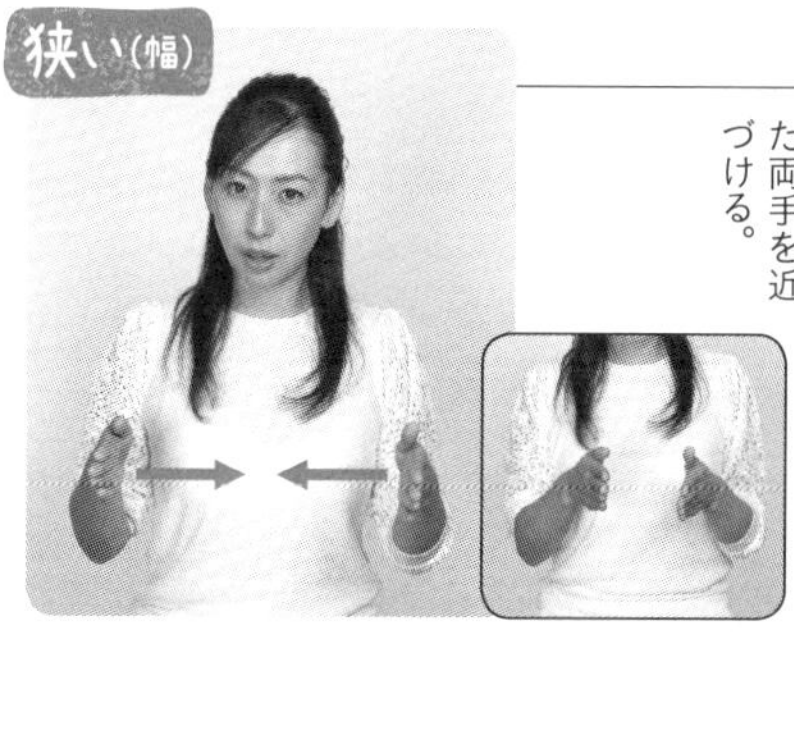

指先を前に向けて向かい合わせた両手を近づける。

広い(幅)

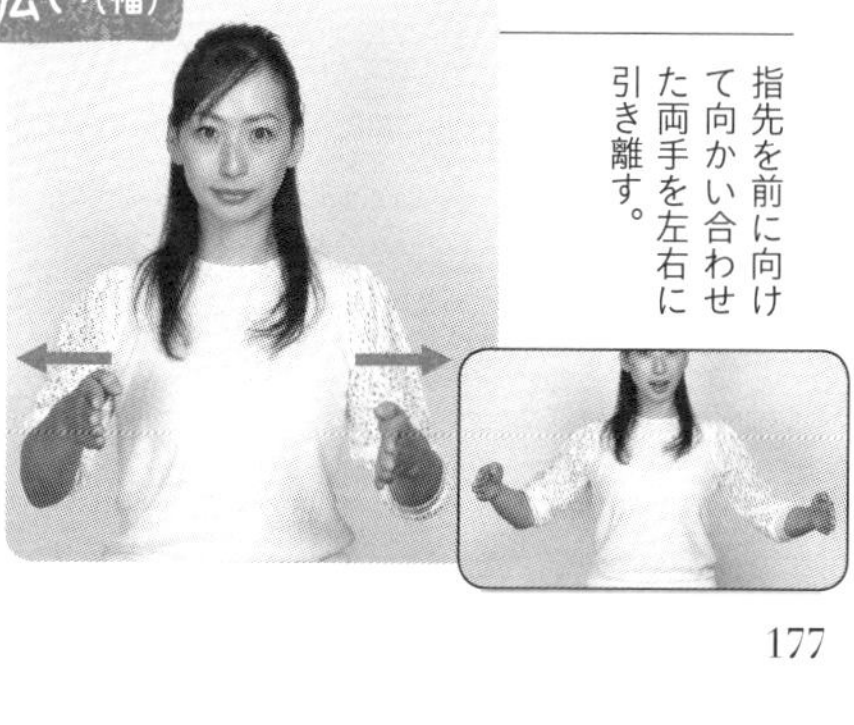

指先を前に向けて向かい合わせた両手を左右に引き離す。

感情などの表現

狭い(面積)

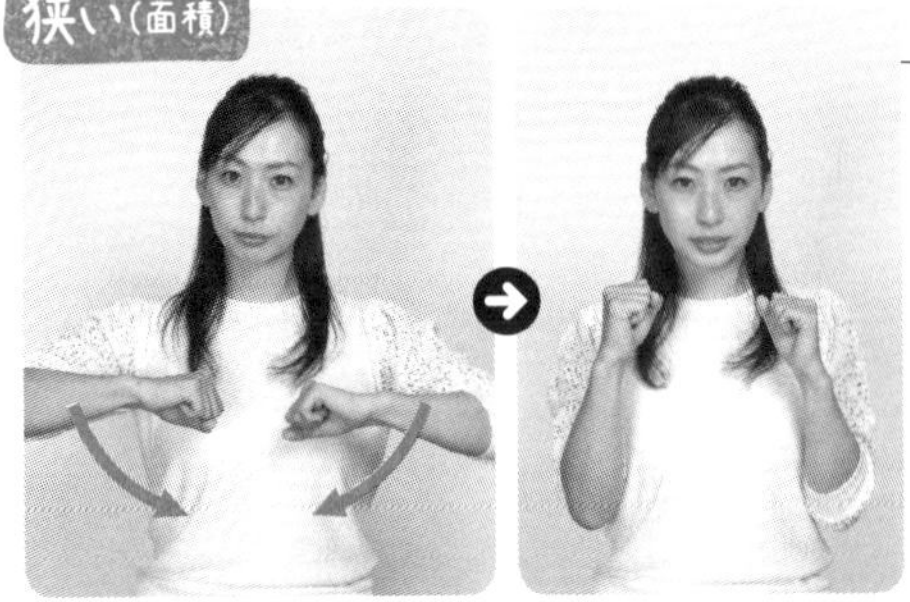

両方のこぶしを向かい合わせ、ひじを閉じる。

広い(面積)

胸の前で両手を握り、ひじを左右に引く。

大きい

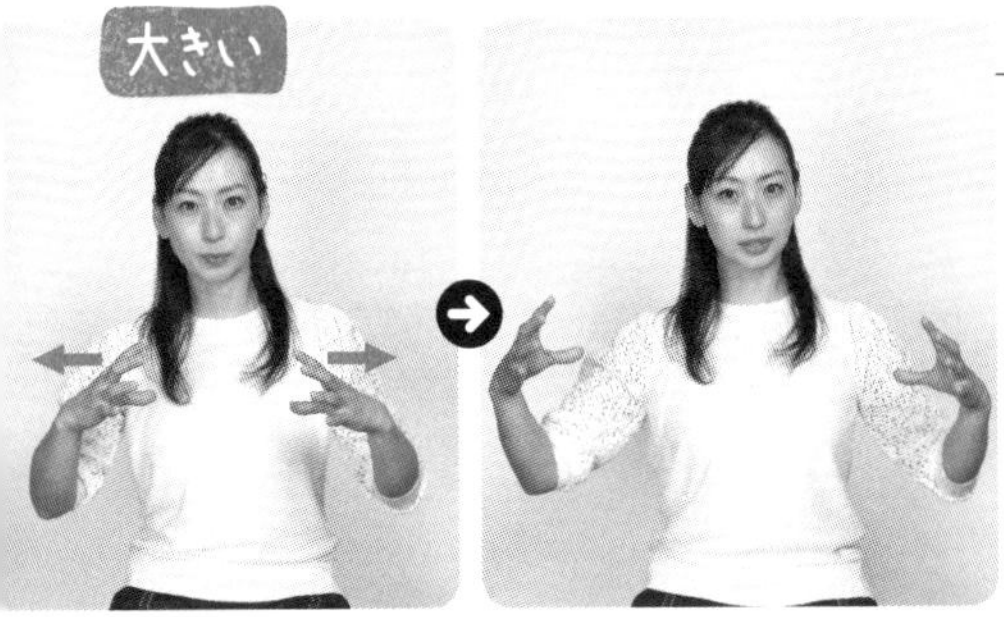

指を広げた両手を向かい合わせ、左右に引き離す。

小さい

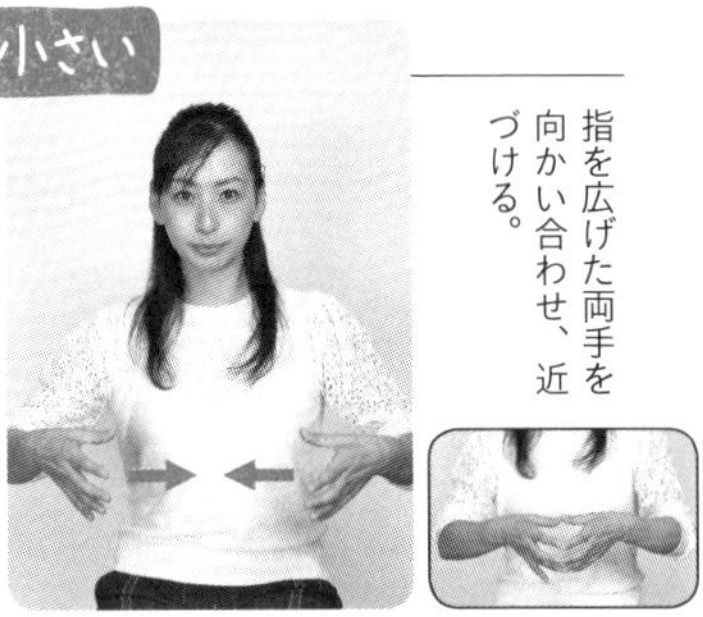

指を広げた両手を向かい合わせ、近づける。

高い

右手4指を折り、上に上げる。

低い

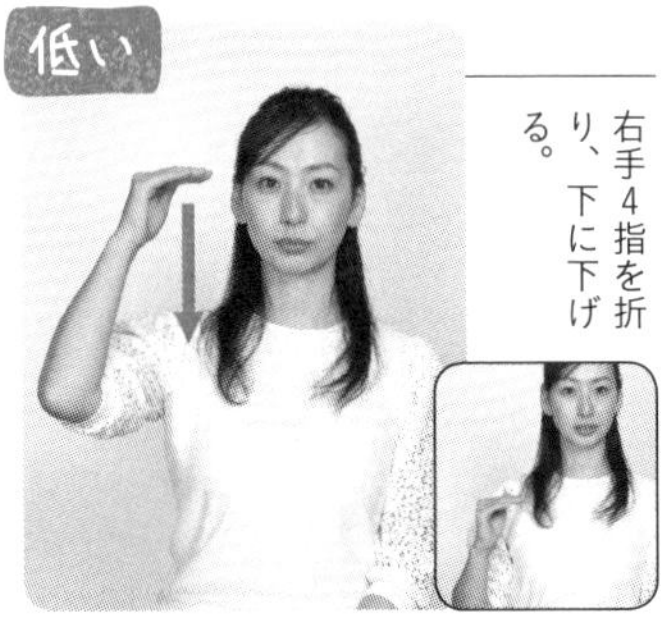

右手4指を折り、下に下げる。

重い

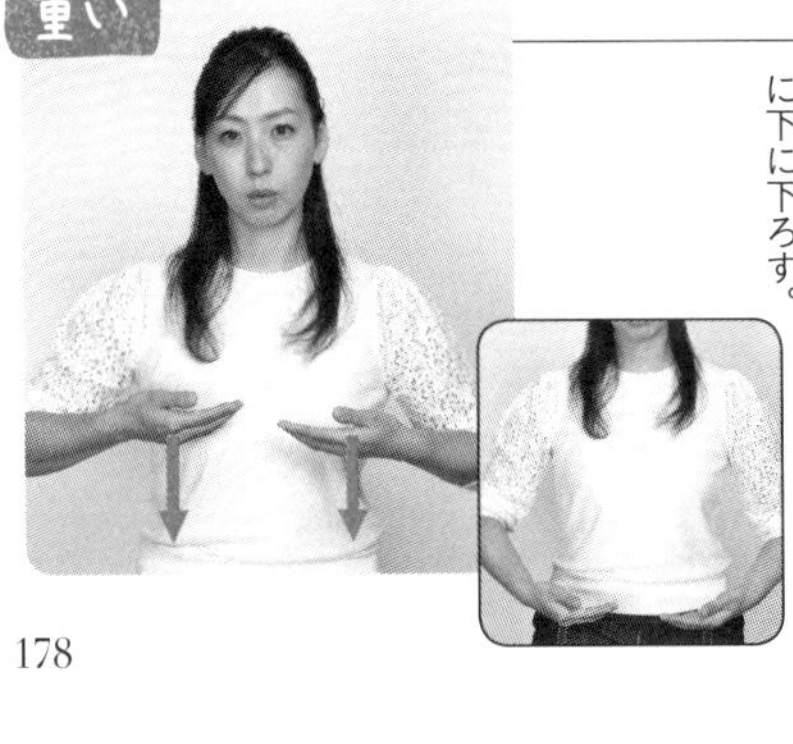

両方の手の平を上に向け、同時に下に下ろす。

軽い

両方の手の平を上に向け、同時に上に上げる。

高い（値段）

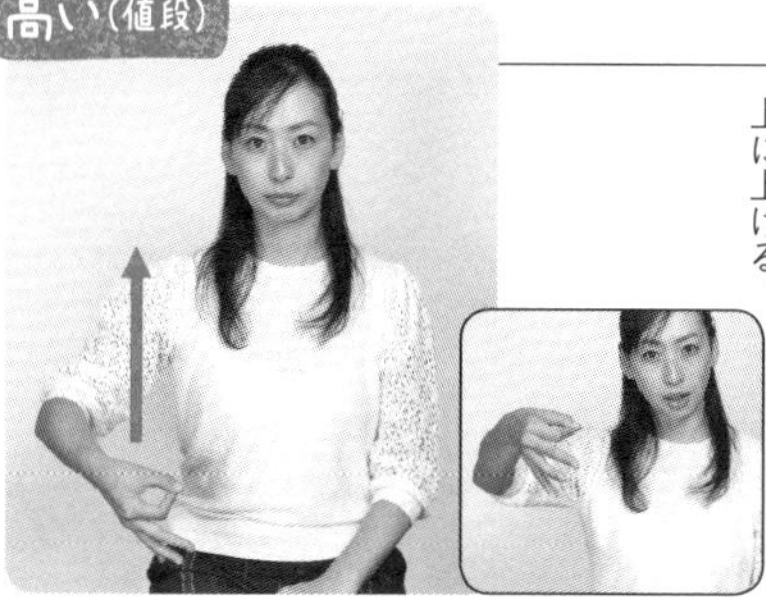

右手の親指、人差指で輪を作り、上に上げる。

安い

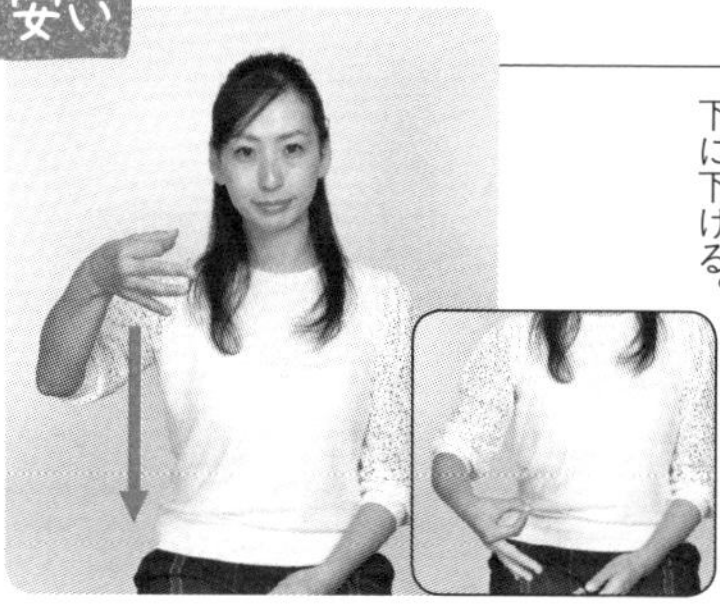

右手の親指、人差指で輪を作り、下に下げる。

速い

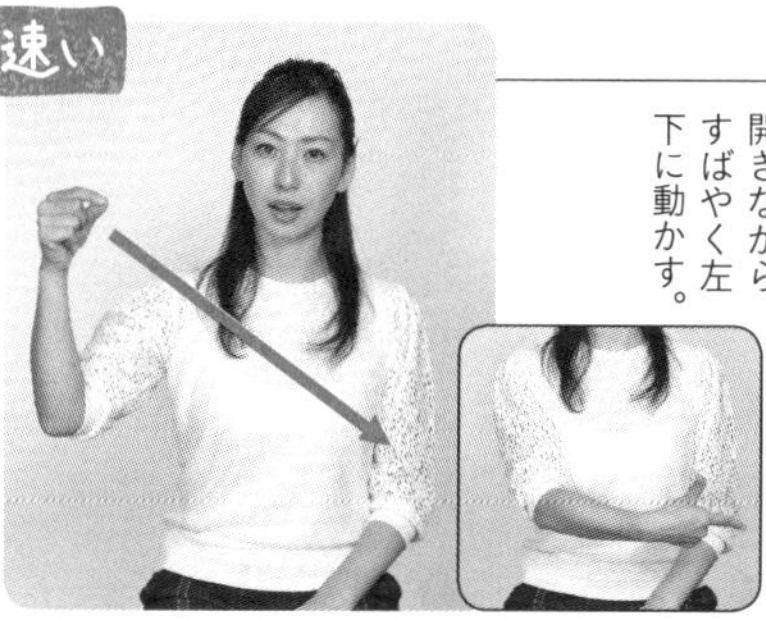

つまんだ右手の親指、人差指を開きながらすばやく左下に動かす。

遅い

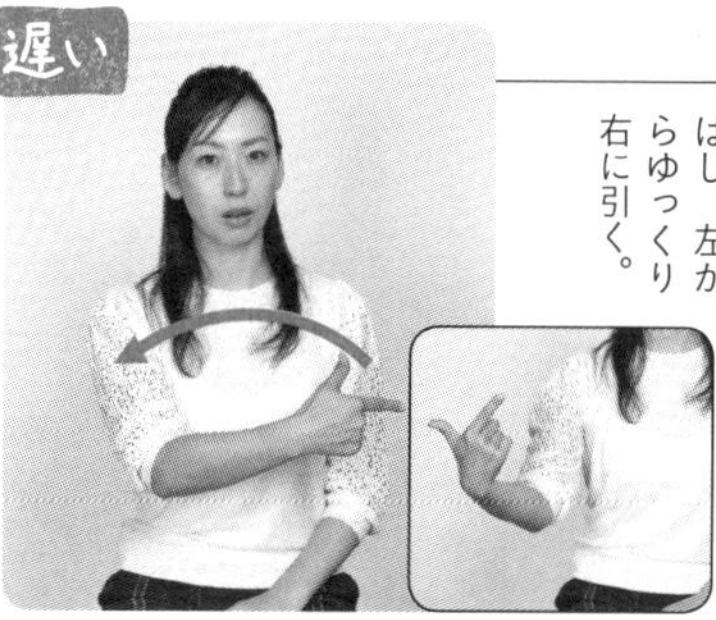

右手の親指、人差指を直角に伸ばし、左かからゆっくり右に引く。

美味しい（男性らしい表現）

右のこぶしを左頬につけ、右に回し上げる。

美味しい（女性らしい表現）

右の手の平で頬を2回叩く。

まずい

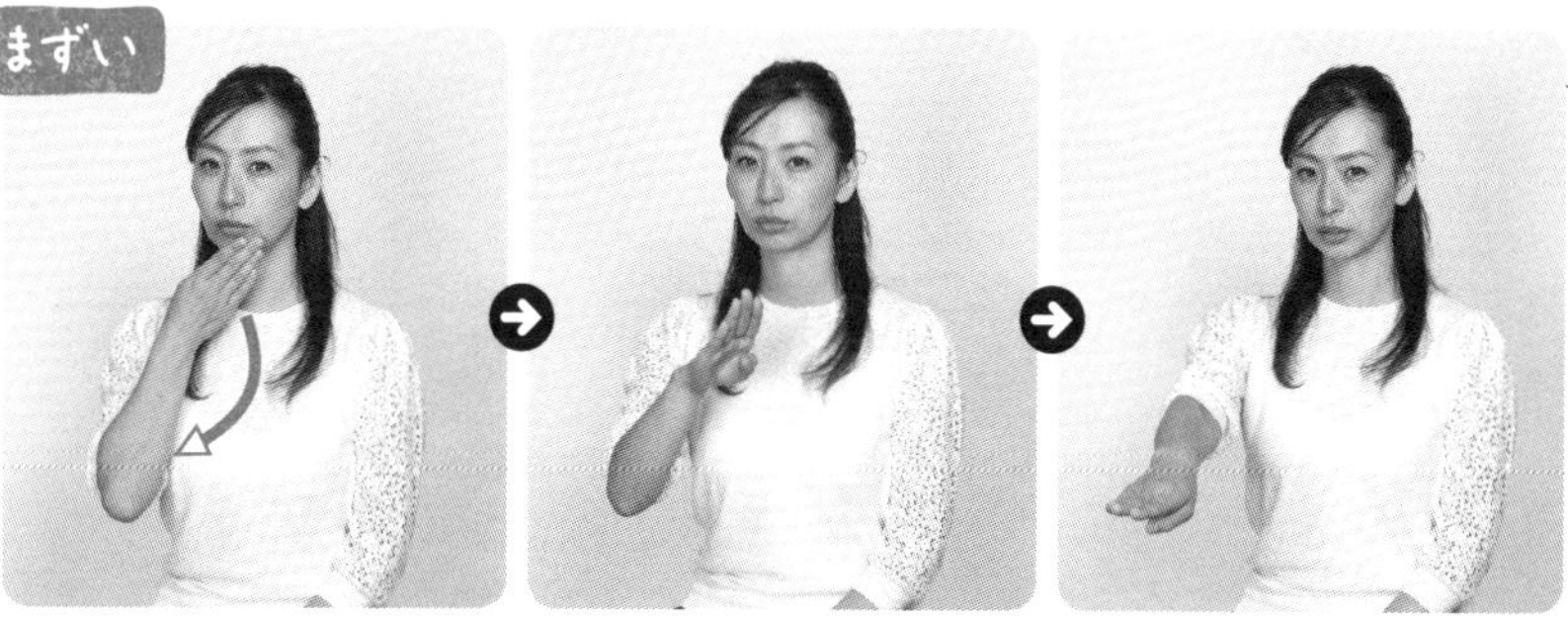

右手4指をあごにあて、払うように手の平を下に向けて下ろす。

感情などの表現

よい

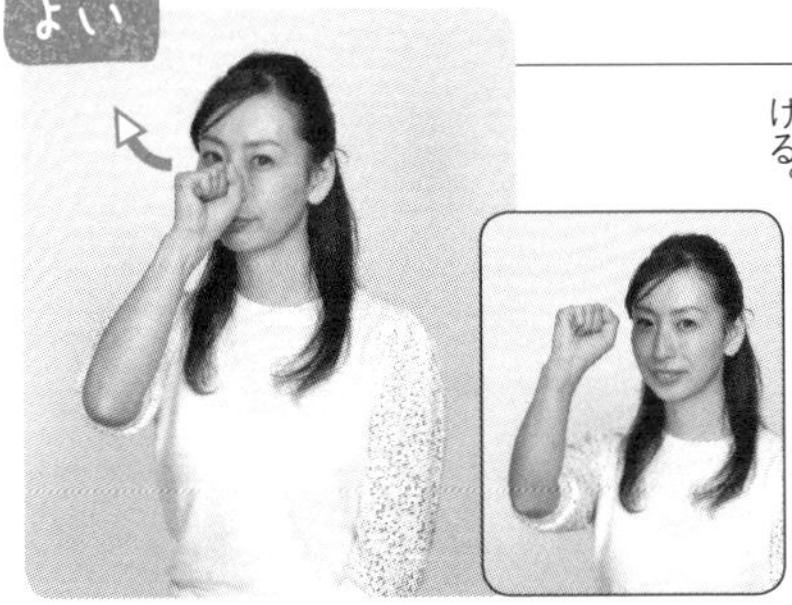

右のこぶしを鼻につけ、上に上げる。

悪い

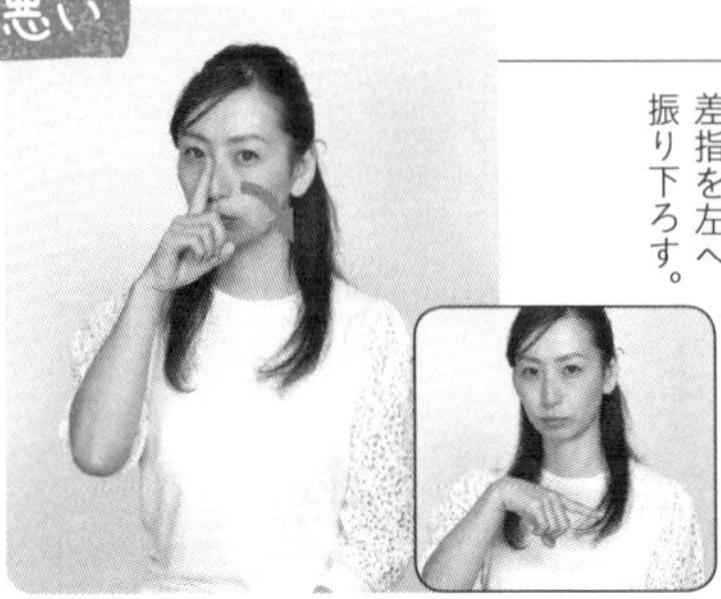

鼻先をかすめるように右手の人差指を左へ振り下ろす。

どちらでもいいです

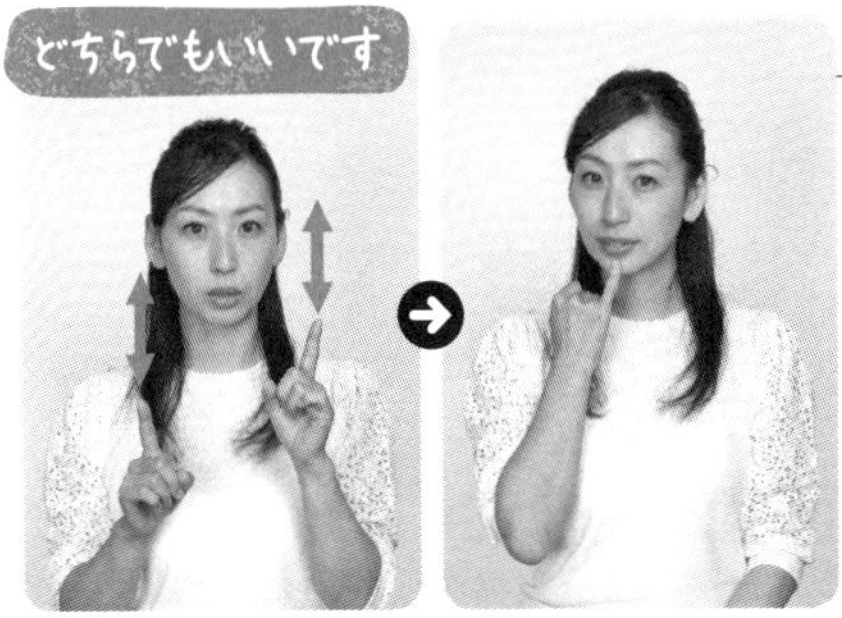

①両方の人差指を立て、交互に上下させ、②右手の小指をあごにつける。

任せます

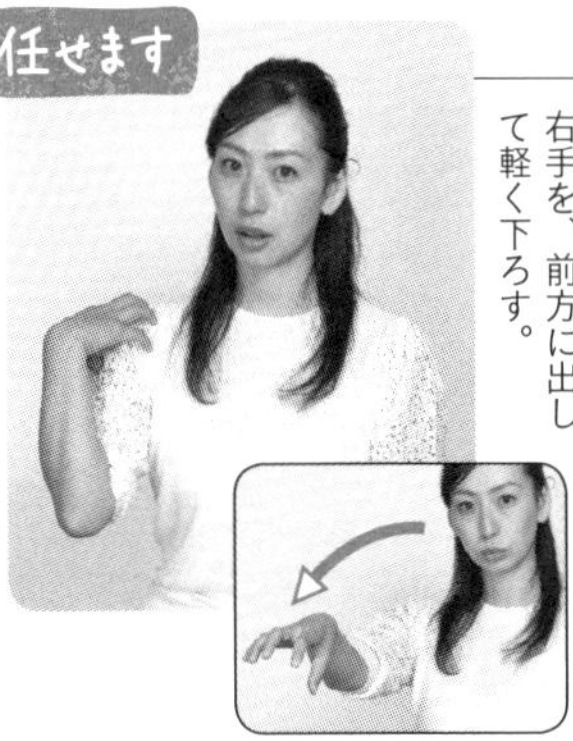

5指を折り曲げて右肩にのせた右手を、前方に出して軽く下ろす。

COLUMN

イマドキ用語を使ってみよう

普段の会話に出てくるような今ドキの言葉も手話で表現できます。

マジ

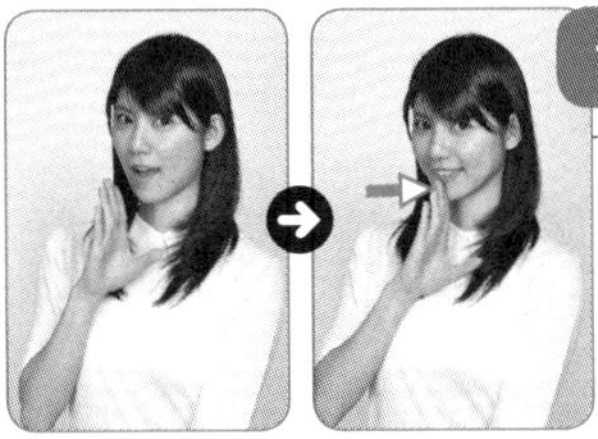

右手の指先を前からあごにあてる。

最低

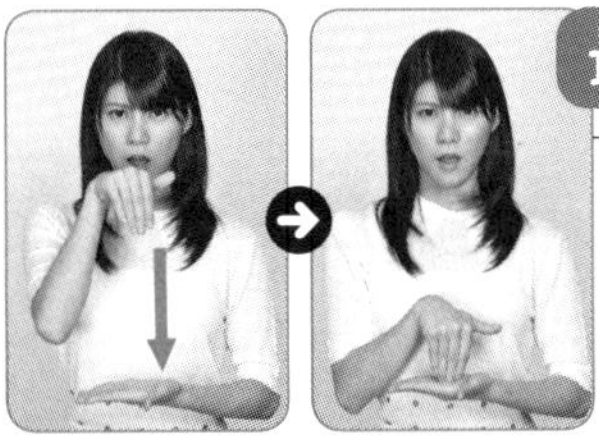

左の手の平に、右手4指の指先を上からあてる。

めっちゃ

右手の親指、人差指を直角に伸ばし、すばやく2回右に引く。

っぽい

人差指、中指を曲げ、右手をすばやく2回鼻に近づける。

五十音を指文字で表そう！

五十音を指の形で表します。新しい単語や地名、人名などの
手話としてまだ存在しない言葉も、指文字を使えば表すことができます。
これを覚えることが手話上達への近道！
ひらがなもカタカナも表現は同じです。

あ

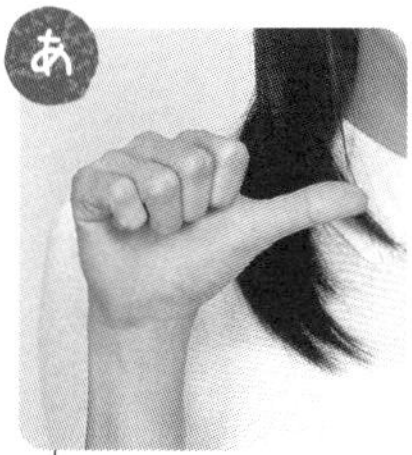

親指を伸ばし、４指は握る。

い

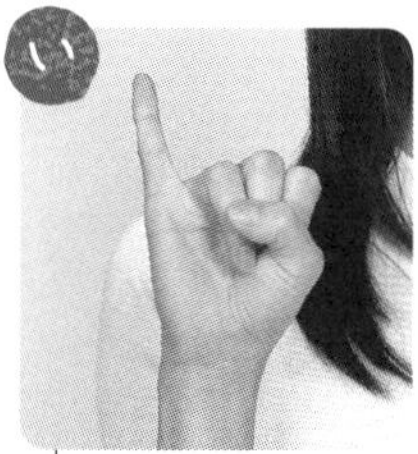

小指を伸ばし、４指は握る。

う

人差指と中指を揃えて伸ばし、３指は握る。

え

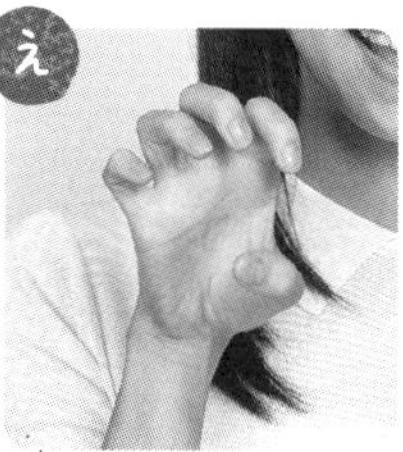

５指の指先をカギ型に曲げる。

お

５指を丸めて０の形を作る。

か

人差指と中指を開き、中指に親指をそわせる。

き

親指と中指、薬指の指先をつける。

く

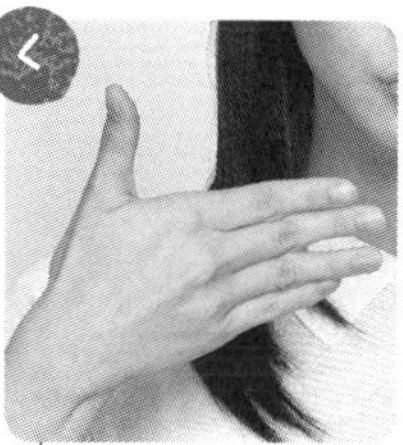

親指を立て、４指は揃えて伸ばす。

け

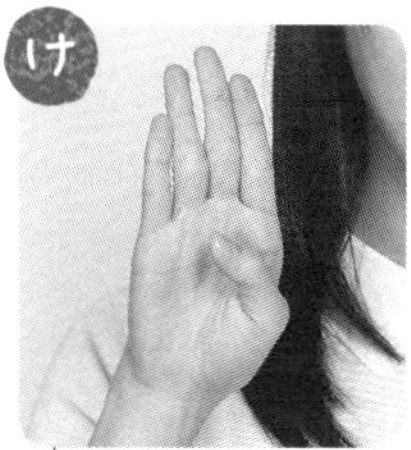

親指を曲げて、４指を揃えて立てる。

こ

親指を立て、４指を揃えて直角に曲げる。

さ

親指を上に出してこぶしを作る。

し

親指と人差指、中指を伸ばし、横に向ける。

五十音を指文字で表そう!

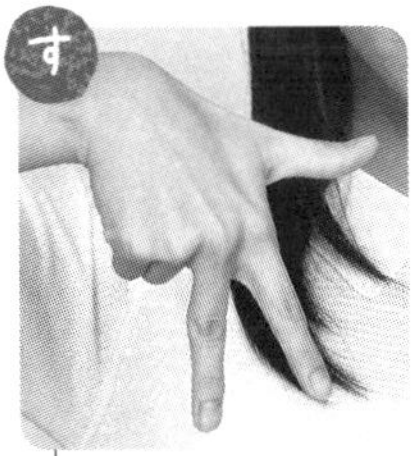

親指と人差指、中指を伸ばして下に向ける。

中指を伸ばし、４指を握る。

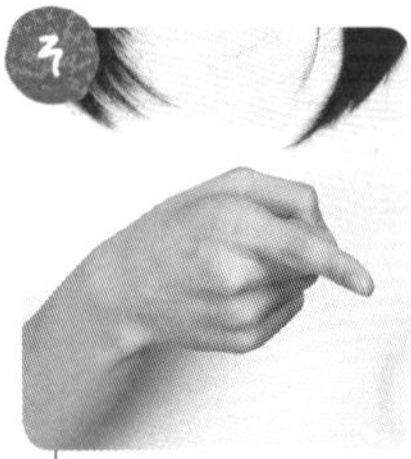

人差指を伸ばし、前方を指す。

親指を立て、４指を握る。

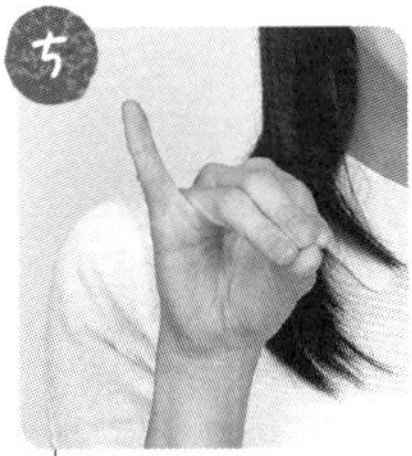

小指を立て、親指と３指をつける。

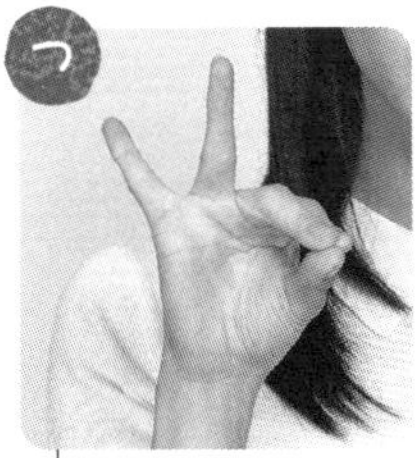

薬指と小指を立て、親指と人差指、中指をつける。

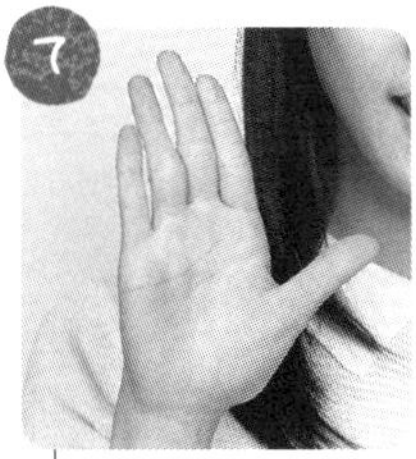

５指を揃えて伸ばす。

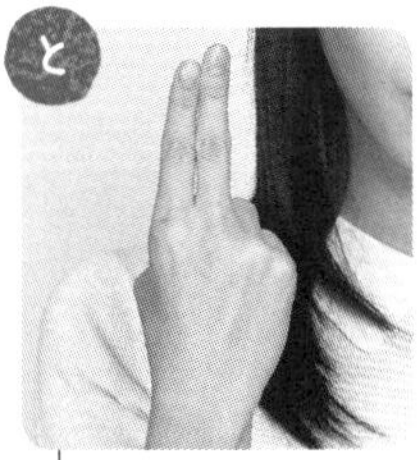

手の甲を相手に向け、人差指と中指を揃えて立て、３指を握る。

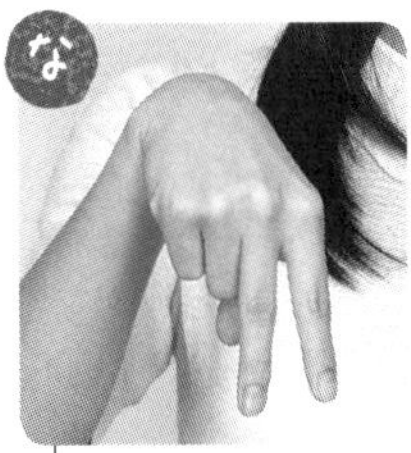

人差指と中指を開いて下に向ける。

人差指と中指を開いて横に向ける。

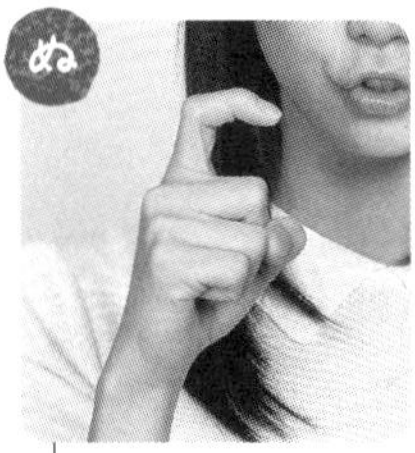

人差指を伸ばして指先をカギ型に曲げる。

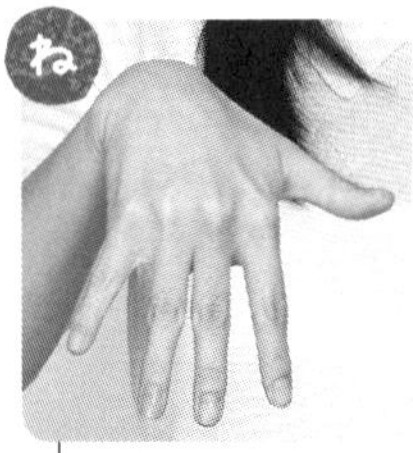

５指を開いて伸ばし、下に向ける。

人差指で「ノ」を書く。

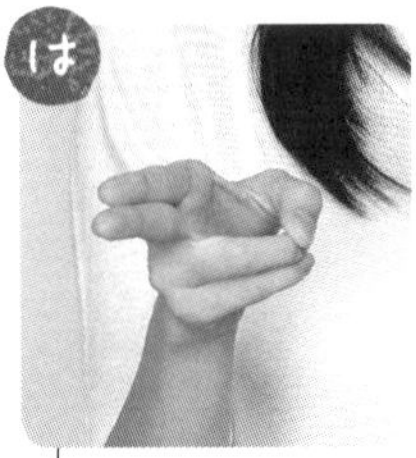

人差指と中指を揃えて伸ばし、右斜めに向ける。

人差指を伸ばし、４指を握る。

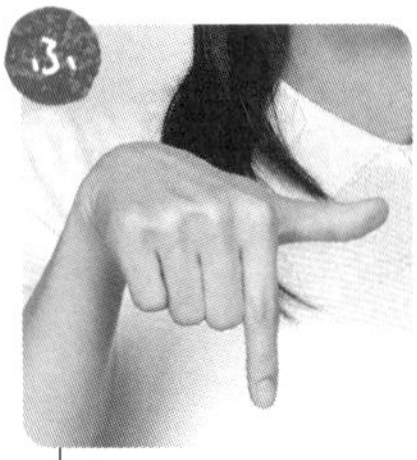

親指と人差指を直角に伸ばし、下に向ける。

へ

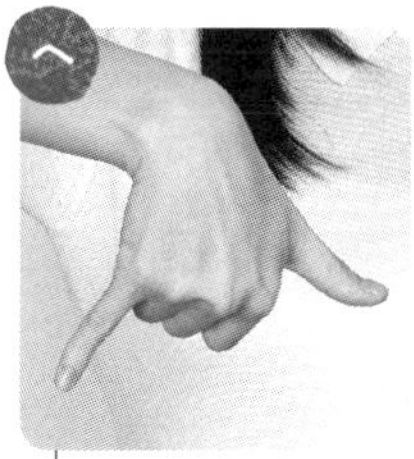

親指と小指を伸ばし、下に向ける。

ほ

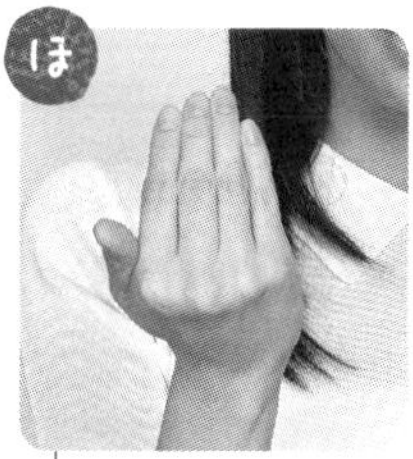

5指を揃えて伸ばし、手の平をすぼめる。

ま

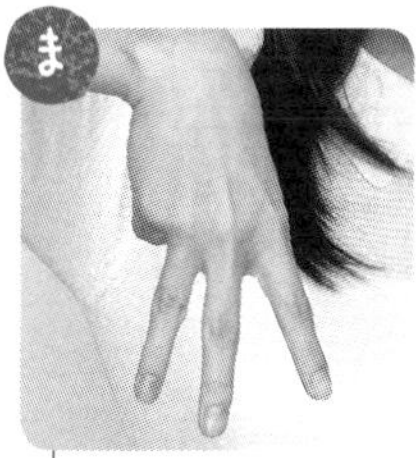

人差指と中指、薬指を開いて伸ばし、下に向ける。

み

人差指と中指、薬指を開いて伸ばし、横に向ける。

む

親指と人差指を直角に伸ばし、横に向ける。

め

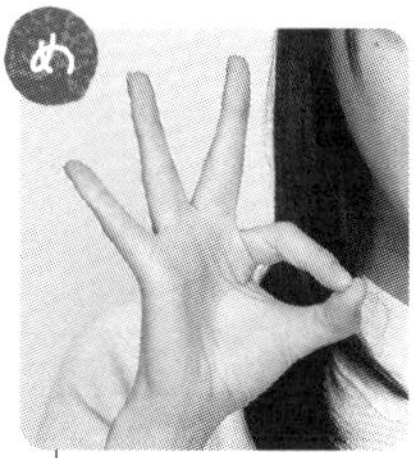

親指と人差指の指先をつけ、目の形を作り、3指は立てる。

も

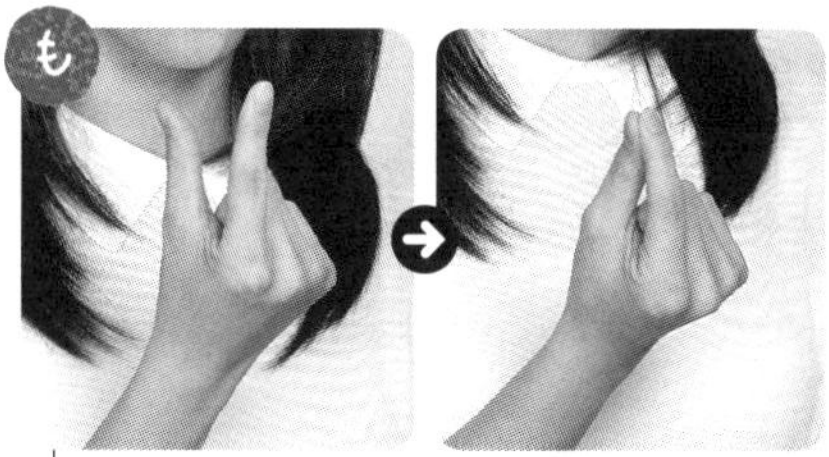

親指と人差指を開いて伸ばし、指先を1回つける。

や

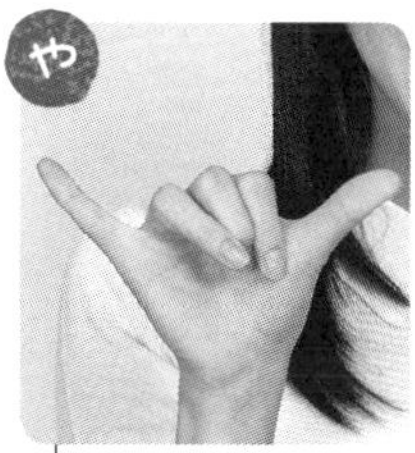

親指と小指を開いて伸ばし、手の平側を相手に向ける。

ゆ

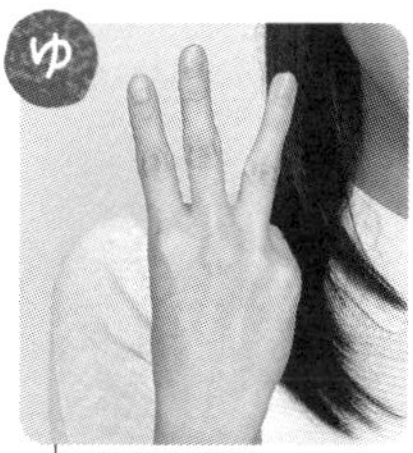

手の甲を相手に向け、人差指と中指、薬指を開いて伸ばす。

よ

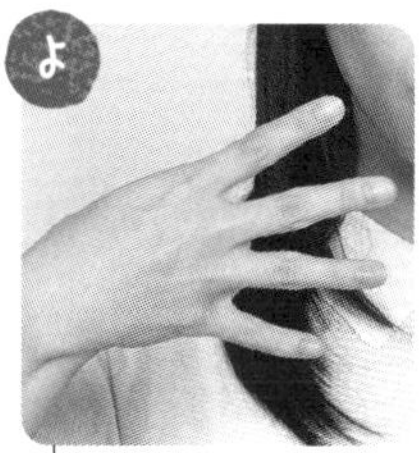

親指以外の4指を開いて伸ばし、横に向ける。

ら

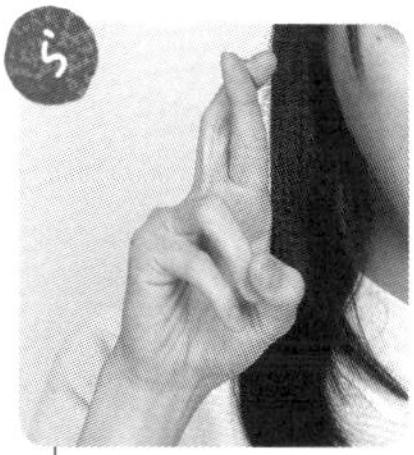

人差指と中指を伸ばし、人差指の背を中指の腹につける。

り

人差指と中指で「り」を書く。

る

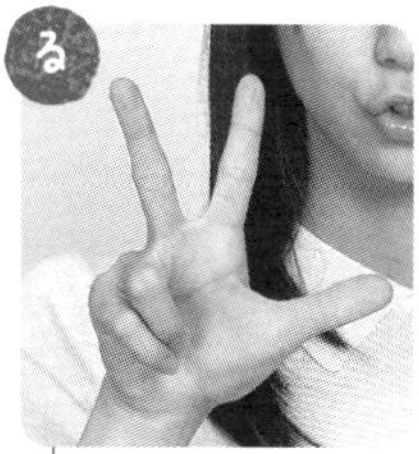

親指と人差指、中指を開いて伸ばす。

れ

親指と人差指を開いて伸ばし、Lの形を作る。

五十音を指文字で表そう！

ろ

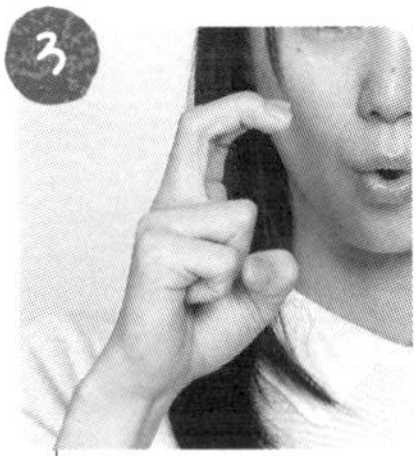

人差指と中指を揃えて伸ばし、その指先をカギ型に曲げる。

わ

人差指と中指、薬指を開いて伸ばす。

を

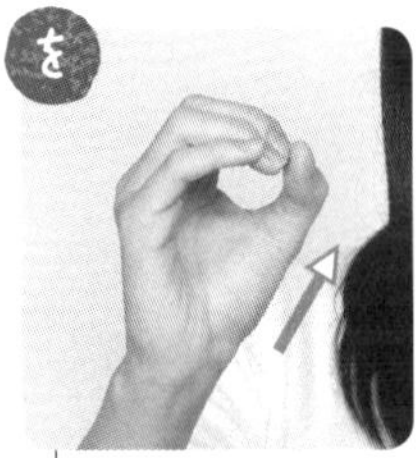

5指を丸めて0の形にし、手前に引く。

ん

人差指で「ン」を書く。

が（濁音）

指文字の「か」を示してから横に移動する。

ぱ（半濁音）

指文字の「は」を示してから、指先を跳ね上げる。

っ（促音）

指文字の「つ」を示してから、手前に引く。

ゃ（拗音）

指文字の「や」を示してから、手前に引く。

ー（長音）

指で縦に線を引く。

COLUMN

手話の「て・に・を・は」

手話では、指さしや単語の位置関係などで主語や目的語が決まります。口の動きでも補っているため、音声でいう「て・に・を・は（助詞）」を使わなくても、文の意味が正確に表現できるのです。

アルファベット（日本式）を指文字で表そう！

五十音と同じように、アルファベットも指文字で表してみましょう。ここで紹介しているのは日本式アルファベットです。国際手話とは形が異なります。

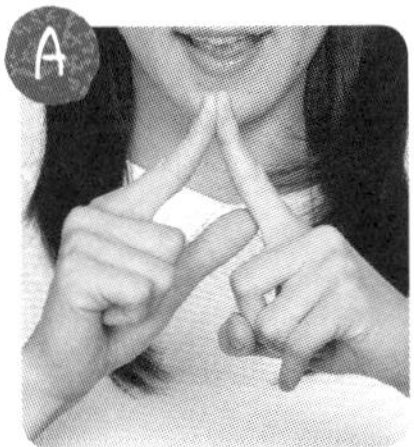

左手の人差指に右手の親指と人差指をつけ、Aの形を作る。

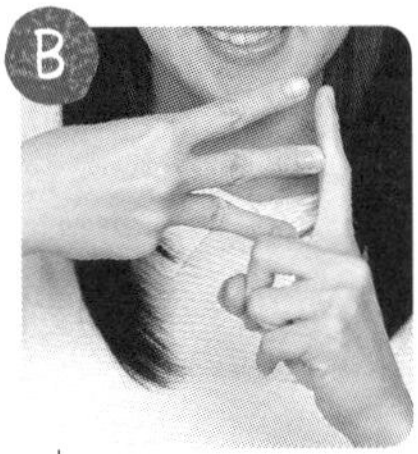

左手の人差指を立て、右手３指をあて、Bの形を作る。

親指と人差指を曲げて、Cの形を作る。

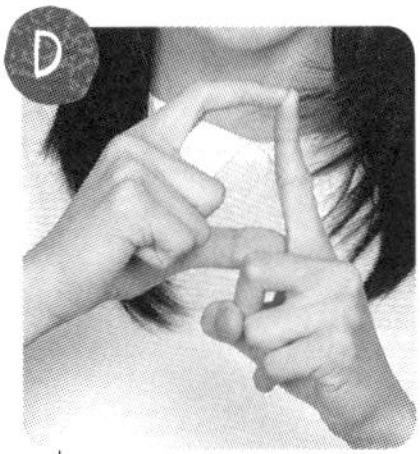

左手の人差指を立て、右手の親指と人差指でDの形を作る。

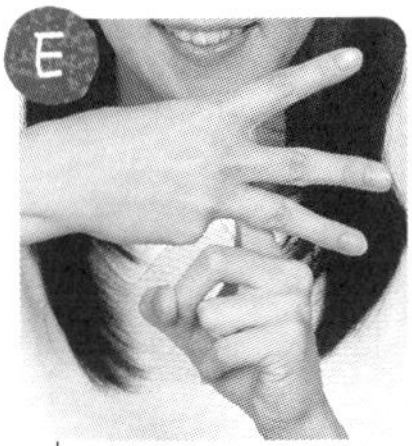

左手の人差指を立て、右手３指を横に向け、Eの形を作る。

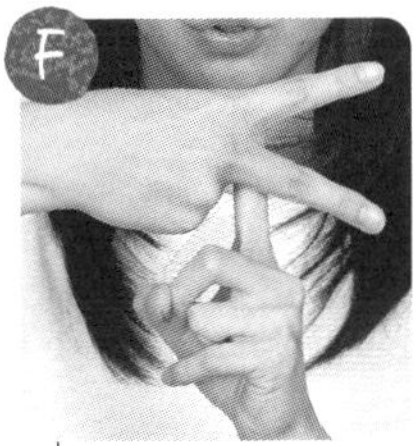

左手の人差指を立て、右手２指を横に向け、Fの形を作る。

左手の人差指と親指を伸ばし、右手の人差指でGの形を作る。

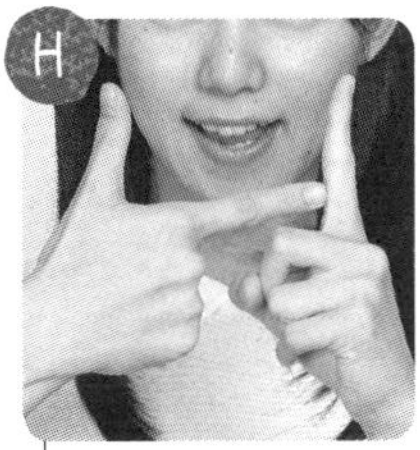

親指を立て、人差指を伸ばし、左手の人差指を伸ばしてつけ、Hの形を作る。

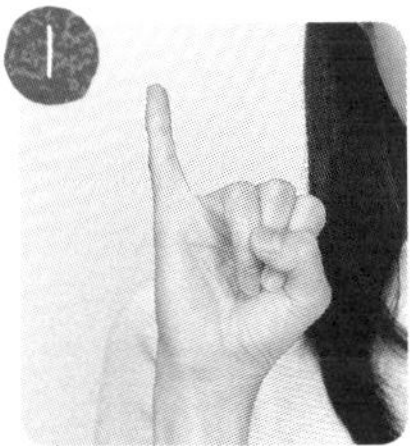

小指を立てて４指を握り、Iの形を作る。

小指を立ててJを書く。

左手の人差指を立て、右手の人差指でKを書く。

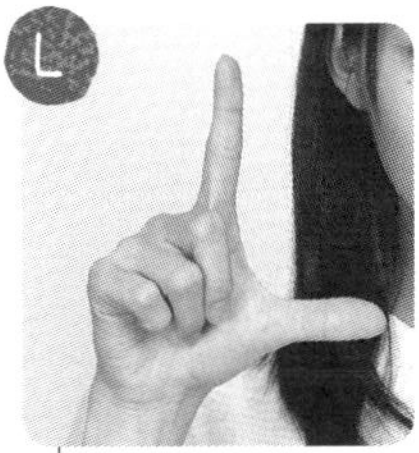

親指と人差指を立ててLの形を作る。

アルファベット（日本式）を指文字で表そう！

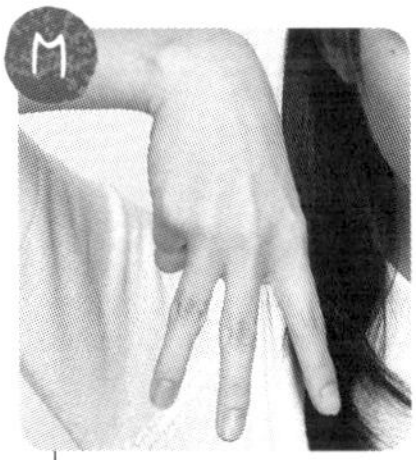

人差指と中指、薬指を伸ばして下に向け、Mの形を作る。

右手の人差指と親指を伸ばし、左手の人差指を親指につけ、Nの形を作る。

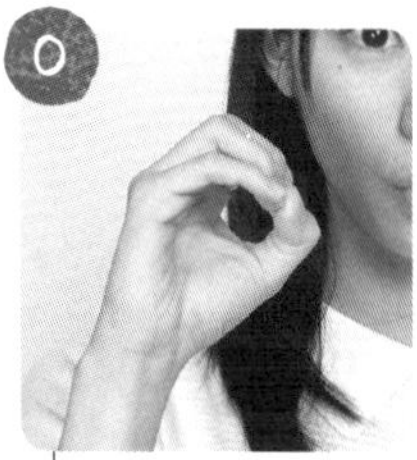

5指を丸めてOの形を作る。

人差指を伸ばして、右手の親指と人差指をつけ、Pの形を作る。

人差指でQを書く。

左手の人差指を立て、右手でRを書く。

人差指でSを書く。

右手の人差指を立て、左手の人差指をのせて、Tの形を作る。

人差指でUを書く。

人差指と中指を開いて伸ばし、Vの形を作る。

親指と人差指を開いて伸ばし、左右をくっつけてWの形を作る。

両手の人差指をクロスさせ、Xの形を作る。

親指と小指を開いて伸ばし、3指を握り、Yの形を作る。

人差指でZを書く。

INDEX

か

き

く

け

こ

さ

● 監修

一般財団法人全日本ろうあ連盟

1947年に創立した全国47都道府県に加盟団体を擁する全国唯一のろう者の団体。連盟の「評議員会」で決議した事柄等を、ろう者の立場から政府等に提言。①情報・コミュニケーション法（仮称）と手話言語法の制定、②聴覚障害を理由とする差別的な処遇の撤廃、③聴覚障害者の社会参加と自立の推進、の実現に取り組んでいる。『わたしたちの手話 学習辞典』『新しい手話』シリーズなどの書籍も発行している。

● STAFF

デザイン・DTP ……… 野村友美（mom design）
写真 ……… 瀬尾直道
執筆協力 ……… 圓岡志麻
ヘアメイク&スタイリング ……… 橋本ワコ
編集協力 ……… 有限会社ヴュー企画（野秋真紀子・山本大輔）
動画制作 ……… 有限会社スタジオ・フォレスト

新版 今日からはじめるやさしい手話
2023年7月4日　第1刷発行

監　修　一般財団法人全日本ろうあ連盟
発行人　土屋　徹
編集人　滝口勝弘
企画編集　亀尾　滋
発行所　株式会社Gakken
〒141-8416　東京都品川区西五反田2－11－8
印刷所　中央精版印刷株式会社

<この本に関する各種お問い合わせ先>
● 本の内容については、下記サイトのお問い合わせフォームよりお願いします。
https://www.corp-gakken.co.jp/contact/
● 在庫については　Tel: 03-6431-1250（販売部）
● 不良品（落丁、乱丁）については　Tel: 0570-000577
学研業務センター　〒354-0045 埼玉県入間郡三芳町上富279-1
● 上記以外のお問い合わせは　Tel: 0570-056-710（学研グループ総合案内）

本書は、弊社既刊『DVD付き今日からはじめるやさしい手話』付属動画の提供形態を更新し、新版としてまとめたものです。